贵州大学中国文化书院学术文库

东西方文哲札记

王煜 著

四川出版集团
巴蜀书社

谨以本书纪念下列亡友

王浩教授
熊伟教授
周策纵教授
黄秀玑教授
殷海光教授
王叔岷教授
罗时宪先生
曹聚仁先生
梅贻宝院长
张效敏教授
马蒙教授
阮廷卓博士
张世彬先生
李守慧校长
李田意教授
金景芳教授
冯契教授
李璜教授
张松如（木公）教授
杨明照教授
高克毅（乔志高）先生
洪谦教授
雷兴医师
杨勇教授
王辛笛先生
Prof. F. C. Copleston
平岗武夫教授
入矢义高教授
西谷启治教授
阿部正雄教授

目 录

序

张新民

与王煜教授交往已近二十年。记得最初的见面是上世纪90年代初盛夏，在呼和浩特的一次国际学术会议上，王煜先生发表了梁漱溟是新佛家的演讲，引起了与会者的兴趣。我因为长期关注梁先生在现代新儒学思潮发展过程中的地位和作用，仰慕他传统士大夫式的生命气质与人格风范，以为儒佛之间的取舍认同，实构成了他一生思想言说及行为操履之两大面相，感到白天的讨论尚未尽意，遂于当晚约请华中师范大学的张三夕教授，共同到他的下榻处聚晤，继续纵论海内外哲学研究的最新发展动态，涉及不少趣人趣事，无论褒贬与夺均直言不讳，夜阑人静方始散去。会议结束后大家自然各奔东西，缘聚缘散从来都是人生常情。出乎预料的是未及两月，王煜教授又从香港转道 筑垣，参加黎庶昌国际学术研讨会。而我作为主人，亦多有陪同。无论赴修文访问王阳明遗迹，前往沙滩凭吊黎庶昌古墓，泛舟乐安江遥想郑（珍）、莫（友芝）旧事，甚至径往街区铺肆寻觅小吃，都相互视为至交知己，非特口无遮拦，聚谈甚欢，且多历奇缘，流连忘返。记得同行者尚有南开大学的来新夏先生和湖南师大的成晓军教授。王煜兄在他后来成文的游记《贵州八天：从王守仁到郑珍、莫友芝、黎庶昌》都有提及，已收入他的文集《杂感与随笔》（台湾水牛出版社1995年版）一书中。而内蒙会议的演讲内容也以《梁漱溟是新佛家而非新儒家》为题，见载于他的另一宏著《中西哲学论文集》（台湾水牛出版社1995年再版）。

从此以后，我与王煜教授交往既多，踪迹亦密，除常在各地召开的学术会议上谋面外，他曾十余次专程赴黔，我亦三四次应邀去港，来来去去，往往返返，几乎每年均有见面的机会。而既知其人，必读其书。他凡有新作出版，都不遗僻远，必有馈赠，时间一久，书橱竟已插满一层，总数达十余种之多，可说是几乎每年都有专著出版，令人数月奉读亦难以竟毕，笔耕之勤，著述之丰，质量之高，范围之广，均非一般时流可比，足堪叹奇称羡。尝自谓一生皆以多讲少读而不写为戒，力主勤读勤写而少讲①。其实他长期执教香港中文大学哲学系讲席，开设中国哲学史、道家哲学、中国美学、中国文化要义诸多课程，读书颇多，著述甚夥，讲学亦不少，是难得的读、写、讲三者兼擅并美的学者。我多年与他交往，见面聚晤时既受惠于相互间的倾心交谈，大得所谓“讲”之乐趣；阔别遥望时又获益于其著述的披阅颂览，会心于所谓“写”之默应。窃以为广义之“讲”与“写”本不可分，“讲”即无文字之“写”，“写”则为有文字之“讲”。我们可以“听”的方式“看”，也可以“看”的方式“听”。而不能遍览古今之书，究明天下之理，作到心专虑精，思深养厚，则难以“讲”透“写”通，更遑论启发灵性，睿浚智慧，使听者或读者言下受益，恢廓薪尽火传之学术事业。足见诚于中者既深厚宽广，形

① 参阅王煜《中国学术思想论丛》，台湾明文书局1994年版，第1页。

于外者则高明畅达，读、写、讲三者本可互通，并非不可粹集于人之一身。

与读、讲、写相应的，是（立）德、（立）功、（立）言。事见《左传》襄公二十四年："穆叔如晋，范宣子逆之问焉：'古人有言，死而不朽，何谓也?'穆叔曰：'鲁有先大夫曰臧文仲，既没，其言立。豹闻之，太上有立德，其次有立功，其次立言，虽久不废，此之谓不朽。'"周策纵认为穆叔（公孙豹）既先以"臧文仲既没，其言立"为对，则三不朽的重点仍当为立言。有趣的是，周氏尚引及萧伯纳之言"能者做，不能者教"，并以调侃嘲戏之语气云："两不能者写。"他特别强调事功活动往往以势利为果实，尽管为时人所崇拜，但仍多虚伪或幻灭，转不若著书立说能自适性情，做到立言垂世而千古光芒万丈①。我认为突出"立言"固属有理，贬低"立功"则无必要。事功活动永远都为人类所必须。即使"立言"可以独立为一特殊之领域，也不能完全脱离广义之事功。原因是立言不但可以永远保存人类之集体记忆，而且也能够传承生活世界必不可少之理论或知识。西哲海德格尔甚至称语言为存在之家，则立言者之功亦可谓大矣哉！关键是如何以"立德"为前提，架构各种制度规范，即自律与他律同时兼顾，防止工具理性僭越价值理性，避免事功活动为各种邪恶势力所左右。

进一步分析，也可说人类如果缺少各种自觉或不自觉的"立言"活动，则不但世界会因失去记忆而堕入虚无，即"立德"、"立功"亦将由于无从表彰而难以垂后。所谓"三不朽"云云，便只能是空言而已。蔡邕《笔赋》："书乾坤之阳明，赞三皇之洪勋，叙五帝之休德，扬荡荡之典文；纪三王之功伐

① 周策纵《弃园文粹》，上海文艺出版社 1997 年版，第 302 页。

兮，表八百里之肆勤，传《六经》而缀百氏兮，建皇极而序彝论。”虽为文人夸张之美辞，亦可见“立言”之重要。无论“立德”或“立功”，凡真能不朽者，必皆以“立言”为依赖。前者为充分条件，后者乃必要条件。惟“立言”者则可依据自身而不朽，故哲人、史家、诗才，往往受到世人之称赞，构成思、史、诗三大领域，象征文化创造之巨大成就，为人类存在之不可或缺。而倘若真能“立言”不朽者，亦往往读、讲、写三项活动同时并兼，西哲如苏格拉底、柏拉图，东圣若孔子、孟子，均为最佳之例证。尤其轴心时代“立言”之大家作手，大多能建立主体世界，开出价值领域，提出原创命题，树立学术典范，更甚者则引领文化发展方向，塑造民族精神性格。凡此种种，均殊难以脱离关系个人修身之“立德”，更不能说无关乎涉及人类共业之“立功”。可见希望书生能读、能写、能讲固为常理，要求立言、立德、立功亦不能视为妄谈。至于作者之手劳笔瘁，或亦可稍得慰藉矣。只是与政治家世上之事功或行动之事功相较，书生事业则为纸上之事功或思想之事功，二者本可相互转化，古今皆不乏例证焉。

与梁漱溟徘徊于儒、释之间不同，王煜兄则出入于道、儒之间。但更重要的是，他对西方哲学也颇为熟悉，虽治哲学而仍好文史说部之书，无论昔贤经典或时人著述均无不涉猎，故不但多从儒、道、释三家比较之角度讨论问题，而且也常常对照异域哲学以深化扩大研究之题域，援引东西方粹语有如信手拈来，妙趣哲思恰似水银泻地。而哲学史如果不关注古代文豪，在他看来则难免半部之讥。因此，他对文学家之思想言说亦极为重视，除撰写大量散见文章外，尚汇辑有专著《儒释道与中国文豪》一书（台湾学生书局 1990 年版）。我以为中国传统探讨形上之问题，往往以形下之事取譬之，故思想家兼文学家者颇多，说明理趣非仅存在于逻辑抽象思维，亦可见诸诗文具象情景；即使古代纯粹以文学名世者，也大多出入于儒、释、道三家，有其思想智慧可供采撷，应引起治哲学史者之重视。如禅门人物云："青青翠竹，总是法身，郁郁黄花，无非般若"①；既是拟示之美句，充满灵动生气，复是诗化之哲学，饶富天然理趣。文字如果真从智慧而生，辄文、史、哲皆可涵盖之；哲学家既为爱智者，就有必要以更加宽广之视野加以关注。古代一流思想家如朱熹、陆象山、王阳明、王夫之等能诗固不必论，即晚近大儒马一浮亦自负其义理精义主要在诗而非文。无论玄言、禅义或经说，皆可以诗之方式自心性中流出，既如盘走珠灵活自在而不失规矩准绳，又理趣情意交错行间而足堪反复寻绎玩味。文字般若本可兼赅四部，治哲学史者岂能自小其范围？

尽管王煜兄之治学范围极为广博，有人甚至称他为当代新杂家，但他的真正得力处仍为道家，有早年之著述《老庄思想论集》可为例证（台湾联经出版事业公司 1979 年版）。他曾撰《研习道家哲学的效益》一文云："理学家与新儒家视儒学为中哲主流，道佛（释老）为旁支，陈鼓应、王葆玹师徒独宗道家思想为中哲主流，堪称新道家的成心偏见；李约瑟《中国科技史》侧重道教炼丹术是中国化学兼医学先驱。我认为儒道乃中哲双璧；赞同吴重庆……所倡儒道哲思在形上、形下的双层会通，统一'中庸'与'高明'。倘若未研习道家哲学，尤其是

---

① 《大乘玄论》卷三："若以无所得人，不但空为佛性，一切草木并是佛性。"牛头禅则将此意发挥为诗话言说，以言文行远的方式广泛流传于后世。又《祖堂集》卷十五"归宗和尚"："肇有青青翠竹，尽是真如，郁郁黄花，无非般若"；则附会为僧肇所说，文字亦略有歧义；又有传为道生所说者，见《祖庭事苑》卷五；后世争论则参阅《五灯会元》卷三"大珠慧海禅师"，中华书局 1984 年版，第 1 册，157 页。

《老》、《庄》、《列》及《淮南》四子书，根本不可能理解中国文化，特别是文史政法诸多方面。”[①] 我愿意补充慧海禅师一段对答公案：“问：‘儒、释、道三教同异如何?’师曰：‘大量者用之即同，小机者执之即异。总从一性上起用，机用差别成三。迷悟由人，不在教之同异也。’”[②] 三教异同历来争论不休，然晚近以来皆严重受挫而同趋消歇，从重新谋求现代性复兴及发展之视域进行观察，三家之互融互补及创造性转化仍极为重要，孰高孰低或何轻何重之争议已属无谓，否则便难免不坠入器识狭隘之“小机者”窠臼。王煜兄重道而不轻儒，好释而不废文，也可说他是内道外儒而多杂，是真正能兼容并包之“大量者”。“内道”（道家哲学）使他生活态度轻松，能不断地旅游，观赏自然人文之美，逍遥于世俗世间是非善恶的争论之外；“外儒”（儒学哲学）让他严肃认真地对己待人，一丝不苟地从事著述大业，认真履行人生责任伦理，绝不逃避任何个人应有的道义担当；“多杂”（儒道之外的其他思想）则表明他治学兴趣广泛，著述多征引古今中外典籍，常常举一书而牵连数书，述一事而旁及四五事，表面看似汗漫无际，实际则始终不离中心主旨。但无论柏林（Sir Isaiah Berlin）“狐狸型”（博雅型学者）、“刺猬型”（专精型学者）的分类，或哈耶克（F·A·Hayek）“头脑清晰型”、“头脑困惑型”的界划，似乎都不甚适合于他。他好像从来都不受任何分类或界划的限制，根本就游离于二者之间，始终保持着老子所说“大智若愚”、“大巧若拙”罕见的现代学人特征，以真实的生命长期不懈地按照自己的性格和知性从事思想探索的工作。

与钱锺书博雅而未建立体系一样，王煜兄也从未有心从事

① 王煜《精神探幽》，香港国际学术文化资讯出版公司2006年版，第19页。
② 《五灯会元》卷三“大珠慧海禅师”，第158页。

体系建构之工作。我曾以此事问过他，他矜慎含笑而未答。其实体系的建构固然重要，因为它可以理论的方式涵盖更广泛的范围，拥有内部自圆一致的完整性和严密性，尤其是前后哲理逻辑线索的连续性或通惯性，对宇宙人生作出周延系统的分析或讨论；但灵活随机的创造性解释也不能忽视，历代通过注释疏解成为一流大家的学者亦不少，只要不流于穿凿或附会，能在古今中西之间形成相互呼应的合理性张力，一样能表现洞见慧识，恢复文化发展应有的思想生机，符合哲学“爱智”的本质性要求。罗素（Bertrand Russell）曾有言：“一条原理尽可以十分近乎正确，在理论方面值得尊重，然而仍可能产生我们感觉荒谬的实际结论。”[①] 换成中国式的表述，也可说尽管理论体系或逻辑结构无懈可击，但仍有可能陷入“理障”或“知识障”之迷阵。如果在体系与智慧之间必须作出非此即彼的选择，我想绝大多数学者必然会选择智慧而非体系。智慧永远属于第一义，服务于智慧的言说形式则为第二义。因此，我们无权苛责一切哲人都像独立的山峰那样建立自己的体系，但却有权要求他们尽可能为人类提供知性的智慧和神明。

《东西方文哲札记》是王煜教授新近结集的一部重要著述，收入各类文稿凡二十六篇。与过去已出版之其他撰作一样，衡哲评文，谈古论今，风趣深厚，睿智雅赡。足证他不但始终保持自己一贯之文章风格，坚持特立独行地走自己的道路，而且创造力也长期处于活跃旺盛之高峰，能够源源不断为社会贡献有分量的新作。书中《滑稽与谐隐》一文开篇即说：“佛门以律宗最严肃而禅宗最轻松，譬如唐代禅师马祖道一‘一丝不挂’指心无忧虑而非裸体。佛徒刘勰《文心雕龙·谐隐》主张

---

① 罗素《西方哲学史》，商务印书馆 1976 年版，下册，第 136 页。

诙谐必须义正辞严以免‘空我滑稽，德音大坏’。”就颇具风趣慧识而能引发读者不卒读则不心甘之兴趣，一旦竟读又会掩卷长思以为收获颇多意外。尽管禅宗之悟道过程仍极为艰辛困难，所谓“小死小活，大死大活”便是很好的说明，但一旦真正大彻大悟又必然通体轻松自在，表现出无拘无束、随缘任运的实存风姿。这是真见本体流行的必然结果，也是“本来无事”转化为生活态度的自然归宿。《阅王步高〈司空图评传〉感言三十一则》一文首条则云：“朱温谐音猪瘟，何以为他起名的长辈未曾考虑？香港人极喜谐音，如英文 vincent 译为瘟神。古代判官常骂人为刁民，恰巧英国姓氏 Dillman 酷肖刁民之粤音。”读来也让人忍俊不住大笑，表面不经意的叙述仍然深藏着博厚。不识古代避讳学颇为发达，禁忌的方式种类亦很多，何以朱温谐音“猪瘟”取名时竟欠考虑，乃至引起越岁千载的今人的联类比况和遥想笑谈？我随便举出以上两条例证，不仅是想向读者推荐此书，更重要的是希望有更多的人了解他的思想。他的著述虽已有了众多的港台读者，但大陆学界知之者仍显得相对零落稀少，倘若有更多的类似著作引荐给读者，一定会促进学术空气的活跃与文化事业的发展！

王煜兄的著述能在大陆出版发行，是我多年来蓄积在心中的一个心愿。此书作为先导，必流播士林，嘉惠来学，则断可知之也。今值剞劂之际，承王煜兄嫂引为同调，属为一言，因略抒管见，发其奥趣，抉其微旨，以俟玄鉴君子择焉。

己丑年立春日止善谨识于贵州大学中国文化书院励道楼

滑稽与谐隐

佛门以律宗最严肃而禅宗最轻松，譬如唐代禅师马祖道一“一丝不挂”指心无忧虑而非裸体。佛徒刘勰《文心雕龙·谐隐》主张诙谐必须义正辞严以免“空我滑稽，德音大坏”。滑稽音骨计，唐代司马贞《史记索隐》说此词指谓滔滔不绝而且爽利速捷云：

> 滑，谓乱也；稽，同也。以言辩捷之人，言非若是，说是若非，能乱同异也。《楚辞》云：“将爽梯滑稽，如脂如韦。”崔浩云：“滑音骨，稽，流酒器也。转注喝酒，终日不已，言出口成章。词不能穷竭，若滑稽之吐酒。”故扬雄《酒赋》云：“鸱夷滑稽，腹大如壶，尽日盛酒，人复籍沽”是也。又姚察云：“滑稽犹俳谐也。滑读如字，稽音计也。以言谐语滑利，其知计疾也，故引滑稽也。”

司马贞所谓“言非若是，说是若非”正是老子“正言若反”的唐代阐释，近代或解为辩证诡辞（Dialectical Paradox)。《庄子·寓言》篇提出正言、重言、卮言，卮便是酒器，近似流酒器“滑”。诙谐则不庄重，志在引听者发笑且反省。倘若令人一笑即忘，例如俗不可耐的流行曲《一见你就笑》，便是《下里》《巴人》而非《阳春》《白雪》，丧尽儒佛两家的道德理想。庄周、司马迁及西汉道家东方朔感染刘彦和写《谐隐》篇。蓝凡《中西戏剧比较论稿》（上海：学林出版社1993年版第639页）虽未能追溯先秦道家而能比较中国讽谏与西方讽刺道："作为中国戏曲源头之一的先秦俳优，他们为抑止昏暴，箴谏时政，解头醒世……对象主要是君王朝臣……不可能（也不需要）对他们进行任何否定的嘲讽。"《谐隐》又云："齐威酣乐，而淳于说甘酒；楚襄宴集，而宋玉赋《好色》；意在微调，有足观者。及优旃之讽漆城，优孟之谏葬马，并谲辞饰说，抑止昏暴。"刘勰一口气援引上古四个滑稽典范：1. 战国时代齐国淳于髡（音昆）婉转地举本身喝酒为例，强调"酒极则乱"，成功劝谏齐威王。详见《史记·滑稽列传》。2. 战国时代仅次于屈原的辞赋家宋玉，撰《登徒子好色赋》以恪守德礼勉励楚襄王。贬辞"登徒子"即香港名词"色狼"甚至"色魔"。3. 秦国二世计划髹漆城墙，音乐家优旃（优是职业优伶）指出：无法找到庞硕房屋笼罩城墙令漆阴干，秦王觉悟，遂打消主意。此趣事亦载于《滑稽列传》。4. 楚庄王的爱马死亡，打算用大夫的礼仪葬马。音乐家优孟刻意嫌大夫礼仍薄，主张以国君礼仪葬它，庄王醒悟不做傻事。请看《滑稽列传》。西洋文学的瑰宝"讽喻"（Satire）非以君臣而以平民为听众，可无顾忌得以放肆，必要时用笔名发表以防君臣追究。

谐隐的特殊形态有宋代禅宗的绮语，临济宗分裂成杨岐、黄龙两支派。杨岐方会传白云守端，白云守端传五祖法演，法演传"三佛"：佛果克勤、佛眼清远、佛鉴慧勤。白云守端说："无限风流慵卖弄，免教人指好郎君。"他阐扬慧能《坛经》

“本来面目”象征的佛性先天内在而不须向外追求，法演妙语如珠：“笙簧聒也，鸟语呢喃。红粉佳人，风流公子，一一为诸人发上机，开正法眼。”五祖可能影响晚明时代泰州学派所谓“酒色财气不碍菩提路”。法演又云：“鸳鸯绣了从君看，莫把金针度与人。”“姮（恒，嫦）娥一夜绣鸳鸯，解把金针呈巧妙。”庸俗地说：宁赠鸡蛋，勿送母鸡。这非绮语，因为母鸡欠缺鸳鸯代表的恋爱含义。《五灯会元》描述克勤闻鸡上栏杆振翼啼叫而悟道的故事，以少女和公子的风流韵事作隐喻：

> 会部使者解印还蜀，诣（拜访）祖问道。祖曰：“提刑，少年曾读小艳诗否？有两句颇相近：频呼小玉元无事，只要擅郎认得声？”提刑应“诺诺”。祖曰：“且子细。”师（克勤）适侍应立次，问曰：“闻和尚小艳诗，提刑会否？”祖曰：“他只认得声。”……师忽有省，遽出，见鸡飞上栏杆，鼓翅而鸣，复自谓曰：“此岂不是声？”遂袖香入室，通所得，呈偈曰：“金鸭香销锦绣衤韦，笙歌丛里醉扶归。少年一段风流事，只许佳人独自知。”祖曰：“佛祖大事，非小根劣器所能造诣，吾助汝喜。”

克勤将恋爱情味比拟悟道快感，尊为不可告人的私隐，偈中提到金鸭而非雄鸡。门徒中竺中仁作诗云：“九十春光已过半，养花天气正融和。海棠枝上莺啼好，道与时流见得么？”莺啼比鸡叫鸭呼悦耳，可象征恋情。《罗湖野录》载克勤偈道：“事事无碍，如意自在。手把猪头，口诵净戒。趁出采坊，未还酒债。十字街头，解开布袋。”华严宗兼倡事事无碍与事理无碍，晓得最难实现理理无碍。洪州禅主张体用不二，如临济义玄“随处作主，立处皆真”。处所包括青楼酒馆。黄龙宗的慧洪在《石门文字禅》屡作绮语，赵州勘婆写诗：“冰雪佳人貌最奇，常将玉笛向人吹。曲中无限花心劫，独许东君第一枝。”佳人隐喻五台山上勘验群僧的老妇。唯独东君与弄笛者心心相印。《维摩经·佛道品》已倡“火中生莲花……在欲而行禅。”欲里禅如火中莲稀罕矜贵！杭州佛学院编《吴越佛教学术研讨会论文集》（北京：宗教文化出版社，2004年版）内容丰赡，但是未尝探索禅宗的谐隐。两年后同社出版刘泽亮编《佛教文化面面观》有《佛教诠释学》等文。

阅王步高《司空图评传》感言三十一则

读南京大学出版社 2006 年出版东南大学教授王步高《司空图评传》(下简称《司》)，始肯定传主故里与王维、柳宗元同在山西永济。原来司空表圣之母为唐代理财家刘晏之曾孙。尚有下列感想：

一、朱温谐音猪瘟，何以为他起名的长辈未曾考虑？香港人极喜玩谐音，如英文 Vincent 译为瘟神。古代判官常骂人为刁民，恰巧美国姓氏 Dillman 酷肖刁民之粤音。

二、《剑桥中国隋唐史》首先不视黄巢之乱为农民起义，《司》15 页指出："黄巢这个私盐贩的头目，本与农民二字无缘，与陈胜、吴广等压迫者本无多少共同之处，带给全国人民的是比瘟疫更长久的数十年灾难。"韦庄《秦妇吟》乃最佳史诗，王教授宜注明它同白居易之弟白行简《天地阴阳交欢大乐赋》出土于敦煌石窟。"内库烧为锦绣灰，天街踏尽公卿骨"两句令人联想清初"扬州十日"，"嘉定三屠"及日军"南京大屠杀"。叛变未必合义，必须追究叛徒的动机与后果是否符合人民利益。

三、司空图《自戒》诗云："媒炫士所耻，慈俭道所尊。松柏岂不茂，桃李亦自繁。众人皆察察，而我独昏昏。取训于老氏，大辩欲讷言。”（第 43 页引）王博士慨叹司空图青年时代思想早已衰老。但是近现代哲学系大学生未足二十岁便可选修先秦道家哲学课程，容易理解《道德经》诡辞“大辩若讷”及庸众大愚若智而圣贤大智若愚。老子提出“三宝”非土产物资而为抽象美德：慈俭不敢为天下先。相反地，落后国家虐杀动物设“全狗宴”、“全猫宴”，富豪奢侈浪费食物，不肯排队而拼命“打尖”。老聃非倡老头哲学。

四、“王建《水夫谣》一诗便反映水路驿站拉纤人的苦难：‘逆风上水万斛重，前驿迢迢后淼淼（渺）。……夜寒衣湿披短蓑，臆穿足裂忍痛何？……我愿此水作平田，长使水夫不怨天’。”（第 51—52 页）拉纤夫之纤不能简化为纤维之纤。值得褒扬王建怜悯劳工的菩萨心肠或人道主义。我观纪录片，见往昔长江的拉纤夫连内裤也不穿，因一下水即尽湿。这种厌恶性职业迅速令人足拆裂，比水夫更痛苦。庄子《逍遥游》所言“不龟手”之奇药刚好合用，国内亦需香港创设的“流动中医诊疗站”。

五、“史书对卢携批评较多……甚至十分尖刻。如《新唐书·卢携传赞》：卢携之败王铎、私高骈，贼遂卷咸、镐而西，易若举毛，可谓朝（廷）无人焉。唐将亡，携为之鸱枭，宜天之假手于贼而磔其枯胔也。”（第 67 页）作者察觉《旧唐书》未提到及议论卢携服毒自杀后惨遭黄巢叛军戮尸。指出卢氏早逝既阻滞司空图官运，又令他免受玷污。古人误信猫头鹰乃凶兆，西方动物学揭示它是捕鼠的益鸟。“上天假手”概念由欧阳修开创，比黑格尔《历史哲学》早八百年，亦早于王夫之与康有为。现今可否说上天假手美国小布什总统对付恐怖分子？

六、“黄巢兵败狼虎谷，为其甥林言所杀。……司空图秋天举行十会斋超度亡灵，大概也要超度在这十年动乱中死去的许多无辜百姓。……他们几乎打碎了旧世界，却无力（甚至无意）去建立造福百姓的新世界，却造成百姓更深重的灾难。黄巾（张角）……成了国家四百年动乱的起点，黄巢造成半个多世纪的动乱。洪秀全太平天国的功罪，近年也开始予以较客观的认定。……黄巢叛乱的平定，使病入膏肓的唐王朝有了几年回光返照的安宁。诗人又奔波于长安、虞乡（永济）之间，亦官亦隐。”（第85—86页）切勿滥用“起义”一词以免鼓励土匪随意作反，无奈国内常误“礼义”为“礼仪”，以外表代替内德。由于仁义，司空表圣一生归隐多于出仕。

七、“传主五十二岁仍住王官谷。僖宗……驾崩年仅二十七岁，皇太弟晔即位即昭宗。这年……《归王官次年作》一诗：“战后烧残满架书，峰前犹首恋吾庐。忘机渐喜逢人少，览镜空怜待鹤疏。孤屿池痕春涨满，小栏花韵午晴初。酣歌自适逃名久，不必门多长者车。”（第95页）唐昭宗走难时将一子交胡姓老汉抚养，遂跟他姓胡，后裔以胡适最卓越。司空图中年写此隐诗，充满道家情调，如“恋吾庐”显然出自陶潜“吾亦爱吾庐”，“忘机”、“逃名”可溯源于《庄子》。“鹤疏”指鸡皮鹤发之类龙钟老态。“战后”句令人想起美国名片《劫后归来》，但是此劫乃“二战”。

八、“姚颉，字伯真，京兆万年人。祖宏庆，苏州刺史；父荆，国子祭酒。颉少蠢，敦厚。靡事容貌，任其自然，流辈未之重，唯兵部侍郎司空图深器之，以女妻焉。性仁恕，多为仆妾所欺，心虽察之，而不能面折。终身无喜怒，不知钱百之为陌、黍百之为铢。凡家人市货百物，入增其倍，出减其半，不询其由。无担石之储，心不陨获。”（第98页引《旧五代史》本传）极端自然主义者姚颉天真烂漫无机心，正是“马善被人骑，人善遭人欺”。司空图择婿，重德轻财，保证女儿不会受虐待或抛弃。唯独道家不嫌弃书呆子，爱惜他似庄周所言“浑沌”天真未凿。

九、“司空图觉得在华阴也不安全了，又避乱到湖北郧阳。有《淅川诗》为证：“华下支离已隔河，又来此地避干戈。山田渐广猿频到，村舍新添燕亦多。丹桂石楠宜并长，秦云楚雨暗相和。儿童栗熟迷新径，归去仍随牧竖歌。”（第101—102页）华山脚有华阴县为登西岳起点。他不仿老道士安居道观，反而迁居湖北。此诗洋溢农牧风味，植物方面丹桂与杜鹃两花一齐生长，板栗成熟引诱村童采摘。动物方面燕猿分别代表鸟兽，皆对人类友善。“一年一度燕归来”，念旧的家燕既以巢和粪骚扰屋主，又为房东吃掉蛀木的白蚁。奇趣的是猿猴像美加两国的熊类，经常探访人家觅食。无生命的云和雨都能协调，这是理想的和谐社会，迫近桃花源了。

十、“《旧唐书·司空图传》曰：图既脱柳璨之祸还山，乃预为寿藏终制。故人来者，引之圹中，赋诗对酌。人或难色，图规之曰：达人大观，幽显一致，非止暂游此中，公何不广哉？图布衣鸠杖，出则以女家人鸾台自随。岁时村雩（求雨）祠祷，鼓舞会集，图必造（莅临）之，与野老同席，曾无傲色。”（第115页）朱全忠（朱温）的主要爪牙柳璨荐诏司空图，他谒见柳时故意墜笏失仪，柳晓得他不就范，谴责他“养高以傲世，类移山以钓名。”放他归山后不久，柳伏诛。司空图不仿庄周吩咐门生将他“林葬”，竟购棺置洞中表示豁达。他勘破生死贫富贵贱，像老子所倡“和光同尘”，与任何人平起平坐不骄矜。

十一、“诗人还写有《修史亭三首》，选其二首：甘心七十且酣歌，自算平生幸已多。不似香山白居士，晚将心事着禅魔。　乌纱巾上是青天，检束酬知四十年。谁料平生臂鹰手，挑灯自送佛前钱。”（第115页）居古稀之年既自足又不满，庆幸晚年无须皈依禅宗。伤心的是原应出征或狩猎的手臂，只能委屈送佛像前面的捐款。他中进士不够四十载，结识恩公王凝几乎够了。真正道家不屑用鹰代猎或使象运木，因为地狱式训练扭曲兼摧残鹰、象天性，极度违背自然主义。泰国人训练猕猴上树摘椰子，仅须扭断椰蒂，道家不会反对吧。

十二、“唐代……对知识分子的宽容……旷古未有，文网松弛……可以畅所欲言。……伊斯兰教、白莲教、袄（祆）教……可以传播。……司空图……儒释道侠四种思想并存，均达到那个时期的高峰。……生于虞舜故都虞乡的诗人对尧舜、周孔较之常人有更深的感情。在……立身处世及诗文集中，其儒家思想表现在三方面：第一，量力救时的事功思想。……继承了柳宗元的唯物史观。……司空图去柳宗元仅六十多年，当时在虞乡留存的柳宗元遗迹尚多。且诗人为《柳柳州集》题词，于柳……诗文必定……熟悉。……在《三贤赞》中对传说曾师从文中子的唐初三贤臣房玄龄、李靖、魏徵加以称赞。”（第120—128页）作者遗漏景教。拜火教之雅名从示从天（音先）而非从衣从夭（音奥）。中国思想最自由的朝代是唐，北宋乌台诗案可能是文字狱开端，兼具儒释道侠四种色彩的苏东坡受罪。文字狱在清朝登峰造极，正如理学以前的儒学在隋代王通《文中子》达到顶峰。专家考证初唐房、李、魏三杰非王通门人，他的后裔虚构师生关系。王步高找出七首诗例证司空图“量力救时”的儒家思想，如《寓居有感三首》之一：“亦知世路薄忠贞，不忍残年负圣明。只待东封沾庆赐，碑阴别刻老臣名。”《漫题》：“经乱年年厌别离，歌声喜似太平时，词臣更有中兴颂，磨取莲峰便作碑。”《偶书五首》之二：“只怜直上抽红蕊，似我丹心向本朝。”《与都统参谋书有感》：“带病深山犹草檄，昭陵应识老臣心。”忠贞的反面教材就是刻薄自私的“世路”，甚至主张无毒不丈夫。司空表圣具备圣贤型人格，对朝廷的一片丹心像向日葵永朝太阳，绝食殉国类似晚明的刘宗周与王思任，幸亏不必像文天祥和黄道周身首异处以丹心照历史。

十三、“其二，(将儒）的人才观及道德观：儒以将道，肥其内也；武以将威，肃其外也。未有内自瘠而外能功者焉。……古之用贤，其所寄诚重矣。儒之将道，必欲张其治也。独将之不足侈（发扬）其道，故分己之任以寄于人，亦由资众力以夷大路……。后之为儒，其力浸羸（渐弱）矣。……知所以任之于己，不知所以任之于人而贵之……道亦削然不喻将儒之权耳。且古之言兵，必本于仁谊，反是则一决之勇未足为武，一智之谋足以夺其机。……儒失其柄（权力），武玩其威，吾道益孤。”司空图慨叹晚唐武将夺权而文官脆弱，宦官拥立七个皇帝甚至鸩杀幼主。表圣幻想儒者抢回政权，文官领军抗敌。(铭秦坑）的问题“秦坑儒耶？儒坑秦耶?”发人深省，事实上始皇间接坑埋自身。《上谯公书》“耻天下有遗材”，可谓孙中山“人尽其用”的先河。司空图《天用》云：“龙虽善致风云，然必有所禀而后能施其泽，吾知其不能自神矣。……贤哲之所宜禀，唯用天之用，然后功约而济博。”极度理想化的动物虽怀内部条件，还需外部条件配合。龙隐喻人才，约功博济就是效率高昂。《文中子碑》反对“削足适履”（借用章学诚《古文十弊》以解唐文）而提倡裨益后世：“道，制治之大器也；儒，守其器者耳。故圣哲之生受任于天，不可斫之以就其时。仲尼不用于战国，致其道于孟荀而传焉。得于汉，成四百年之祚。五胡继乱，极于周齐。天其或者生文中子以致圣人之用，得众贤而廓之以俟我唐，亦天命也。故房、卫（李靖）、

（魏）数公，皆为其徒，恢之文武之道以济贞观治平之盛。”这碑文代表司空图的历史哲学兼文化哲学，以远视代替近视，劝勉人才切勿心急，勿受时势歪曲本性，立德、立功、立言任何一项足以惠泽晚辈。至于三不朽观，王步高博士说：“儒家思想可谓融于其血液中，量力以救时不成，只能屈己以殉国了。不能立德、立功，只能转而立言。”（第130页）我认为表圣早已立德。宋代岳飞在立言方面稍弱，文天祥则于立功方面较差；“内圣”强过“外王”。

十四、“其三，乐退安贫的思想。……儒家独善其身的思想渐趋上风，不幸……没有逆转的可能……使司空图不是作为有建树的政治家而是文学家载入史册。《有感二首》云：古来贤俊共悲辛，长是豪家据要津。《携仙箓》则云：听君总画麒麟阁，还我闲眠舴艋舟。……笔者留意……诗中用闲字特多，据《四部丛刊·司空表圣诗集》……竟有三十七处……甚至一句两用：止竟闲人不爱闲，只偷无事闲柴关。（《狂题十八首》之八）客处偷闲未是闲，石楠虽好懒频攀。（《石楠》）没有官场的应酬周旋，闹市文场的虚与委蛇……自然得闲。诗中出现的陶渊明形象与柳菊赋琴酒等意象……是司空图隐居期间常遇之事物。……既有陶渊明淡泊名利之品格，亦有陶的狂傲与豪放。柳璨等宰相其资历都比司空图浅得多。司……不必钻营，只须不辞官就可官至宰相。可是当宰相就能有所作为吗？正如剧本、经费、演员等各种条件均不具备，再好的导演也导不出好的电影来。”（第135—140页）中唐元稹讨好宦官始升任宰相，司空图不屑与宦官为伍岂能官至首辅？“巧妇难为无米炊”，被王氏现代化为“巧导难产无财片”。他录表圣《休休亭记》借梦中两僧口吻训诲自身：“吾尝为汝之师也，昔矫于道，锐而不固，为利欲之所拘，幸悟而悔，将复从我于是溪（祯贻溪）也。且汝虽退，亦尝为匪人之所嫉，宜以耐辱自警，庶保其终始，与靖节、醉吟第其品级于千载之下，复何求哉！”在政坛惨败，他从立功退返立言，竖起心仪的两位文豪肖像：陶潜与白居易。《休休亭记》终于《耐辱居士歌》云：“伎俩虽多性灵恶，赖是长教闲处着。……一局棋，一炉药，天意时情可料度。白日偏催快活人，黄金难买堪骑鹤。”儒家的“觉”相当于佛家的“悟”。顿悟今是昨非的司空图自号耐辱居士，表示采取忍字诀做人。“居士”兼为道佛两教名词。陶潜《形影神》诗综合三教，比耐辱居士更豁达且耐辱。“一炉药”由于眼耳脚三处疾病，“堪骑鹤”只宜道士策骑西归道山。世界宗教以佛教最重视忍辱，“六度”第三项是忍辱，“娑婆”（Saha）意为堪忍。

十五、“《冯燕歌》便是对一位侠士的长篇颂歌：‘魏中义士有冯燕，游侠幽并最少年。避仇偶作滑台客，嘶风跃马来翩翩。……白马贤侯贾相公，长悬金帛募才雄。拜章请赎冯燕罪，千古三河激义风，黄河东注无时歇，注尽波澜名不灭。为感词人沉下贤，长歌更与分明说。铸作金燕香作堆，焚香酬酒听歌来。’……祖保泉先生论此诗云：‘冯燕是通奸犯，杀人犯，转而承认自己杀了人，这就是作者所谓侠义。作者着重歌颂他的义，我们不敢苟同。’显然祖先生是按今天的道德律去苛责古人了。……《隋唐佳话》记载唐开国元勋李勣的自白：‘我十二三为无赖贼，逢人则杀；十四五为难当贼，有所不快者，无不杀之；十七八为好贼，上阵乃杀人；年二十，便为天下大将，用兵以救人死。’……历代的清官戏、侠客传广泛受欢迎，让人在看戏读书那一时刻，出出经年累月横亘胸中的恶气，麻痺久创巨痛的神经。……诗中冯燕遇上贾相公又拜章请赎，侠义感动最高统治者，终得不死，且受宰相的知遇。……

古代文学的人物只受道德法庭或社会公德的审判而不受各朝代律令的判决。被判处斩的窦娥会令六月飞雪，天地也为之申冤。”（第142—145页）李白及梁山好汉皆曾杀人，难道要判斩头？官方之法与民间之义长期冲突。关汉卿《窦娥冤》不能使女主角像汤显祖《牡丹亭》之杜丽娘还阳，仲夏霜雪是虚构的神迹，除非发生于南半球。古代有时大赦死囚，现代虽乏大赦而巧立名目如“死缓”甚至“保外就医”，死囚不难逃出生天。

十六、“千匹绢非小数，司空图竟置于市中任人自取，一日而尽，可见他疏财仗义。河中人士依图住王官谷而保全性命，甚至宰相卢渥逃出长官后也奔……投靠，王官谷成了战乱中的桃花源。村民畜用水……来自天柱峰下瀑布，泉水经祯贻溪流出村口。分水不公造成……械斗，常有人死于非命。司空图……拟出分水方案……深得民心……千多年来共同遵守……至今。……分水池北修建了一座分水庙，塑着司空图的坐像……宋时俞充任虞乡县令，曾有《东渠台》诗云：斯人不可见，空听竹涧水。（农业）合作化时期才作修改，十二天轮浇一次。”（第149—151页）刘禹锡《陋室铭》说：“山不在高，有仙则名；水不在深，有龙则灵。”我愿借此语构云：“谷不在深，有贤则盛。”王官谷变为热闹的桃花源，既不静亦非净，远逊于佛门净土了。司空图分水立功，值得五社八村祭奠和循吏俞充的讴歌。上海有数学家名谷超豪，司空图堪称谷中超级豪杰。

十七、“《泽州灵泉院记》……表明了司空图对佛教的看法：严饰祠宇乃助教之方。凡制经楼斋堂若干间架，又塑罗汉沽峻之相以渐化服，而后日集方丈敷演上乘。自汉江北渡人至魏晋之郊，其俗坚悍难诱，今则悉为佛人矣。且善教童孺者，虽指责其书而必以言，反覆晓喻当自释矣。若典教积于前，鞭笞骇于侧，彼将窜匿之不暇，讵肯悦而从命哉！律，刑书也；经，诰誓也。禅乃劝诱之宗，先驯其性而后入人耳！故其道至隐而其功至博，不可废也。”（第153页）韩愈与石介激烈辟佛后，一般儒家对佛教采取实用主义态度，欣赏寺庙建筑雕塑及其劝善功能。王步高先生洞察司空图对佛教的态度与柳宗元相似，我要补充一点：柳宗元和近代顾毓琇同因爱女死亡而更倾向佛教，金庸因爱子在纽约自杀而更信佛。王教授谓禅宗有“对境无心”、“无住为本”之说，注称出慧能《坛经·菩萨品·般若品》。我想推荐牟宗三《智的直觉与中国哲学》，他以一章阐释《维摩经》“以无住为本立一切法”。《司》155页引僧虚中《寄华山司空图侍郎二首》其二，勾勒礼部侍郎住华阴时期的道家式生活云：“逍遥短褐成，一剑动精灵。白昼梦仙岛，清晨礼道经。黍苗侵野径，桑椹污闲庭。肯要为邻者，西南太华青。”如果作者是道家，桑椹美化而非污染闲庭哩。尽管道经和仙岛富道教色彩，佛教色彩出现于该诗其一两句：“岳信僧传去，天香鹤带归。”但是僧仍与鹤对言。表圣推崇中唐王维、孟浩然、韦应物及柳宗元的闲适诗，《司》156页引贺裳《载酒园诗话》又编说：“韦苏州冰玉之姿、蕙兰之质，粹如（然）蔼如，警（唤醒）目不足而沁（渗透）心有余。然虽以淡漠为宗……正如嵇叔夜土木形骸，不加修饰，而龙章凤姿，天质自然特秀。”刘义庆《世说新语》感染贺裳赞叹嵇康与韦应物为卓越新道家，暗契《二十四诗品》的疏野、冲淡两品。韦应物〈滁州西涧〉诗如画：“独怜幽草涧边生，上有黄鹂深树鸣。春潮带雨晚来急，野渡无人舟自横。”白居易《与元九书》赞韦氏山水诗高雅闲淡。

十八、“意境一词的直接来源……似乎还是佛经。佛经

《止观》二曰：‘对境觉智，异乎木石，名为心；次心筹量，名为意；了了别知，名为识。’意境一称境界。《入楞伽经》九曰：‘我弃内证智，妄觉非境界。’……佛教中用及境界一词处甚多……传指人的认识范畴……是感性的而非理性的；是直觉的而非抽象的，是主观意象而非客观物自体。没有这些特征，文学审美就成为不可能（参考湛芬《司空图三外说中佛道禅之内蕴》等文），这是王国维用境界说代替意境说的原因。司空图……吸收了皎然的成果，将意境说推进一步，提出‘三外说’。……不用逻辑推理，而借比喻、意会说明道理，证人说服，这便是‘绕路说禅’。”（参考朱学东《绕路说禅与妙用无体》）（第157—158页）佛教丰富了中国的文学、艺术及哲学。心、意、识三项的复杂程度递增，故有唯识宗而无唯意宗及唯心宗，尽管佛学乃主观唯心论。境界或意境是精神世界，非境界才是物质世界。王氏不宜用“客观物自体”一词，以免混淆康德形上学所谓与现象相对的物自身（Thing—In—Itself），取消自字说物体便指物理物而非心理物了。王国维接触德国哲学，主要是叔本华，其次才是康德与尼采。司空图“三外”即味外之旨、韵外之致、象外之象，影响苏轼倡“味外之味”，也许启迪欧阳修说“平芜尽处是青山，行人更在青山外”，不用说杭州餐馆“楼外楼”之名了。禅宗避免传统逻辑，主要指不用排中律而取辩证法。震撼王观堂的西方哲学，非理性主义而为意志主义。他未懂黑格尔辩证法。

十九、“芙蓉有水芙蓉、木芙蓉之别。前者即荷花。我国产荷花处极多，湖南还美称芙蓉国。……司空图……言及荷花处甚多，如《送道者二首》之一：峰顶他时教我认，相招须把（执持）碧芙蓉。《争名》：荷香浥露侵衣润，松影和风傍枕移。《华下》：扶起绿荷乘早露，惊回白鸟入残阳。《偶题三首》之二：水池随事有风荷，烧酹倾壶一曲歌。《偶书五首》之二：自有池荷作扇摇，不关风动爱芭蕉。《狂题十八首》之十：故园虽恨风荷腻，新句闲题亦满池。《王官二首》之一：风荷似醉和花舞，沙鸟无情伴客闲。之二：荷塘烟罩小斋虚，景物皆宜入画图。《五月九日》：高燕凌鸿鹄，枯槎压芰荷。”（第209—210页）成都市花“木芙蓉”远不及“水芙蓉”亮丽可爱，杭州十景包含“曲院风荷”，芙蓉国湖南省以湘莲种子享誉全国。荷叶可包饭，印度人却用芭蕉叶持载食物。司空图关注莲花莲叶而非实用的莲蓬、莲子及莲藕，究竟是文艺家而非商贾或食家。他的荷莲情结当然务虚不务实。芭蕉叶可作扇，未闻莲叶可作扇。佛学以芭蕉和芦苇象征脆弱甚至虚幻，半个佛教徒司空图似未知。法国印象派画家莫奈喜绘池中睡莲，中国人认为袖珍的睡莲在虚实两方面都不值得关注。

二十、“《洗炼》云：‘空潭泻春，古镜照神。’古人以铜为镜，虽不如今之玻璃境明亮，却结实、易保存。古镜以山西最著名。唐人小说中有王度《古镜记》。王度太原祁人，文中子王通之兄，隋末曾任侍御史、芮城令。司空图曾撰《文中子碑》，而芮城又系虞乡邻县，最近处距王官谷不过十里。古境照神一语应有显著的地域文化特点。……《自然》有云：‘雾余水畔，江杏在林。’……有三点不得不提到：称杏花为红杏；有中晚唐的时代特点；虞乡一带多杏花，带有地域特点；司空图特爱杏花，诗中多言及。杏花在唐诗中甚多，但提及红杏的仅四十三首，始于白居易……而以晚唐居绝大多数，甚至四分之三以上居司空图之后为唐末五代人。……司空图笔下写及的菊、荷、杏诸花最多，以写杏花第一，《力疾山下吴村看杏花十九首》应作于华阴。”（第209—215页）铜镜既实用又是艺术品，铜鼓则偏于行军和煮饭的实用。隋唐之际太原王氏三兄弟均富文才：王度创作小说，王通《文中子》乃哲学，王绩为酗酒诗人。作为动词，泻春之泻比照神之照精彩传神。人易误解长江以南始长杏树，不知江北亦多红杏。名联“骏马秋风塞北，杏花春雨江南”助长这错觉。几乎全国都栽表圣酷爱的菊荷杏三花。

二十一、“《实境》曰：‘清涧之曲，碧松之阴。’从字面看，这是很多山区均有的景象……殊不知碧松却是山西特产。《山西通志·潞安府长治县》曰：‘太行山，长治居其巅……环山（五龙山）胥茂松，李白诗所谓上党碧松幽也。樵采者罔敢睨（斜视），名龙山松。’碧松烟一语出李白《酬张司马赠墨》一诗：‘上党碧松烟，夷陵丹砂未。’显然碧松……有山西地域特点。杨巨源《题五老峰下费君书院》诗：‘解向花间栽碧松，门前不负老人峰。已得心事随身隐，认得溪云第几重?’这已是将碧松栽到司空图家门了。”（第216—217页）凡松皆碧，我怀疑碧松是诗仙创造的文学名词而非植物学术语。恰似北京国子监一棵“触奸松”针对明代奸臣严嵩，乃政治名词而非植物学术语。松是常绿树，象征坚贞刚毅，今人比往昔更喜命名“劲松”，取其道德伦理涵义。碧字为冗词，正如男父、女妈之性别状词。

二十二、“《流动》云：‘荒荒坤轴，悠悠天枢。’……坤轴为古人想象的地轴。晋（代）张华《博物志》云：‘昆仑山北地转下三千六百里，有八元幽都，方二十万里。地下有四柱……广十万里地有三千六百轴，犬牙相奉。’古人也把山西境内的恒山称为地轴……。《山西通志》卷一六五《浑源州·北岳庙》引喻祭文曰：‘惟坤乾门，应位坤轴。’蟠灵拱卫京畿，纲维函夏（华夏）。唐（代）张嘉贞《祀北岳祠碑》云：‘其顶也，上扶乾门黑帝之宫观；其足也，下捺坤轴元神之都府。’

……天枢专指北斗第一星。《山西通志》卷二《北斗七星主山西图》云：'第一曰天枢，二曰璇，三曰玑，四曰权，五曰玉衡，六曰开阳，七曰摇光。一至四为魁，五至七为杓。枢为天，璇为地，玑为人，权为时，玉衡为音，开阳为律，摇光为星'《石氏》……又曰：'一主秦，二主楚'……蒲州既近秦，也近王屋、砥柱，可说对应天枢。"（第217—219页）二十四诗品之流动品列举四项实例：用水力代替人力推动的水车"水輨"、丸珠、坤轴、天枢。北岳恒山是坤轴之一，山西人引以为荣。北斗七星有天枢无地轴，因为第二星"璇"指地对照第四星"权"指时，宇宙二字分指空间与时间。山西永济古称蒲坂及蒲州。枢轴由门、车零件升为宇宙组织。《楚辞》"幽都"堪称中国式地狱，对照道教"天庭"。王博士援引《山西通志》所录《石氏》，宜注明作者为春秋时代齐国天文家石申。璇玑、玉衡原为周朝文物，后世借为星名。可参杜石然等《中国科学史》及陈遵妫《中国天文学史》。

二十三、"《纤秾》一品有'柳阴路曲，流莺比邻'句。在其诗文中用及莺、莺声的有十三处……四次用到流莺一词：《杨柳枝寿杯词十八首》：昨日流莺今不见，乱萤飞出照黄昏。《狂题十八首》：昨日流莺今日蝉，起来又是艳阳天。《移桃栽》：禅客笑移山上看，流莺直到槛前来。《鹂》：不是流莺独占春，林间彩翠四时新。《诗品》中两处用鹤字……其诗文言及鹤之处竟达二十三处，仅有独鹤之意的句子有四处：《李居士》：万里无云唯一鹤，乡中同看却升天。《喜王驾小仪重阳相访》：幽鹤傍人疑旧识，残蝉向日噪新晴。《寄郑仁规》：万里云无侣，三山鹤不笼。《即事二首》之一：只留鹤一只，此外是空林。……司空图爱鹤成癖……宋朝曾任虞乡县令的俞充，作有《王官谷十咏》……多处提及鹤，如《休休亭》：支肘看青山，引鹤听流水；《司空氏旧居》：孤鹤去不还，云间犬空吠。又其《贻溪怀古十篇》亦云：相从守幽独，素羽信非群，孤唳杳无续。（《挂鹤台》）元人郝经《唐十臣像歌·司空图》亦云：诗外有味谁肯尝？寡鹤飞去高翱翔。又《雍正山西通志》卷二二一载王溱《春日同吕子游王官谷》其三曰：仙洞留岩阿，望之阻且赊。嘉树来孤鹤，幽草抽繁芽。……1999 年 9 月我访王官谷，在天柱峰东当地人指为司空图墓地的近亭……曾有仙人骑鹤经过的故事。……元人王恽《秋涧集》卷三七《游王官谷记》言天柱‘峰半有石突然，曰落鹤台。’……鹤与王官谷竟有如此不解之缘。”（第 220—224 页）西湖十景包括“柳浪闻莺”，闻说蒋介石将离大陆赴台湾时十分留恋。近代流莺兼指游荡街头的低级娼妓。骚人墨客忌用此词。莺音悦耳而鹤声难听，黄莺成群而鹤或独立。《楚辞》“幽独”（Solitary）适宜描写鹤和鹰，华裔爱鹤如尼采颂鹰。晋朝高僧支遁字道林，能确切理解庄周揭示的逍遥，好比现代东北的女教授于丹。支道林酷爱梅莲两种植物与鹤马两类动物，可能影响高士司空图。佛教常提“灵鹫山”，鹫是丑陋秃鹰食尸维生，形象恰为莺之反面。难怪国语歌星有吴莺音、粤曲唱家有黄鹤声，无人取鹫命名。道教神话讲仙人骑鹤，丹顶鹤跃为国宝，扮演希腊神话的飞马角色。李白诗句“黄鹤一去不复返”引起成语“去如黄鹤”，近代用作描写“财到光棍手，一去无回头”。幸亏黄鹤究竟非白羽红顶的仙鹤（Crane）。它不及熊猫珍贵，因为日本亦产丹顶鹤，东京大学有蜂屋邦夫教授专研道教。道士司空图又提到凤凰、鸿雁、鹏及幽鸟，和竹或篁、碧桃、苍苔、芙蓉、柳、菊、茅茨、蓬叶等动植物。有人怀疑《诗品·冲淡》“独鹤与飞”模仿苏轼《后赤壁赋》“适有孤鹤”，王教授指出梁代萧统《昭明太子集·锦带书十二月启》已云：“三千年之独鹤，暂逐鸡群；九万里之孤鹏，权潜燕侣。”南齐何逊《何记室集·日夕出富阳浦口和朗公》说：“独鹤凌空逝，双凫出浪飞。”北周庾信《庾子山集》卷十二《思旧铭》道：“佳城郁郁，流寓于秦。山阴相送，惟余敌人。孀机嫠纬，独鹤孤鸾。闺深夜静，风高月寒。生平已矣，怀旧何期?”鹤有时合群，不像鹰多孤独。

二十四、“傅察《九日次韵邢子友》诗云：‘年过骑省悲秋易，贫似司空乞酒难。’后句出自司空图诗《重阳四首》之三：‘青蛾懒唱无衣换，黄菊新开乞酒难。’傅察十八岁即中进士，因拒娶奸相蔡京之女而长期屈沉下僚，北宋末出使金国，中途宋亡，被虏不屈而亡，谥忠肃。其人品高洁与表圣同，故引为同道。……《新唐书·司空图传赞》：‘图知命，其志凛凛与秋霜争严，真丈夫哉!’……司空图词不多，同样被人化用。《酒泉子》云：‘买得杏花，十载归来方始拆。假山西畔药栏东，满枝红。　旋开旋落旋成空。白发多情人更惜，黄昏把酒祝东风，且从容。’结尾两句……被欧阳修用到《浪淘沙》词中‘把酒祝东风，且共从容。垂杨紫陌洛城东，总是当时携手处，游遍芳丛。　聚散苦匆匆，此恨无穷。今年花胜去年红。可惜明年花更好，知与谁同?’”（第244—246页）学者罕知青年傅察间接被蔡京害死，他和欧阳永叔同因仰慕表圣品格而化用其诗词。杏花虽鲜红而短暂，司空图“旋开旋落旋成空”一句七字竟含三个副词旋字，后世似未模仿。每年杏花红度相同，“今年胜往年”仅属心理作用，文艺肯定而科学否定。何必对杏花乐观而对同游者悲观？禅宗“日日是好日”，便较豁达。

二十五、“《二十四诗品》显然受《愍征赋》的触发，其《注愍征赋述》又云：观其才情之旖旎也，有若霞阵叠鲜，金镂晴天。鸳塘匣碧，芙蓉曙折。浓艳思芳，琼楼诧妆。烟霏晚媚，鲛绡拂翠。其雅调之清越也，有若缥缈鸾鸿，罶罶袅空。瑶簧凄戾，羽磬玲珑。幽人啸月，杂佩敲风。其遒逸之壮冠也，则若云鹏回举，势陷天宇。鳌抃沧溟，蓬瀛倒舞，百万交锋，雄棱一鼓。其寓词之哀怨也，复若血凝蜀魄，猿断巫峰。咽水警夜，冤郁霭空。日魂惨淡，鬼哭芳丛。其恋态之无究也，则若月吊边秋，旅恨悠悠。湘南地古，清辉处处。花映秦人，玉洞扃春。澄流练直，森然目极。”（第249—250页）范阳人卢献卿是屡次落第的考生，唐代孟棨《本事诗·惩咎第六》谓卢“词藻为同流所推。作《愍征赋》数千言，时人认为庾子山《哀江南》（赋）之亚。今谏议大夫司空图为注之。连不中第，薄游衡湘，至郴（州名，音琛）而病……后旬日而殁。”献卿的文学造诣远逊于庾信及司空图。人常用“旖旎”赏誉风景，表圣却用以褒赞才情。“霞阵叠鲜”扫描晨曦或黄昏的天空。他钦佩幽人，也自称幽人。蓬瀛乃方士心中三仙山之二：蓬莱、瀛州合称，香港粉岭有道教“蓬瀛仙馆”以电脑贮蓄资料，内地恒误写嬴为赢，两字差别只在人类最关注的贝女即财色。在斗争与赌博方面，仅想输赢而非上古母系制残留的嬴姓及道教瀛州。“血凝蜀魄”是古代蜀帝杜宇死后魂魄化作杜鹃鸟啼血的传说，“猿断巫峰”指谓巫山猿鸣掀起巫峡旅客的乡愁。“变态”褒义为花样百出或多彩多姿，贬义却是心理或生理高度的病态，如幻想遭迫害。卢氏漫游湘南郴州，病亡处接近帝舜驾崩地九疑山，可惜无缘登道教胜地罗浮山。

二十六、“西晋文学家成公绥《隶书体》一文便是多用比喻和四言的句式。如‘虬龙盘游，蜿蜒轩翥；鸾凤翱翔，矫翼欲去。或若鸷鸟将击，并体抑怒；良马腾骧，奔放向路。’初唐之欧阳询作《八诀》云：‘如高峰之坠石，似长空之初月。若千里之阵云，如万岁之枯藤。劲松倒析，落挂石崖。如万钧之弩发，利剑截断犀、象之角牙，一波常三过笔。’这段论楷书八种点画的口诀……生动超过成公绥。……李嗣真《书后品》……尤为突出，如‘右军正体……其声鸣也，则铿锵金石；其芬郁也，则氤氲兰麝；其难徵也，则缥缈而已仙；其可觌也，昭彰而在目，可谓书之圣也。若草、行杂体，如清风出袖，明月入怀，瑾瑜烂而五色，黼绣摛其七采……可谓草之圣也。其飞白也，犹夫雾縠卷舒，烟空照灼，长剑耿介而倚天，劲矢超腾而无地，可谓飞白之仙也。又如松岩点黛，蓊郁而起朝云；飞泉漱玉，洒散而成暮雨。’”（第276—278页）正如《诗经》以四言为主，初期书法美学常用四言句式，成公绥与鲁褒在晋朝不约而同写《钱神论》，冷嘲热讽拜金主义。唐代欧阳询貌丑而字美，李嗣真比他更少用四言句式。王羲之信奉五斗米道，书法表现仙气，也擅长东汉蔡邕始创的体裁“飞白”。王步高博士援引萧元编（1997年湖南人民出版社版）的《初唐书论》，也可参阅熊秉明（冯友兰门人，巴黎大学教授）和刘纲纪（武汉大学哲学系教授）等先生的著作。宋代皇宫收藏司空舆、司空图父子书法，清代刘熙载《艺概·书概》洞察《诗品》与书法的微妙关系。表圣的河东前辈张彦远编《法书要录》、又撰《历代名画记》，像司空图崇尚道家哲学“自然”。

二十七、“司空图对中唐白居易的现实主义新乐府，是持否定态度的，称之都市豪估、力劲而气孱。……特点是粗俗，没有韵外之致。‘文革’前后，对……新乐府之类作品如《卖炭翁》作出了过高的评价。……在唐诗的百花园中聊备一格而可，不是上乘之作，而司空图的诗歌理论是在不满白居易等人的诗歌主张的前提下提出来的。司空图出生后近十年白居易才去世，虽然新乐府运动早已偃息旗鼓，但粗俗之风犹存。晚唐皮日休、杜荀鹤等所谓现实主义诗人仍有此粗俗之病。皮日休和陆龟蒙等把元稹、白居易的唱和更发展到极点，炫才游戏，不但无韵外之旨，而且堕入恶道。追求味外之味与追求全美、醇美是一致的，诗人追求的是诗味，诗本身之类，倾向自然和淡泊。即使是豪放之作，也要追求雄浑。”（第346页）文艺的化境是高雅抑或雅俗共赏？这问题永可争议且无确定答案，酷似形而上学三大难题：上帝是否存在，灵魂是否不灭，意志是否自由。民国初年便起为人生而艺术抑或为艺术而艺术的辩议。现实主义作家提倡为时事而撰诗文，例如杜甫的反战诗歌。唯美派作家不甚关怀民间疾苦，终极关怀非在现实世界而在艺术世界。两派差别略似儒家与道家，或时代曲和歌剧。《司》把晚唐杜荀鹤误植成“笱鹤”，错有错着，因为道家喜爱植物之笱和动物之鹤。王步高对现实主义矫枉过正，譬如对韦庄动人史诗《秦妇吟》，岂能嫌它欠缺味外旨、韵外致？小说方面，张恨水虽像鸳鸯蝴蝶派而颇写实，对照无名氏（卜乃夫）的浪漫主义，我们不宜武断张俗而卜雅。“都市豪估”侮辱白香山高贵的人道主义，市侩的精神世界萎缩于钱财。

二十八、“世事心知不可为，拂衣归此养天机。先生独善端无意，肯续春秋辨是非。”（北宋·郑集《游休休亭》）……北宋时期知识分子的生存环境……大大好于司空图生活的时代。但官场的倾轧也使许多知识分子堕入一个怪圈：勤奋读书——努力参加科考——争取做官——做大官——及早提前退休——安度晚年。这是官场的围城现象，未当官的拼命往里挤，当了官的又希望尽早出来以全身远祸。……南宋初名相赵鼎《陪王毅伯游柏梯寺次毅伯韵》（节录）：“伊昔耐辱人，诛茅此山谷。爱闲如爱官，食薇如食肉。酌泉吸山光，清冷饱空腹。故居今宛然，修篁蔽山麓。我亦因尘笼，暮年思退缩。”（第384—385页）表圣“三休”指少年怠情、青壮年任性、晚年迂腐。“知不可为”就是绝望，唯有独善其身，既像道家颐养天年，又似儒生续写《春秋》作道德判断。林语堂指出古代官吏得志时是儒家而退隐后似道家。钱锺书小说《围城》形容婚姻像城堡，一般人奋斗挤进，失望时争先恐后跑出。城堡可能属旅游胜景，未看感终身遗憾，已观竟遗憾终身。有些人相信未登长城或未临黄河则非好汉，但是登临后毫无心得感想。忠臣赵鼎所访柏梯寺，在虞乡县内颇近王官谷，不免缅怀心境相似的先贤司空图，遂对照官闲与薇肉。伯夷、叔齐在首阳山采野菜充饥，此山恰巧在虞乡。

二十九、“陆游的两首诗：残年孤寂不禁秋，醉自凄凉醒更愁。富贵空成守钱虏，吾今何上百宜休。（《悲秋》四首其三）……足蹇扶持须稚子，杯深暖热赖邻翁。此身虽向闲中老，若比休休却未同。（《小园新晴》其二）……后人谓其（表圣）旷达，我谓其坚毅：国难当头，表现为对死的旷达……格外悲壮。受到宋、金文人的赞许……唐高士司空图自作冢棺……视汉鲁相孔耽之神祠、赵岐之墓石、晋陶征士（潜）之自祭，唐王无功（王绩）、杜牧之之墓铭、宋米元章（米芾）坐棺木黄堂上，表圣之言尤为殷重。（元好问《尚药吴辨夫寿冢记》）……金人游王官谷诗流传至今的尚有十多首，如……先生节义全终始，名与青山万古高。遗像仅存人已远，满岩修竹冷萧骚。（李楫《望天柱峰三绝》之二）……苏轼《书黄子思诗集后》云：‘唐末司空图崎岖兵乱之间，而诗文高雅，犹有承平之遗风。其论诗曰：梅止于酸，盐止于咸，饮食不可无盐梅，而其类常在咸酸之外。’盖自列其诗之有得于文学之表者二十四韵，恨当时不识其妙，子三复其言而悲之。”（第385—393页）陆放翁不甘沦落为守财奴，因极关怀抗金复国。诗中以亭名“休休”不指美好而指表圣。后者轻视死亡，比陶、王、杜、米四位高士更豁达，且臻三不朽境界。《与李生论诗书》提出“三外”，成为中国美学史一块里程碑。《二十四诗品》显然感染欧阳修《二十四花品》。传统“二十四节气”观大约影响司空图。王步高称其死悲壮，正是康德所言“崇高”及祈克果倡“人生三阶”之宗教段。

三十、“薛瑄《题休休亭》诗：中条山下王官谷，草木烟霞景物幽。仙李固知时靡靡（颓废），野亭从此号休休。座中爽气常飘洒，天际浮云任去留。坠笏已超尘网外，高名千古镇悠悠。（《薛敬轩集》卷十）……得罪权奸王振……疾忿石亨、曹吉祥乱政而致仕还乡，教授四方学者直至逝世，他的官位……身世坎坷……受权奸排挤亦相似。他的出生地与司空图的家乡同属今山西运城地区，应属邻县。……郑鄤（1594—1639）字谦止……崇祯中为温体仁所构（诬陷），诬以杖母不孝……磔于市，年仅四十六岁。郑鄤与司空图均生于末世，只是司……善于保全自己，而郑则惨死。”（第 421—430 页）薛敬轩忤逆三个宦官，几乎下狱被斩。他代表明初程朱派理学家，死后八载王阳明才诞生，像王通寄情教育。郑谦止开罪既不温和又不体仁的残暴权奸，竟遭陵迟。

三十一、“清代黄钺……《二十四画品》为：气韵、神妙、高古、苍润、沉雄、冲和、澹远、扑拙、超脱、奇辟、纵横、淋漓、荒寒、清旷、性灵、圆浑、幽邃、明净、健拔、简洁、精谨、隽爽、空灵、韵秀。清代杨景曾仿《二十四诗品》作《二十四书品》：神韵、古雅、潇洒、雄肆、名贵、摆脱、遒炼、峭拔、精严、松秀、浑含、澹逸、工细、变化、流利、顿挫、飞舞、超迈、瘦硬、圆厚、奇险、停匀、宽博、妩媚……清人对司空图诗加以引用者，应首推乾隆皇帝。”（第 456 页）最粗略的分类，当然是优美与崇高（壮美）。诗书画都分二十四种风格，雕塑、舞蹈、音乐、建筑、电影可否？王博士征引清代延君寿《老生常谈》云：“司空表圣神韵音节，胜于皮陆。”其实司空图在功德言三方面皆优于皮日休与陆龟蒙。

欧阳修故居、祖坟、《龙王借表》及文天祥纪念馆

2007年8月8日在江西省永丰县举行欧阳修诞生千年纪念研讨会，众人分乘两部旅游大巴直往欧阳永叔的祖居。中午下车即见门上“西阳宫”三字，永叔三十五代孙欧阳勇先生解释：道教“西阳观”之观改成宫，由于欧阳修之父名欧阳观，虽不同音而同字，故仍须避讳。他极贫穷且短命，故未娶妾。我们都晓得“六一居士”童年由母亲郑氏教他执持芦苇在沙上学写字。他的双亲合葬墓离故居只一公里，附近一头袖珍石羊，令欧阳勇女儿欧阳慧玲忆起吉水县的杨万里墓有石兽。她娇小玲珑像中学生，大学刚毕业即想投入“无烟工业”，因为慕永叔名而来的游客颇多。我劝勉她运用旅游体验和资料去创作散文。欧阳修墓不大。遗憾在石刻“钟灵毓秀”成语同西阳宫门联皆将简体“钟”字复原成“鐘”，他们仿佛未知“锺情”迥异“鐘情”（计时出售的虚伪爱情），“鐘灵”仅能指谓钟表时针准确或闹钟依时响鸣。欧阳修与一妻一妾合葬，元配姓胥。遥望碧绿农田和凤凰山后，内蒙古师范大学七十七岁的可

永雪教授与我步行返西阳宫。他精研《史记》，留意司马迁对欧阳修散文的启迪，说一孙女考进北京影视大学。我们第三次相会了，首次 1992 年于内蒙师大开历史文献会，第二次 2005 年在武汉大学出席散文会。西阳宫主要文物是神主牌，右旁屹立几棵高树。对欧阳修最热情的作家徐荣晖六十三岁，是江西永丰人而退休于吉安市恩江中学，曾撰历史剧《荻花飘香》描写欧阳修苦学成材。他赠我一套《2005—2006 全国剧本征集活动作品选》（北京：中国电影出版社 2007 年版），最终一剧就是徐荣晖《龙王借表——献给欧阳修诞辰 1000 周年》。高中时代课本侧重唐宋八大家古文，包含欧阳修《泷冈阡表》。五十多年飞逝，我六十七岁始幸亲睹泷江。徐氏剧序颂赞永叔忠孝云："欧公故里好风光，泷江两岸飘墨香。碧水哗哗奔腾急，浪花滚滚齐欢唱。《泷冈阡表》忠孝文，鄱湖龙王亲鉴赏。美丽传说遍八方，千年不衰永流芳。"剧中主角是欧阳修、黄庭坚，配角有黄太监、龙王、龟丞相、蟹将军、徐大爷以及巨龟化成的青衣老人。可惜该剧未能演出。

翌日全体赴吉安市郊文天祥纪念馆。下午四时半抵达，门票二十六元稍贵，半小时便可看完。文文山全身雕塑透显浩然正气。身后播出《正气歌》以国语唱出，新加坡郝知本作曲。巨碑面有乐谱和歌词。主要展馆壁上有朱德元帅等题诗文，另一展室描绘文氏生平，大字误"復"字为"複"。一室全为近现代名家褒扬文氏的法书，包括吴祖光与刘海粟。以秀金体驰誉的书法家启功写楹联（实非对联）"人生自古谁无死，留取丹心照汗青"。该馆五时半关闭，我五时离馆欲买资料参考，无奈小店早已栓门。想起馆中展出关于文天祥的现代书籍，仅见内地出版四本，欠缺台湾作品。安徽合肥师范大学辽阳人刘文斌教授专研《晏子春秋》，也无法获致台胞著作。政治家兼外交家齐国宰相晏婴死后约一千八百年，张弘范捕捉在广东海丰吃午饭的文天祥。吉安市该馆展出用膳处亭子照片，宜谓该亭称方饭亭。我的表弟妇艺员钟叮当告诉我它的名字。温文儒雅的谭家健教授惠赠佳作《中国古代散文史稿》（重庆人民出版社 2006 年版）止于陈天华及秋瑾，注重唐宋八大家和清代桐城派，包括曾国藩及薛、黎、吴三弟子。

文天祥研究六论

一、文山在国族危机中轰烈尽义

近人以“危机”翻译英语 Crisis，原来《文山先生全集》卷二已出此词两次：“贫贱元（原）无富贵思，泥途滑滑总危机。”“自有溪山真乐地，从来富贵是危机。”我们可溯源于晋代王迈《读渡江诸臣传》“功高成怒府，权盛是危机”；以及《晋书·诸葛长民传》“富贵必履危机”。老子早已将危机形象化为深渊与薄冰。文山笔下泥涂是具体危机，富贵乃抽象危机。他不幸在晚宋当宰相，怀抱特别浓烈的危机感和责任感。《荀子·正名》篇发挥孟子生死观云：“人之所欲，生甚矣；人之所恶，死甚矣。然而人有从生成死者，非不欲生而欲死也，不可以生而可以死也。”可惜不少学者低估荀卿人格。横渠《张子语录》承接孟荀道：“当生则生，当死则死……惟义所在。”朱熹三传门徒文天祥遂向忽必烈交心：“天祥为宋状元宰相，惟可死，不可生。”（见刘岳申《文丞相传》）《全集》卷十四载文山拒绝降元说：“臣有一死，惟义之从。”卷十七又载他于《绝命辞》慨叹“当死久矣”。“可”是委婉语，“当”为严厉语，同表尽义，无奈对自身不仁。老子泉下有知，可能喟叹：“天地不仁，以文天祥为刍狗。”借黑格尔历史哲学观文山，可谓绝对精神利用文天祥“光荣”结束大约三百年的宋朝。《过零丁洋》揭露不朽观说：“人生自古谁无死，留取丹心照汗青。”遗憾在极少人阅读文山词，尤其是《沁园春·题潮阳双忠庙》三句：“人生翕焂云亡，好烈烈轰轰做一场，留取声名万古香。”（黄雨选注《历代名人入粤诗选》第287页，广东人民出版社1980年版）尾句即留芳百世，不因长寿而靠轰烈；生命重质而非量，不贵长度而尊强（道德）度。

二、魏源“四不朽”实为“三不朽”：文天祥的人格美

晚清皈依佛教华严宗的魏源，在《古微堂集·默觚学篇》提出人格可有四方面的永恒价值云：“立德、立功、立言、立节，谓之四不朽。……君子之言，有德之言语也；君子之功，有体之用也；君子之节，仁者之勇也。故无功节言之德，于世不耀；无德之功节言，于身心为无源之雨，君子皆弗取焉。”鲁国叔孙豹首先合称立德、立功、立言为三不朽，立德当然包含立节，“无德之节”一语自相矛盾，因为节是一项德行，指谓在预期绝境或困境对上司或领袖的忠诚。魏默深突显节操德目，很可能以文天祥为至尊典范。《正气歌》“时穷节乃见”一句源于老子的忠孝观：“六亲不和有孝慈，国家昏乱有忠臣。”不和与昏乱同为难以冲破的困局。家家有本难念的经，绝境凸显孝子的美德；国国亦然，危急昭彰忠臣的善行。失节必定缺德，但是孝顺不能蕴涵忠节，正如忠节未必孝顺。文天祥苦于不能兼顾忠孝，惟有自己尽忠而吩咐胞弟文璧尽孝。叔孙豹和

魏源可推崇文山实现三或四不朽的人格，即实践宋儒的完美主义（Perfectionism）。俄国美学家车尔尼雪夫斯基（1828—1889）说："在整个感性世界里，人是最高级的存在物，所以人的性格是我们所能感觉到的世界上最高的美。至于……其他各级存在物，只能按照它们暗示到人或令人想到人的程度，才或多或少地获得美的价值。"（参见朱光潜《西方美学史》第17章第230页）不朽的人格美就是善德表现于伟人。殉主的义犬亦透示犬格美，最佳典范乃是努尔哈赤的忠犬。它凭比人类逊色的"正气"感动未来的清太祖，然而不可能立德和立言。

三、儒家以神道设教对文天祥的影响

"神道设教"利用鬼神宣传他律道德，感染《文山先生》卷十三《指南录》十一处："（一）《得船难》：渔父疑为神物道，相逢扬子大江头（按扬子江指扬州附近长江一段）。（二）《得风难》：神物自来扶正直，中流半夜一帆风。（三）《出真州》其十：其不死于兵，岂非无文哉！（四）《至扬州》其十三：山色昏暝，若有神功来救助也。（五）《至扬州》其十九：岂有天意行其间乎！（六）《高沙道中》：北仓率不尽得，疑有神明相（即辅助）之。（七）《高沙道中》：若有鬼神鼓动于其间。（八）《闻马》：若非神物扶忠直，世上未应侥幸多。（九）《闻谍》：不是神物扶正直，淮头何处可安身？（十）《海船》：子胥（伍员）江上逢渔父，莫是神明遣汝否？（十一）《海船题序》：海船与江船不同。……不我先后，适有邂，殆神施鬼设而至也。这十一段里，天、天意、神明与神物同义，指谓真实或假设的人格神，约束人类行为，规范人类行动。儒道两家的神明或天意具备规范性。文天祥三十四岁任宣州太守，离职时撰《劝农文》以告父老，内容乃劝谏的《劝农文》(见《文集》卷十二)，提出积极的“五劝”与消极的“五戒”：“第四劝尔常修善，粜米救荒极方便，但从此上做阴功，管教孩儿多贵显。”“第四戒尔莫尤赖，故杀子孙罪名大；纵逃人祸有天刑，害人不得番自害。”粤语“阴功”指悲惨，文天祥用它表示用看不见的心灵进行自我修炼，倘若用可目睹的手和口做工夫便是阳功。他采取庄周术语“天刑”对照“人祸”，近代改用“天灾”代替“天刑”，减退“天”即鬼神的宗教色彩，“修善”是道德修炼，可免宗教内容；今人改说“自我增值”则增添商业成素。“无形的手”则从政治转归道德。

四、忧患国事与发泄公愤

杜甫是文天祥的文学偶像，《全集》卷一《题梅尉诗轴》“忧国杜少陵”一句赞美诗圣关怀国事。宋元之际郑思肖《心史总后叙》将事区分五类说：“所谓诗……文，实国事、世事、家事、身事、心事系焉。”世界大事应该包含国事，但是古代不懂外国新闻，资讯极端落后，郑所南所言世事仅指社会要事，反而比国事狭窄。社会是家庭总和，家庭包括众身，身又发展心灵。容易理解国、世（社）、家、身、心五项次序的必然性。医师诊疗身疾，哲学治理心病。悲天悯人的诗哲白居易，写《与元九书》向挚友元稹主张“文章合为事而著，歌诗合为事而作”。事件总和就是历史，难怪批评家赏誉杜甫、白居易为中唐“诗史”，恰似韦庄是晚唐诗史。文天祥喜欢结集杜甫诗句，因为文山酷肖子美忧国忧民，都尽力发挥孔子所倡兴、观、群、怨四项诗歌功能。黄庭坚《大雅堂记》褒颂杜甫云："子美诗妙处，乃在无意于文，夫无意而意已至。……平淡而山高水深，似欲不可企及；文章成就，更无斧凿痕。"文山遂盛赞杜少陵非有意于为诗，《全集》卷十四《东海集序》激赏遗民诗人邓光荐《东海集》从"有意"飞跃至"非有意"的化境道："自丧乱后……凡十数年间，可惊可愕可悲可愤可痛可闷之事，友人备尝，无所不至，其惨戚感慨之气结而不伸，皆于诗乎发之。……动于情性，自不能不诗。杜子美夔州、柳子厚柳州以后文字也。"亡国绝境激励诗哲创作，杜、柳比邓、文幸福，因为中唐尚未亡国。悲愤惊愕痛闷皆由于国破，陆游《澹斋居士诗序》洞悉"悲愤积于中而无言，始发为诗。"文山《全集》卷十四《子午》浩叹："地下双气烈，狱中孤愤长。"孤愤原为《韩非子》篇名。同卷《发吉州》比较激烈："英雄握腕怒须赤（变红），贯日血忠死穷北。"文天祥的愤怒非个人私忿而是社会公愤，即填膺的义愤。中国社会科学院哲学研究所杨正典《文天祥的生平和思想》（齐鲁书社 1992 年版）阐扬文山继承发展中国文学史"愤"的传统。韩非死后两世纪，罗马讽刺诗人尤维纳里斯（又译朱文纳尔，Juvenalis，公元 60—127 年）宣称"忿怒促使我写诗"，他讽刺帝王，被放逐后死于埃及。幸亏罗马尚未灭亡，他又未受极刑。司马迁欣赏韩非《说难》、《孤愤》两篇乃"圣贤发愤所作"，李卓吾《焚书》卷三《忠义水浒传序》云："古之贤圣，不愤则不作矣。不愤而作，譬如不寒而颤、不病而呻吟也，虽作何观乎？"欧阳修《湖州长史苏君墓志铭》早已推崇苏舜钦"时发其愤闷于歌诗"。南宋功利派代表叶适《水心文集》卷一《上孝宗皇帝札子》善采"公愤"凌驾"私愤"道："二陵（徽钦两宗）之仇未报，故疆之半未复。此一大事者，天下之公愤，臣子之深责也。"可知水心怀抱高尚的使命感，关注国事多于家事和私事，堪称国士。公愤体现为个人哀愤或忠愤，文山《指南录后序》似信鬼魂能够报仇云："誓不与贼俱生，死犹为厉鬼以击贼，义也。"《全集》卷十四《海上大战七言长歌》比较务实说："我欲借剑斩佞臣，黄金横带为何人！"珠光宝气的叛臣必定包括妒忌他的宋理宗时期状元留梦炎。他比文天祥早十二年考中状元。仕元的宰相留梦炎乐而不苦，文山《全集》卷十《跋王道州仙麓诗卷》惋惜"杜太苦，李太放"，我认为文山诗词既苦且放（浪漫），但非过度。

五、文山对庄子、道教和禅宗的批判

庄子提倡安命、顺命且反对殉道殉情。文山《全集》卷五洞察"天命、人事常判然不相侔"，这句的通俗版本就是"人生不如意之事十常八九"。他否定道家自然主义，而实践儒家"知命"、"正命"、"俟命"、"致命"、"立命"哲学，尽其在我甚至知其不可而为之。他诠释"命"为自然且应然之命，强调天命"不得不然"即当然，承接张载《正蒙·诚明》篇所言"天所自不能已（休止）者谓命"。《全集》卷十提出："决性命之情以饕富贵，富贵未必可得，而性命已失其正。"文天祥在狱中致函舅父云："及至朔廷，抗辞奉节，留连幽囚，旷阅年岁。孟子云夭寿不贰、修身以俟之（命），如此而已矣。"（卷十四）他融合《中庸》"君子居易以俟命，小人行险以徼幸"，和孟子的正命、立命观。卷十四说："哲人贵知命，乐天复何求"；卷十三谓"烈士丧元（生命）端不异，达人知命复何求。"卷十三"哲人处明夷，致命以遂志"；"夫人生于世，致命各有权；慷慨为烈士，从容为圣贤。"相反地，庄周主张听天由命及逆来顺受。《全集》卷三《己未上皇帝书》自剖心事道："臣所以不顾危亡，宁以身犯不测之锋者，义命之际，臣因择之精矣。"同卷又载诗句："达人识义命，此事关纲常。"他生二子六女皆亡，文璧之子文陞过继给他，《年谱·赐男陞子批》表示："吾以备位将相，义不得不殉国。"他爱自称状元宰相，仿佛怀状元情结，不殉国便辜负朝廷颁赠荣衔了。邓光荐《文丞相传》记文山言："吾所谓尽心者，人人诿（推搪）天下之责，古今世道不属之（于）人乎？是乌可以成败为是非哉！"《易·明夷卦》描绘光明受损的困境，道家在困境不殉外物，儒家圣贤才"致命遂志"。文天祥不信人可修炼成仙，《全集》卷九《送隆兴邹道士序》一针见血道："仙人之心，狭于成己；高士之心，溥（普）于济人。且乎兼人己为一致，合体用为一原，吾儒之所以为吾儒也；重己而遗人，知体而忘用，异端之所以为异端也。或曰：仙人之所谓丹，求飞升也；高士之所谓求丹，伐病也。高士非学吾儒者，而能以济人为心。……高士辈不贤于仙人欤？"他谴责道士自私狭隘，恰似佛教大乘诃斥小乘。事实上，三教彼此渗透，优秀道士以菩萨心肠行善积德。部分道佛教徒兼顾体用，孙思邈却是冷淡佛教的道士兼医药圣人。可惜"异端"一般"士大夫蔽于福田利益之私"（《全集》卷九《建昌军青云庄记》）。文山更利用张载的唯气论否定轮回的可能性。佛徒憧憬极乐世界或西方净土，《全集》卷十《与济和尚西极说》批驳对西方的执着，慧能《坛经》已询问："东方人造罪，念佛求生西方；西方人造罪，念佛求生何国？"卷一《京城口占》针对慧能名偈云："心如明镜台，此言出浮屠；后来发精义，并谓此台无。此台已是赘，何况形而器。……愿我尘俗人，与物方溶溶。"溶溶宜作融融，意谓主体与客体和谐共处像水乳交融，何必偏激贬抑物质世界为虚幻？文天祥必定读过《朱子语类》卷十一："今且要读书，须先定其心；使之如止水、如明镜，暗镜如何照物?”卷十五又谓本心（认知心）“如一面镜子，本全体通明，只是被昏翳了。而今逐旋磨去，使四边皆照见，其明无所不照。”朱熹从《庄子》以止水明镜喻心汲取灵感，佛教唯识宗更倡“大园镜智”。但是老庄取镜比拟忠实认知，不贬抑物质为镜花水月。

六、散佚诗文精粹

刘文源编《文天祥研究资料集》（中国社会科学出版社1991年版）第四编《散佚作品》，不宜错过，今录几篇加上感言：

1.《题朱氏垂裕堂》:“造物含至理，诗书尚余泽。德乃福之根，寻常为谁植? 济济多云仍，绳绳继清白。麟凤玉为姿，芝兰秀方硕。非福安有此，惟善斯乃得。甘棠荫蔽芾，五袴歌洋溢。身虽佐一郡，位不满其德。天将裕斯后，益见光显赫。”垂裕堂在今江西省高安县村前乡坡山朱村，文天祥知瑞州时作此诗，收入《坡山朱氏宗谱》。“造物含至理”意为大自然有最高级的规律，对照滋润人心的经典。康德像儒家提倡德即福，结合道德和幸福。行善必定积福，譬如《诗经·甘棠》颂赞周公堂弟召公廉洁公正。“位不满其德”发人深省，因为贪官污吏弄权缺德。登位始握权，圣贤才反省德位是否相称，唯恐尸位素餐。

2.《题王右军“鹅”字》:“奇迹散出留世间，胜事传说冠古今。若要右军真墨迹，惟此一鹅称神品。”此诗题于庐山博物馆一幅王羲之“鹅”字立轴。刘文源拟诗题，但是凭字迹怀疑为赝品。不管真伪，我要讲两点心得：退休后我曾观摩浙江绍兴兰亭书法节，见该鹅字复制及雕刻而觉龙飞凤舞，确属超越妙、逸、能诸品的神品。2007年9月5日我和妻进海德公园旁边肯星顿（Kensington）公园，以面包喂饲大群天鹅，其中几只巨鹅毛色洁白如冰雪，堪称鹅中神品，远迈鸭鸡鸽鸦。

3.《赠玉泉刘氏世家诗》："刘氏家声振汉唐，九天星斗换文章。权兵百万降（征服）夷狄，柱国无双协帝王。应有政名扶社稷，更加忠义佐朝纲。绵绵谱牒传今古，一字千金御墨香。"此诗载于泰和县樟塘乡竹山村《玉泉刘氏族谱》。江西中南部人才辈出。文天祥是广义理学家，师从朱熹再传弟子欧阳守道（巽斋）。理学家的终极关怀是内圣外王，即该诗中"忠义"与"政名"。

4.《琴诗》："松风一榻雨潇潇，万里封疆不（夜）寂寥。独抚瑶琴遗世虑，君恩犹恐壮怀消。"原诗刻在琴上，当时文山夜宿青原寺，唐代杰出禅师有青原行思俗姓刘。此诗令人遥想岳飞〔小重山〕"欲将心事附瑶琴，知音渺，弦断有谁听？"文天祥却借瑶琴忘掉俗虑，比岳武穆豁达。诙谐的是粤俗歇后语"结它（乐器名）断线"指"无得弹（诃责）"即无懈可击。

5.《己卯五月十八日，予以楚囚过曹溪宿寺门下，六祖禅师真身顷为乱兵窍其胸、探其心，盖意（臆）其有宝，故过至此。予以业缘所驱，落在劫火，不谓真佛亦不免焉。今年今日回首，念赋五十六字》："去年五月十八日，高卧曹溪松下风。佛若无身那是患，我因我色故成空。忘形万里黄尘外，回首一年清梦中。夜看月华明似镜，只应心事略相同。"文山虽否定佛学而怜惜慧能肉身受损。老子说："吾之大患，在吾有身；及吾无身，吾有何患？"色字指物质现象，包含身或形。佛教"色即是空"，谓物体皆欠恒性，酷似镜中幻象。

6.《跋岳飞书·（李华）吊古战场文》："岳飞生我宋之吕尚也，建功树绩，载在史册。千百世后，如见其生。至于笔法，若云雀游天，群鸿戏海，尤足见干城之选而兼文学之长。当吾世谁能及之？即后世亦谁能及之？”文山将他比拟周文王宰相姜太公，欣赏他的法书活泼如野鹅飞翔。

7. 我曾访杭州岳王庙及贵州修文县阳明洞各三次，颇感岳飞、海瑞和王守仁的法书相似。鹏举与阳明皆“干城”（捍卫者）高材，文武兼备。孔子有后裔四百万，清雍正帝有忠臣岳锺麒为岳飞裔，我闻近世有阳明后代。遗憾在文山二子六女均夭折，现今所谓天祥后裔实为其弟文璧子之文昇或其堂弟天瑞的苗裔，部分聚居香港新界。

理学三题

一、从叶适抑孟到王守仁扬孟兴学

南宋叶适——《习学纪言序目》卷十四《孟子》扬孔抑孟云："盖以心为官，出孔子后；以性为善，自孟子始。然后学者尽废古人入德之条目，而专以心性为宗主，致虚意多，实意少；测知广，凝聚狭，而尧舜以来内外交相成之道废矣。"形而上学当然务虚而非务实，尤其是孟子开启陆王心学的道德形而上学。叶水心将圣人之道局限于事、史、实，谬责孟子性善论，不知孔子所倡"人之生也直"的直字已逼近善了，二程和朱熹推崇孟子，非务虚而不管社会不合理现象。难怪牟宗三先生厌弃叶适过度务实而拙于玄思。前书《皇朝文鉴》夸张佛道两家对宋代理学的感染。但是叶水心偏爱事功，倘若泉下有知王守仁的显赫功勋，必定对致良知教改观。

阳明在广西平思田之乱时，进谒横州伏波庙，喟叹它寒酸不配纪念西汉伏波将军马援，遂命地方官吏扩充此庙。据说两根巨木浮出，刚巧充当新庙栋梁，令人啧啧称奇，甚至迷信神助阳明。蒋山卿撰《横州伏波庙碑》，赞扬马援镇压交趾（安南）两姊妹领导的叛乱而非起义。明儒湛若水朔浔江经横州（今横县）时，写《吊伏波将军辞》，叹惜马援遭奸臣诬陷所运薏苡（薏米）为珍珠。清代大诗人赵翼掌管广西镇安府时咏《横州大滩谒伏波蒋军庙》道："直以将军号，长为水府神。"瓯北诗文屡颂马援与王守仁，简直敬之如神：王氏招抚思恩（今属广西武鸣县）和田州（今属广西田阳县），且于南宁敷文书院设坛讲道。他建筑书院，志在施教化代替干戈。梁扬、黄海云《古道壮风》透露院址为南宁市北宁街广西壮族自治区物资储备局大院，它亦成受降地点。叶适虽欠武功而恪尊尧舜，《尚书·尧典》记帝舜敕令"契"作"司徒"施设五常教育。王守仁《敷文书院记》云："班师撤旗，散其党翼。宣揭至仁，诞敷文德。凡乱之起，由学不明。人失其心（良知），肆恶纵情。遂相侵暴，荐成叛逆。中土且然，何况夷狄？不教杀戮，帝所不忍。……各务本心，匪从外得。……好生之德，上下孚格。……爰告思田，毋忘帝德。"诛杀治标，教育治本。古今圣贤，唯独阳明兼顾两者。他不敢居功，改赞明帝似上天怀好生之德。王守仁也曾审判一〇八个土匪后，斩三十八个而流放七十个。《粤西文载》卷五十一载其高徒季本（彭山）《建敷文书院修德息兵序》两提"良知"、且一提"致良知"云："嘉靖丁亥岁，思田弗靖……特起我阳明夫子于家，俾往定其他。累疏以疾辞，弗获。乃抵南宁，则谓边蛮所以弗率者，为远于声教，不得蒙至治之泽尔。……乃度郡东北隙地建敷文书院，日进诸生与之从容讲学，以示'诞敷文德'之意。由是思、田之民，仰慕德化，自缚来降。……自吾夫子即固有之良知，泄不传之圣秘……本源如是其易，而非假乎一毫之强为是。……诸生闻夫子良知之教，而又亲见夫德化之行，莫不奋然兴起，愿学圣人。……以本（彭山自称）久在门下，尝闻此学，而方从事军前，日且闲暇，乃使之领书院事以申明之。本既承命反复晓告诸生，而诸生之感于教化者，思兵戈之既息，怀德泽于无穷，乃嘱其父母之告于本，将阁序其成绩者，本惟吾夫子盛德大业，史官所书，后世所式（仿效），岂末学所能赞一辞哉？顾以致良知之说，乃吾夫子所雅言，以教人为尧舜者也。”季本之名“本”可指恩师施教以致良知为根本。阳明以身作则，始能感化叛徒自缚归顺。

二、六经皆心、文、史、哲甚至接近宗教

王守仁和章学诚等主张六经皆史，人罕知明朝开国功臣宋濂（字景濂，号潜溪，1310—1381）等同经学与心学道：“六经皆心学也。心中之理无不具，故六经之言无不该（赅）。六经所以笔（书写）吾心之理者也。”（《宋学士全集》卷二十八《六经论》）他调和朱、陆且折衷儒佛，暗用孟子警句“万物之理皆备于我，”即任何事物的道理已存在于人心，人反省便懂得。但是孟子不像柏拉图将“物理”升为客观唯心论的形而上实体“理型”。我认为六经亦为广义文学兼哲学，尽管《诗经》哲思较弱，作为广义哲学家，潜溪亦受吕东莱（祖谦）和佛教感染，援佛入儒遂遭清初全祖望批判为佞佛。宋濂心仪释迦、孔子及柳宗元云：

> 天生东鲁、西竺（天竺）二圣人，化导蒸民，虽设教不同，其使人趋于善道，则一而已。（《全集·补遗》卷二《夹注辅教编序》）
>
> 濂自幼至壮，饱阅三世藏（经、律、论）诸文，粗识世雄（大雄指释迦）氏所以见性明心之旨。（同上，卷七

《佛性圆辨禅师净慈顺公逆川广塔碑铭》)

予本章逢之流，四库书（经史子集）颇尝习读。逮至壮龄（年），又极潜心于内典（佛经），往往见其说广博殊胜，方信柳宗元所谓与《易》、《论语》合者为不妄（上引《夹注辅教编序》)

任何高级宗教皆能令人趋善，何以他不考虑民族宗教道教呢？大约因为他似刘基深信人不可能修炼成仙，而且佛典神话魅力确比道经强劲，特别是涅槃。

三、庄子启导熊泽蕃山扬王抑朱

道家主张得本则可忘末，感染钱锺书教读者欣赏鸡蛋（象征佳作）则不必追观下蛋的母鸡（作者）。蛋例其实颠倒本末，母鸡是本而蛋才是末。《庄子・天道》倡得意忘言，启发禅宗谓见月忘指。《外物》篇提出得鱼忘筌及得兔忘罤，即获猎物便可忘工具。语文是工具，意义好比目标。日本阳明学者熊泽蕃山（1619—1691）避免提及捕兔器械，改用引导猎人的脚印批评朱熹太爱阐解字句：

朱子有过于寻文之弊，学者近理学而远于心法。书譬如雪中兔子足迹，兔者心也。圣经贤传皆我心之注脚，得兔则足迹无用，得心则书无用。……朱学寻章摘句，着重于文句之理而多失心之事。今之为朱学者，如曰莲宗之倾信日莲，是非皆取决于朱子之语，是故圣经为注所蔽，心法为经义所隔，朱学者反而使朱子为圣门之罪人也。王子过于仁，过于约，有似异学悟道之流，学者又渐有扩大其

弊者，又王子之罪人也。(《集义外书》卷六)

罴由人造，雪中足印却由兔造，熊泽蕃山妙改《外物》。必须指出庄子的书文糟粕论通过禅宗熏陶出陆王心学的本末观，陆象山勇敢宣言“六经皆我注脚”，堪称作者与注者关系的哥白尼式革命，非我注经而是经注我，近似康德所谓“知性”为自然界立法。理学家兼经学家朱子当然诠释文句然后探索义蕴。陆王非经学家，从道禅汲取灵感，简约地宣扬仁义良知而不深究原典，故像异端提倡顿悟了。

泰州学派陶石篑三论

一、陶望龄辨比周、骄泰、和同及公私

孔子的理想人格周而不比、泰而不骄、和而不同。陶石篑《歇庵集》卷十三《比同骄泰和同辨》云："原心，其公者为周、为泰、为和，私者为比、为骄、为同。君子之与天下也，如一身然。气滃然游于毛发指姆而无底滞者，周也。周故耳目之用不摄而通，手足不相谓而喻者，和也。和而脉畅辖解。神而怡怿者，泰也。周生和，和生泰，均生于公。小人若禽鹿（代表兽）然。喜则交颈蹈足跄跄然，怒则偾张怵虚茀茀然。聚居接穴同处而相贼也。小人之未得势也，必求比〔而〕不卑陬。窥望同进退，唯诺弗比也。比得而骄其居势者，不胜其盛气。人附己，随而与之；人异己，愕不怡，必击之、排之。"陶氏阐扬孔子的君子、小人观，善用公私概念谴责党同伐异。除却赏誉王守仁、王畿师徒能和而不同，他也曾援引湖湘学派祖师胡宏《知言疑义》"天理人欲，同行异情"于《世传》。陈谷嘉、朱汉民《湖湘学派源流》（湖南教育出版社 1992 年版）留意湖湘学派对陆王学派的感染，但是忽略泰州学派。孔、

孟、荀和禅宗关怀生态平衡甚至戒杀且放生。陶望龄《歇庵集》卷十三谓自私小人“所营者口腹，吾所娱者神情。”“执无为而病有为，则无为之谈适资悭吝；执无生而訾放生，则无生之说反助贪残。……所重者己身，所轻者物市。”

二、陶望龄论良知

《歇庵集》卷六《重修勋贤祠碑记》揭示道妨事或事妨道的怪现象，像华严宗“事理无碍观”主张道事不相妨，即道外无事、事外无道。然后诠释道云：“尧谓之中，孔（子）谓之仁。至阳明王先生揭之曰良知，皆心而已。……良知者心之图绘也，犹不识火而曰炎也，不识水而曰湿也。体用、内外、理事、道器、精粗、微显，皆举之矣。尧舜所以君，旦（周公）、奭（召公）之所以臣，率相与请……矢诰其义也。……后世豪杰之士，骛于功利，不复闻道。……先生……豁然顿获本心于忧患艰贞之际。其道以不学不虑为宗，故千变万容而常虚；以格物为用，故寥焉无一事而常实。……所明即所行，所言即所用。”世俗抨击儒者疏阔无用、理学家虚静不能成务定业。陶氏洞悉阳明“业以身示之，足以破群说，关（闭塞）众喙；而道德事功之途，至是（此）合为一辙。”石篑遂倡“天乃以濂、洛还孔、颜，姚、江还伊、周”，肯定王守仁的道统高位。同卷《重修阳明祠碑记》歌颂“良知”乃判决人禽（兽）鬼之关，再说：“自私用智，生民之通蔽也。自私者存乎形累，用智者纷乎心害。此未达于良知之妙也。混同万有，昭察天地，灵然而独运之谓知。离闻泯睹，超越思虑，寂然而万应之谓良。明乎知而形累捐矣，明乎良而心害遣矣。良知在日用，非阔迂虚远之谓。”推崇王守仁、王畿（汝中）师徒时，石篑已像龙溪以道家和禅宗概念阐释良知两字，比孟子原义复杂几倍了。

三、陶石篑教育观的现代意义

孔子主张“兴于诗，立于礼，成于乐。”王守仁高足王艮遂撰《乐学歌》，以学习谈欢乐。泰州派后学陶望龄《歇庵集》卷三《明德诗集序》引孔子言，且谓‘泰州王（心斋）先生学乐之旨，学者多诵之。然此非泰州之言也。……诗与乐者奚物哉？夫其油油焉，融融然；天地与舒，日月与明，百物与昌。……不韵之真诗，无声之大乐乎？真乐难名，而寄名于诗。诗即乐也，乐即诗也。……白沙子曰：子美诗之圣，尧夫更别传。予谓子美……犹以甜说蜜者也，尧夫蜜说甜者也。……盱（音虚）江明德罗（汝芳）先生闻道于泰州之徒，尽超物伪，独游乎天。……微谈剧论，所触若春行雷动，因而兴起者甚众。”陈献章称赞邵雍是诗圣杜甫的别传。陶氏指出杜、邵从相反方向体验生活情趣，罗明德比杜、邵更擅长运用生活体验启迪门徒。泰州学派弱在理论深度，强于结合实际的普及教育，契合现代教育的启发式而非填鸭式。石篑体弱多病而喜爱游泳，利用自然奇境教育自我。《歇庵集》卷十六《与朱石门亲家》勾勒浙江山阴“二三百年川岳之气，酝酿郁积；”《与王咸所文》颂扬“荆溪风土清淑，谣俗敦美，士大夫卜居者，多有适彼乐国之愿；《与四川藩司同年某丈》盛赞成都天府，江山奇杰。卷十三《游洞庭山纪》记述湖南洞庭山上四季花卉。现代教育比往昔更注重旅游，畅销报刊皆设旅游专页，因为旅行兼具娱乐教育两功能。《诗经》某作者幻想“乐国”，旅行教人不要幻想人间净土。

陈眉公系列六题

一、周公美谈旅游三德：清、任、和

晚明陈继儒（1558—1639）字仲醇，号眉公，曾为挚友周公美《闽游草》作序，鉴于福建盛产荔枝又有名山武夷，遂责周书欠缺“啖荔枝，登武夷”之类内容。周公美乘机模仿孟子谈圣人之清、任、和三型，创造游有三德的另类美学：

> 我见入闽者，动以此为题。然非游以贾，则游以舌。独余则否，不借邮符，不乞驺骑，不仗地主酒钱，此游之清也；手无镯，趾无坎，腰膝无绖帛，贾勇先驱，置两足于空外，置七尺于死法外，此游之任也；猿不易枝，鸟不变声，樵牧无故识。伴侣无异同，此游之和者也。游具此三德，而时以诗为政，游无定时，故诗无定体。（《陈眉公全集》卷十一《闽游草叙》）

眉公解释三德为不乱、不辞、不争，赏誉《闽游草》之“色香味隽于荔枝”，且借题发挥，提出酒也具备清、任、和三德。

我认为“清”字除指不乱外，又指廉洁、简易；“任”字宜诠释作任性、率真，似是而非道家正宗，因为“贾勇先驱”违反老子“三宝”尾项“不敢为天下先”；“和”字符契老子所倡守柔不争，更切合庄子主张尊重自然界动物自由自在的生活。对于现代社会，放任足以致命，孙子兵法及禅宗工夫所倡“置诸死地而后生”、境界虽高而太危险且不务实。“清”字符合官场，今天“官”字委婉化为公务员甚至柳宗元所言公仆。“和”字乃环保伦理兼理想政治，冷血贪狠的战争贩子破坏猿鸟樵牧的正常生态。纵使在太平盛世，标准游客随意与农民土著闲聊，何必介意游伴团友陌生未熟识?

二、陈继儒笔下“淡宕”、“仕瘴”表示清浊正邪

小品文专家陈继儒《岩栖幽事》素描淡宕境界云：“人有一字不识而多诗意，一偈不参而多禅意，一勺不濡而多酒意，一石不晓而多画意。淡宕故也。”俗语有“少女情怀尽是诗”，粤人称面颊梨涡为酒凹。英语 Picturesque 字面仅指画意而可兼备诗情，因为画是无声诗、诗乃有声画。淡宕的盆景乃立体诗画，“石痴”米芾未必同意有人不懂一石却富画意。眉公《白石樵真稿》卷十五《三岐禅师像赞》以“卓凛淡了”四字颂赞他是僧中龙象道：“立志卓然，持戒凛然，世味淡然，大义了然”，例证淡宕人格。当时人称誉眉公《观濠堂记》“能芬人齿，能浣人肠”，即淡宕得净化人类心肠。淡宕以钱、贱及仕瘴为反面教材。《岩栖幽事》记载诙谐趣事：“李之彦尝玩‘钱’字傍，上着一‘戈’字，下着一‘戈’字，真杀人之物而不悟也。然则两戈争贝，岂非贱乎?”上古之贝壳可作货币，争贝近似争金，行为卑贱。贝金代表财、人常争夺财、色、权

三宝，抽象的权宝可夺具体的财、色两宝。眉公《诗书镜》卷三以森林瘴毒譬喻这三宝，尤其是《仕亦有瘴》条："昔人有欲之（往）官而恶其地之瘴者，或释之曰：瘴之为害，不特地也。仕亦有瘴也。急催暴敛，剥下奉上，此租贱之瘴；深文以逞，良恶不白（分），此刑狱之瘴；侵牟（谋）民利，以实私储，此财富之瘴；盛拣妾姬，以娱声色，此帷簿之瘴也。……地之瘴者未必能死（杀）人，而能死人者常在乎仕瘴也。"剥下奉上即老子痛贬贪官"损不足以奉有余"，眉公表现的人道主义直追杜甫、白居易、韦庄，不用说韩、柳了。若要推行廉政，必须宣扬陈氏仕瘴观，培养名副其实的公仆。

三、陈继儒诗词疏、轻、逸、便、娟且饶别趣

清初钱谦益《列朝诗集》选陈眉公诗十八首，于作者简传中赞美陈诗"便娟轻俊"，晚明朱隗辑评《明诗平论》已褒赏眉公《探楼山中即事》诗说"轻逸便娟，不费笔墨"。"俊逸"两字源于杜甫诗句"清新庾开府，俊逸鲍参军"，原初称许庾信与鲍照。便娟即随意和秀丽。眉公《狂夫之言》卷三强调创作宜疏戒密云："诗文只要单刀直入，最忌绵密周致，密则神气拘迫，疏则天真烂漫。《史记》之佳处在疏，汉书之不如《史记》在密。元画疏，宋画密。气韵生死，皆判于此。"倘若眉公有幸畅览欧洲艺术馆，必定评判水墨画疏而油画密。他倡单刀直入，显然沿袭严羽《沧浪诗话》的禅宗美学。疏、轻、逸（俊）、便、娟同属道家风格。我极欣赏眉公诗词流露的别趣，例如《春花纪事》"隔篱小犬吠桃花"（香港人易误"隔篱"为"隔离"，因为罕见篱笆将屋分隔）。《灵隐作》"竹引峰头泉外泉，幽栖恰入画中禅。窗前五个老松树，松鼠窥人自在

眠。”拟人化或人格化的小狗竟受桃红震惊，狗爱追逐的伶俐松鼠居然像人在窗前探头探脑，好奇地视察梦中人呢。《山中》诗涉及荷、燕、鸡、人四种生物：“燕子飞来枕上，荷花开到桥西。新添几番客至，永日不住鸡啼。”《求仲过访山中赋赠》幽庄周一默云：“近来蝴蝶懒，不肯化庄生。”《题咏蕉图》稍欠加工：“我筑读书台，满种芭蕉树。夜听风雨声，闲来写诗句。”但是他为长子命名梦莲而非梦蕉。《唤香堂词》有《摊破浣溪沙·初夏夜饮归》也恬淡多趣：“梓树花香月半明，棹歌归去草虫鸣。曲曲柳湾茅屋矮，挂鱼罾。　笑指吾庐何处是，一池荷叶小桥横。修竹纸窗灯火里，读书声。”我们惯闻荷莲（水芙蓉）芳香，却难想象梓花气味。古代无玻璃窗，修竹纸窗更富乡村风味。东林学派魁首顾宪成撰东林书院对联：“风声、雨声、读书声，声声入耳；家事、国事、天下事、事事关心。”隐君子陈继儒既读书且关注国事。清代沈雄《柳塘诗话》中首肯“其小词潇洒，不作艳语”。眉公《霜天晓角·山中次玄宰先生韵》（二首）亦提到纸窗和典籍：“背水临山，门在松荫里。草屋数间而已，土泥墙，窗糊纸。　方床曲几，四面摊书史。若问主人谁姓？灌园者，陈仲子”。（其一）“不衫不履，短发垂双耳。邻叟偶来尔汝，九寸鲈，一尺鲤，　菱香酒美，醉倒芙蓉（木芙蓉）底。旁有儿童大笑，唤先生，看月起。”（其二）他对松树情根深种，以松荫匹配草屋，难怪将二三两子取名梦松、梦草了。眉公忆起孟子批评陈仲子寒酸如蚯蚓，遂戏称自身为战国时代寒士陈仲。莲塘出产菱角可送酒，何况鲈鲤两种河鲜啊。可知眉公生活远胜陈仲。李斌《明清文化视野中的陈眉公》（香港国际学术文化资迅出版公司年版，第155页）征引此词而不解灌园叟陈仲。眉公《临江仙·读书台》云：“婉娈北山松树下，石根结个岩阿。巧藏精舍

（书斋）恰无多。尚余檐隙地，种竹与栽梧。　高卧不须愁客至，客来野笋山蔬。一瓢浊酒能沽。倦时呼鹤舞，醉后倩僧扶。”松竹梅合称岁寒三友，此词却说松、竹、梧桐三树。眉公倾向素食，乐意入山采笋及菜招待宾客。国画松鹤图象征长寿，能舞的鹤比松活跃。《点绛唇·天池僧舍》“晚鸦初宿，影乱墙头竹。……松如沐”则并列松竹鸦。

四、日常生活的清闲美学以韵为主

眉公《岩栖幽事》一口气写出十七项事物美化人心的奇妙功能道：“香令人幽，酒令人远，石令人隽，琴令人寂，茶令人爽，竹令人冷，月令人孤，棋令人闲，杖令人轻，水令人空，雪令人旷，剑令人悲，蒲团令人枯，美人令人怜，僧令人淡，花令人韵，金石彝鼎令人古。”这种语构很简单，有时深奥得耐人寻味，有时浅薄得似陈腔滥调（如长舌令人厌恶）。但是陈继儒列举十七项均具美学深度，只有两项以人作主词：美人惹起怜爱，成语遂生“怜香惜玉”，可是怜爱比敬爱低级。僧尼使人淡薄名利。十五项非人事物中，香最抽象，尤其是道德上“留芳万世”之芳香。其他十四项皆可见可触。酒的效果“远”即遐思，包括胡思乱想及幻觉。台北影星“石隽”原来由此起名，隽字原指短尾雀鸟肥美，引申谓意味深长。陶潜“无弦琴”可充歇后语影射“无得弹诃”即完美圆善，“弹”字乃双关语。古琴使人“心静自然凉”，西方钢琴无此效果。中国人最先种植茶叶，茶比咖啡更能引起爽快的口感。竹非乔木而为灌木，青绿色长条状干叶不导致激情。月亮在太空孤独因欠卫星包围，地球上人群却非如此。弈棋乃闲人娱乐，恰似麻将、桥牌。手杖减退人体的重量感。在水里游泳仿佛没有体重，严格地说在太空船里方能彻底失重。冰雪温度使人清醒豁达。刀剑容易杀戮，日本人切腹极悲怆。蒲团堪称中式椅垫，李渔撰《肉蒲团》有人改“肉”为“玉”。令人枯指谓供人枯坐如修枯木禅时心如槁木死灰。古代礼器使人发思古之幽情而暂忘近现代。“花令人韵”必须一套解释学。传统十二月还配十二位花神，对花人格化兼神格化。眉公激赏王路《花史》，在《晚香堂小品》卷二十二有题词及跋，推荐它为农书或种树书，读者可凭它长世、经世、避世及玩世。《花史跋》洞察三类无韵的俗人不能领略田园乐趣：“有野趣而不知乐者，樵牧是也；有果窳而不及尝者，菜佣牙贩是也；有花木而不能享者，达官贵人是也。”他们因出身寒微而欠教养，或因富贵而沉湎交际应酬（如一晚饮几家喜酒）。有野趣未必有情趣，可能耽溺吃喝玩乐。陈继儒（与程铨合）撰《古今韵史》云：“韵有韵之风神，不脱尽头巾气者不能韵；韵有韵之趣味，不脱尽腥膻气者不能韵；韵有韵之淡远，不脱尽脂粉气（即儿女情多而风云气短）者不能韵；韵有韵之骨力，不脱尽腐气酸气者不能韵。独是一种灵襟妙解超超出世，带庄生之神却无庄生诞罔（妄），具宋儒之理又非宋儒拘牵。此即太音无上，即钧天不足道也。”凡夫无韵即不雅，不懂清闲的生活艺术。眉公后，张岱、张潮、李渔直至林语堂都懂消闲秘诀不在麻将或赌博。黄华旸《读古今韵史小引》力透纸背道：“世无仙人，止（只）有韵人耳。今之韵人则仙人也。仙则超凡，韵则越俗……其实同归。”近代告示有“闲人免进”，闲字可圈可点。眉公《偃曝谈余》有妙语：“不是闲人闲不得，闲人不是等闲人。”道家以闲为福气而自号山人，儒家视闲为不幸（失业称赋闲），法家或贬闲为罪恶。眉公不会擅闯禁区，但是自号“清懒居士”，清字接近雅或韵，谦词懒字包含阅读清闲。李卓君《焚书》卷二《又与焦弱侯》讽刺云："不幸而不能讲良知，则谢却圣人而以山人称。"

五、韵士雅玩可分软硬

雅兴的对象包括古董、花、茶、泉、石。富豪始能购置大批古玩，中产阶级不宜"雅玩"。袁宏道《瓶史》讲究插花艺术即日本"花道"，王路《花史左编》卷二十七堪称花的百科全书，分述花之品、寄、名、辨、候、瑞、妖、宜、情、味、荣、辱、忌、运、梦、事、人、证、妒、兀、药、毒、似、变、友、麈、器。眉公受袁、王裨益，又补充老友夏树芳《茶董》，宣传挚友周庆叔《岕茶别论》，推崇另一隐士张湖为"茶中董狐"（文天祥《正气歌》有句"在齐太史谏，在晋董狐笔"），《白石樵真稿》卷十八《题饮茶录》宣称韵士而非俗汉始能泡制好茶，且将茶比拟美人、法书及名画。眉公《茶董小序》以茶、酒分别比拟人类的隐、使，再比较云："热肠如沸，茶不胜酒；幽韵如云，酒不胜茶。"换句话说，茶温柔而酒激烈。陈继儒曾与洞庭张山人讨论泉之种类性格，眉公《太平清话》卷一谈到南宋四大诗人之一范成大拥有奇石道："范石湖小峨嵋灵璧石也，烟江迭嶂太湖石也，天柱峰英石也，皆归休时闲玩。"闲玩即雅玩或韵玩。花茶泉是软件，古董与石却属硬件。顾起元《客座赘语》卷六《好石》条记载趣事："南大理即陈玉叔性癖好石，见徐公子凤台园大石，甚爱之，善价购得，欲归而置于沔阳之玉沙园。数百人绁而登舟，欢哗动闾巷，比舟至大江马当山下，风涛汹涌，竟簸入江。百计取之，迄不能出。"仿佛天意要凤台园巨石回归大自然，堕江始能藏匿。《晚香堂小品》卷二十《祭江侍峰文》引老子格言"天道无亲，常与（帮助）善人”，然则陈王叔不善？

六、蒋士铨等苛评及丑化陈继儒

明末四大高僧之一紫柏（达观真可）禅师感染眉公闻雷悟禅，且自号“扫花头陀”。三十岁青年眉公奢望长生，在《养生肤语》苛求高士绝色绝世云：“人有喜谈道者，余止之曰：道不易谈也！不能绝色不必谈道，不能绝世不必谈道，何也？道，所以全吾真也，不绝色则为渗漏之躯，真何能全？道，所以完吾性也，不绝世则为合尘之徒，性何能全？”他接受王重阳、丘处机师徒的全真教即禅宗化的道教，强调苦行出家，甚至强迫马钰、孙不二夫妇离婚，极度违逆先秦道家及东晋道士葛洪（抱朴子）的自然主义和人道主义。道士阎蓬头教眉公阅许真君《太阳元精论》，他虎头蛇尾地对待道笈梵典。四大禅师另一名憨山（德清），在《梦游全集》卷十倾向三教合一道：“为学有三要：所谓不知《春秋》不能涉世，不精老庄不能忘世，不参禅不能出世。缺一则偏，缺二则隘，三者无一（即缺三）而称人者则肖之而已。”肖之指谓猿猴等灵长目动物似是而非人类。《春秋》及《左传》（倡三不朽）代表儒家，老庄仅可代表先秦道家而非道士，禅宗确可代表佛门。融合三教的苏轼立德、立功、立言臻至三不朽，后世对他几乎没有微词坏话，隐逸甚至“通隐”（通达隐士）只能立德立言而不能立功，故恒受苛评或丑化。例如《列朝诗集》选者钱谦益贬柳眉公诗“聊可装点山林，附庸风雅”，李斌《明清文化视野中的陈眉公》第249页竟谓“评价不高，但也无贬意”，其实聊可、附庸俱为贬词，即仅堪聊备一格罢了。又因朱彝尊《静志居诗话》卷二十不满“（陈）仲醇以处士（布衣）虚声倾动朝野”，尤其是“吴绫越布皆被（披）其名，灶妾饼师争呼其字。今遗集具在，未免名不副其实焉。”名不副实常因读者吹捧，不应归咎作者本身。陈眉公、琼瑶、金庸著作很多赝品由于奸商财迷心窍。《四库全书总目》否定眉公作品价值，如《书蕉》提要云：“随笔札记，颇无伦次”、《珍珠船》提要更谓“既病冗芜，亦有伪奸”。倘若讲究伦次结构，便是论文而非随笔札记小品。“野史”虽似冗芜伪舛而有资料价值，可补正史缺陷。浙江绍兴王羲之故居前面的题扇桥，与纪念陈仲醇的“眉公桥”同富文物价值，尽管眉公布和眉公饼已消失。现代香港食家享用凸显眉骨撞吃珊瑚虫的昂贵海鲜“苏眉”鱼，罕知这怪名起于纪念苏东坡眉骨。琼瑶、金庸未写东坡（无人斗胆丑化他），后者丑化“全真七子”之一尹志平强奸师妹小龙女，恰似乾隆时代三大诗人之一蒋士铨（人格低于赵翼、袁枚）似因妒忌而高度丑化“通隐”眉公的人格。陈继儒虽未结识汤显祖，但是推崇其剧作。蒋氏《临川梦》虚构眉公劣迹，志在反衬汤海若高贵，特别在《隐奸》出场诗诽谤他虚伪：“妆点山林大架子，附庸风雅小名家。终南捷径无心走，处士虚声尽力夸。獭祭诗书充著作，蝇营钟鼎（李书第 246 页错成“绳营钟鼎”，不通）润烟霞。翩然一只云间鹤，飞来飞去宰相衙。”蒋冤枉陈善长钻营，事实上首辅王锡爵赏识少年眉公，请他陪爱子王衡学习。《四库全书》纂修官之一汪由敦，撰《松泉文集》卷二十《史裁蠡论说》抨击王鸿绪等归眉公于《隐逸传》，武断“陈……虽名在人口，而迹隐心竞，岂所谓绝尘不返者邪？亦何烦翰墨也！”心竞（李书误作“竟”）指阴谋名利，违背老子“不争”宝训。王鸿绪修订万斯同等《明史稿》，张廷玉润色修订成《明史》，大致可靠。

刘宗周对道佛的批判三十一段

一、“老氏以虚言道，佛氏以无言道。其说最高妙，虽吾儒亦视以为不及。乃其意主于了生死，其要归之自私自利。故《太上感应篇》佛氏亦多言因果，大抵从生死起见（念），而动援虚无以设教，猥云功行，实恣邪妄，与吾儒惠迪从逆之旨霄壤（迥异）。是虚无之说，正功利之尤者也。”（《刘子全书》卷一《人谱·自序》。本篇下文引此书仅标出卷数）

按：一切高级宗教皆多言因果且从生死起见。如果功利涵盖满足人对不朽的渴求，那么宗教堪称功利之尤。否定因果报应，就难以劝诫中下根器为善去恶。充分自律的利根不会信任神话式报应，而以功德言三不朽为善报。

二、陆子之言本心也，几于诚明矣；朱子之言主敬也，几于明诚矣。合而言之，道在是矣。又五百年而文成子（王守仁）出，特倡良知之旨，开万古聋瞽，正统既明，割据之雄自废，摧陷廓清，厥功伟矣。若夫稽古考文，用垂典则，是在后死哉！或曰佛以觉为性然乎？曰：觉非性也，而觉其性之者也。良知之与本觉，毫厘而千里者也。（卷二《易衍》）

按：佛性才是体，觉悟是用而非体。刘子积极折衷陆王的顿悟与朱子的渐修，前者彰显天赋的诚，后者修练始渐诚。

三、《太极图说》其要归之知生死，何以故？此佛氏所谓第一大事因缘也。但佛氏向父母未生前讨分晓，吾儒则向天地未生前讨分晓，比佛氏因缘更大。佛氏讨过分晓，便以无生为了义；吾儒讨过分晓，便以生生而不穷为了义。以无生为了义，只了得一身；以生生而不穷为了义，并天地万物一齐俱了。其为大小之分更自天渊。夫佛氏了了一作之，可休生死本小，而看得以为极大，便是难了处。吾儒直作等闲过，生顺没宁而已。（卷五《圣学宗要》）

按：对死亡的态度，佛家较偏执，儒家比较舒泰（如张子《西铭》："殁，吾宁也。"）；先秦道家最洒脱，道士炼丹求仙则最执著。

四、天地之大德曰生，而人得以为生。然有生必有死，仍是天地间生生不已之逆。即（使）天地亦在囿，而况人乎！人将此身放在天地间，果能大小一例看（大《程子语录》无"果能"二字），则一身之成毁，何啻草木之荣枯，昆虫之起蛰已乎！而人每不胜自私之为见，将生死二字看作极大，都反其道而言之曰无生。盖曰以无生为生，而后能以无死为死，是谓空体不坏，是谓常住真心。然究竟去住不能自由，成毁依然任运，徒作此可怜想。（新本"是谓空体"下至此删）且死则死耳，却欲豫（预）先守住精魂，使死后有知；生则生耳，又追数胞胎前事，向无是公讨来历。岂不担（耽）误一生？（新本作：且死则死耳，乃欲究死之所自去，而有轮回之说；欲原生所自来，而有父母未生前之说，反将道置之不问。）未知生，焉知死？（孔子语）朝闻道，夕死可矣。（亦孔子语）圣人都教人向生处理会，并未尝挽揽前后际。而后人曲加附会，以自伸其生死之说，谬矣。（卷六《证学杂解》）

按：亡（无）是公和乌有先生同为司马相如《子虚赋》虚

构人物，可顾名思义。刘子批评佛教向幻构的前生追究根源。“有”轮回说即创造此说以答死后归宿问题。儒家对佛教生死观的非议，以此段最深刻凌厉。难怪他教导出黄宗羲、陈确、张履祥等优秀思想家。

五、予尝有无念之说以示学者。或曰：念不可无也，何以故？凡人之欲为善而必果，欲为不善而必不果，皆念也。此而可无乎？曰：为善而取辨于动念之间，则已入于伪，何善之果为？然则为善去恶奈何？曰：欲为善则为之而已矣，不必举念以为之也；欲去恶则去之而已，不必举念以去之也。……然则不思善，不思恶（慧能语）乎？曰：思者，心之官也。思得得之，得无所得，此谓思善；不思而得，失无所失，此谓至善。夫佛氏之言似之而非者也。吾病其以念为思也。然则念与思何别？曰：念有起灭，思无起灭也。或合之，或离之；一而二者也。慎思者化念归思，罔念者转引思以归念。……然则念可屏（摒）乎？曰：不可屏也。当是事有是心而念随焉，即思之警发地也。与时而举，即与时而化矣。故曰：今心为念。又转一念焉，转转不已，今是而昨非矣；又屏一念焉，屏之不得，今非而愈非矣。夫学所以治念也，写（给）思以权而不干之以浮气，则化念归思矣。化念归思，化思归虚，学之至也。……此为善去恶之真法门也。（卷八《治念说》）

按：刘子以治念代替惠能所倡无念。“化甲归乙，化乙归甲”，这语构源于道教。

六、昔人称周茂叔（敦颐）穷禅客，彼家亦称茂叔、伯淳（程颢）是儒家两个好秀才。本朝诸儒大抵皆逃禅得之。然则艮背之学，固禅门三捷径矣。禅门称“无我相、无人相”（《金刚经》语），内而五蕴、外而四大，皆归于空，便是此理。又达磨云：“外息诸缘，内心无喘，心如墙壁，方可入道。”但禅门以空为体，故归于无；吾儒以善为体，故无所而有所。……然学者苟不识性，而求内外之两忘，鲜不流于禅者。（卷八《艮止说》）按：《易·艮卦》云：“艮其背，不获其身；行其庭，不见其人。无咎。”此卦义通老子“知足”和《大学》“知止”。上文举出三条明儒捷径：“白沙先生亦以静中养出端倪为宗。筑阳春台，置水一盂，对之静坐者数年；阳明先生则云：静坐非是要人坐禅入定，只是借以补小学求放心工夫。……至罗念庵（洪先），又溯濂溪无欲作圣之旨，而求端于静。

按：刘子等同静与止，唯恐门人流荡为枯木禅，或作“壁观”、“面壁”苦修而忘良知实体性。

七、张子房，黄老之浅者也。汉治不古，厥有由然。遂使数千年于今，天下不得蒙治治之泽。其叛儒也大矣。汲黯亦学黄老，故不能容淄川。（卷九《与王右仲问答》）

按：王君问：“张子房之出处似无愧于儒者。至汲黯以质直取之，盖能得其真心者无愧于儒。”刘子侧重道法家与儒家的差异，竟苛求张良与汲黯。

八、虞廷（帝舜）之训曰：道心惟微。佛氏者，微吾儒之微而离道者也。又必先之曰：人心惟危。禅宗者，危吾儒之危而远人者也。……宋儒自程门而（之）后，杨（时）游（酢）之徒浸深禅趣，朱子岂能不惑其说？故其言佛法煞有高妙处，而第谓可以治心，不可以治天下国家，遂辞而辟之，将吾道中静定虚无之说一并归之禅门，惟恐一托足焉。……朱子惑于禅而辟禅，故其失也支（离）；陆子出入于禅而避禅，故其失也粗；文成似禅非禅，故不妨用禅，其失也玄。至《朱子晚年定论》，文成谓未必尽出于晚年，而得之晚年者居多，亦确论也。若朱子可谓善变矣。由支离而易简，庶几孔门闻道之也，其为天下万世之儒矩襄疑！而文成者殆其功臣与？（同上）

按：刘子过度信赖阳明夸谈的定论，也不应该说："若夫礼乐名物亦必待学而后有以验其是非之实，安往而不支离？盖时禅学有以误之（朱子）也。"（同上）朱子的气质倾向博学验证，非受任何宗教误导。禅宗何尝发奋验证是非？

九、"释氏视意为粗根，然根尘相合，以意合法，可知佛法都括在意中，故曰佛法大意。但佛氏推宗于觉，故尊视其心而遁于空，以意夷之六根。岂知离意无法，离法亦无心无觉。（卷九《商疑十则答史子复》）

按：刘子反对佛教尊心贱意，也反对阳明如此，竟尊意为法心觉之源。他所谓法，不指观象而指道理。

十、夫子所云异端，即近在吾心，从人欲起念者是。凡从生死起念便是佛，从成毁起念便是老，从名实起念便是申韩（一本无此二句），从毁学起念便是乡原（愿），从人我起念便是杨墨，从適莫起念便是子孟。……然立中正之极，便当下是聚人体段。（卷十《学言上》）

按：刘子"异端"包含佛化的新儒学，例如"龙溪四无"之说：心是无善无恶之心，是为无心；善是无善无恶之意，是谓无意；知是无善无恶之知，是谓无知；物是无善无恶之物，是谓无物。并无格致诚正修齐治平，无先后，无本来，无终始。毕竟如何是《大学》的义？曰：不思善，不思恶时，见本来面目（慧能语）。不更泄漏天机？在此龙溪意中事也，几何而不为异学？（同上，新本无此条）

按：王畿最感兴奋的是心意知物以无相为化境。从什么起念，终极关怀就是什么。

十一、蕺山也曾追溯宋代云：释氏之学本心，吾儒之学亦本心。但吾儒自心而推之意与知，其工夫实地却在格物，所以心与天通。释氏言心便言觉，合下遗却意。无意则无知，无知则无物。其所谓觉亦只是虚空圆寂之学，与吾儒尽物之心不同；其所谓心亦是虚空圆寂之心，与吾儒尽物之心不同。象山言心，本来尝差。到慈湖（杨简）言无意，分明是禅家机轴一盘托出。（同上）

按：杨慈湖乃中国首位佛化儒家，堪称泰州学派前驱。刘子云："慈湖言无意，阳明子谓不免着在无意上了，可知才言意便是意也。"（同上）如用老子"学不学"的语言结构，杨子可谓"意无意"。须知两学或意字层次不同，英文 Learn unlearning，intend intentionlessness 较清楚而削减了诡谲性。

十二、后世学者有一种瞑目杜聪明工夫，亦是禅门流弊，圣（儒）学原无此教法。（同上）

按：此弊兼源于老庄与佛教"闭关"，神秘主义的特色之一是轻蔑感性知识。感性产生系恋："人情有系恋处便有憎慢处。只为一种恩仇见太明，所以如此。真是不火而热，不冰而寒。"（同上）佛家"五毒"前四项贪瞋痴慢几乎等于系恋憎傲。

十三、子曰：形而上者谓之道，形而下者谓之器。程子曰：上下二字截得道器最分明。又曰：道即器，器即道。毕竟器在斯，道亦在斯；离器而道亦不可见。故道器可以上下言，不可以先后言。"有物先天地"（禅宗描述真心），异端千差万错总从此句来。（卷十一《学言中》）

按：朱子断定道或理的超绝性，明道比伊川重视道器相即不离。刘子却以汉儒的唯气论驳斥宗教必须的超绝心体，以及老子心中先天地生的浑成物（道）体。他只肯定道德心体云：

天者，无外之名，盖心体也。……惟天太虚，万物皆受铸于虑，故皆有虚体。非虚则无以行气，非虚则无以藏神，非虚则无以通精。即一草一木皆然，而人心为甚，人心浑然一天体

也。（同上）“人身本与天体相似。天之所以为天，无私而已，人若无私，便与天体一般。”（卷十三《会录》）

按：天体是天文学上 celestial bodys（星球）而非人类学上 naked body 即裸体，隐喻像天虚豁能藏且大公无私的心灵，它随人体而生死，除非灵魂不灭。

十四、心体浑然至善，以其气而言谓之虚，以其理而言谓之无。至虚故能含万象，至无故能造万有。而二氏者虚而虚之，无而无之。是以蔽于一身之小，而不足以通天下之故；逃于出世之大，而不足以返性命之原。则谓之无善也亦宜。（同上，新本无此条）

按：《易传》倡“感而遂通天下之故”，实赖神秘直觉。印度宗教的“神通”更为神秘，但是倾向出世，厌离性命之源——社会家庭。“性命之源”如指佛性，则刘子错误。

十五、古今性学不明，只是将此理另作一物看，大抵臧三耳之说。佛氏曰性空也，空与色相对，空一物也；老氏曰性玄也，玄与白相对，玄一物也。吾儒曰性理也，理与气对，理一物也。佛老叛理，而吾儒障于理，几何而胜之？（同上，新本无此条）

按：名家诡辩乱加个体及其共相的总数，毫无宗教色彩。空乃状态而非实物，玄由黑引伸为深奥。愚钝始执空玄之境为实象。“理障”一词出佛家，与“事障”相对。由于理障，儒学遭受佛教化。熊十力既努力排除此理障，便不宜维持佛教名词作己名。刘子曾以阴阳家的诡辩辟佛云：“天道八风之气，一一通之人心。如风自东，则云滃而雨……自西则云敛而霁，天道清肃，万物自长而成；自此则重阴凝结，气乃冱寒，万物自成而实。……若动不以时……则八风皆能杀物，而金气为甚。金气盛则雨泽不降，万物受刑。故西方之教行于中国，道

之贼也。”（同上）

按：现今耶教及科技盛于西方而佛教遍及日韩两国，然则仍取东舍西或单取科技？

十六、佛氏止（只）言一心，心外无法，万法归空。依空玄世界，说得高妙。乃其教门则忍情割爱，逃亲弃君，事事落边际，见此又何等执著！乃言空耶，流遁既穷，则云空本无空，指一点识神，认作本来人（新本下有“又不自居识神”一句），起时随识起，灭时随识灭。时起时灭，随起随灭，即谓之不起不灭。几何而不认贼作子乎！至是则佛乎之言心，可谓丧心之极。（同上）

按：出家是较高等的执著，所以佛教容忍不出家的居士，近代日本寺院住持采取世袭制度。刘子此评太苛，因为“佛性”非识神。

十七、天枢之动甚微，如纺车筦一线，极渺忽处其动安可见，故谓之居其所。其实一线之微，与四面车轮同一运转，无一息之停。故曰：维天之命，于穆不已。（《大雅·文王》语，于穆指庄严）此可以悟心体之妙。故曰：几者动之微，吉之先见者也（《易传》语）。此学不明，遂令圣真千载沉锢，而二氏之说得以乱之也。（同上）

按：刘子以天枢隐喻心体的灵话创造性，反显道佛心体的枯寂。又云：

人心一气而已矣，而枢纽至微，才入粗一二，则枢纽之地霍然散矣。散则浮，有浮气因有浮质，有浮质因有浮性，有浮性因有浮想。为此四浮，合成妄根。为此一妄，种成万恶。嗟乎，其所由来者渐矣。（同上）

按：妄根一词带佛教色彩。

十八、本心之学，圣学也。而佛氏张大之，讳虚而言空。

空故无所不摄，摄一切有无而皆空，一切有无不受也。又离一切有无而不空，其所谓空，自在也。看来只是弄精魂，语下而遗下者欤？（卷十二《学言下》）

按：弄精魂即文字游戏或概念游戏，当然佛家不视空理为戏论。

十九、禅门不忌念而忌意，不忌欲而忌思，不忌恶而忌善，与吾儒苍素（青白，指异点）在于此。（新本无此条）佛氏言性而不言天……言心而不言意。（同上）

按：禅宗无性善论而非忌善。佛教尊崇神圣人格而不敬天拜祖。进一步刘子又云：

禅家有三绝，一绝圣学，二绝彝伦，三绝四民之业。（卷十三《会录》）“吾儒学问在事物上磨炼，不向事物上做工夫。（达摩）总然面壁九年，终无些子得力。此儒释之分也。”（同上）

按：刘子认为苦行对任何人无益。

二十、渊问禅家参话头，亦是求放心否？（刘子）曰：他是死心法，此（禅学）中是一股死气，这里（儒学）纯是生生不已之机。（同上）

按：禅宗公案多半生动活泼，但是禅心无“仁”的积极道德创造性。

二十一、人生末后一着最为要紧。尽“管”有平日高谈性命，极是精炒，临期往往失之。此其受病有二。一是伪学饰名欺世，原无心为圣贤之志，利害当前，全体尽露。又一种是禅学。禅家以无善无恶为宗旨。凡纲常名教、忠孝节义，都属善一边。禅家指为事障、理障，一切扫除而归之空。故惑世害道，莫甚于禅。（同上）

按：他常以佛学指禅学，如云：“佛氏之学只主灵明，而

抹去善恶二义。故（慧能）曰：不思善，不思恶，见本来面目。本来面目仍只是一点灵明而已，后之言《大学》者本之。（同上）

二十二、无善无恶语虽涉双提而意实寄于无善。（大慧）宗杲是曰："宁可破戒如须弥山，不可染恶知恶识如芥子大。"破戒谓贪、嗔、痴（三毒），恶知识谓分别心也。（同上）

按："无善"指谓必要时取恶行代替恶知，采取权假方便。

二十三、何谓异端之教？则佛老而外，今所称西学者是。万历中，西夷利玛窦来中国，自言航海九万里而至，持天主之说以诳惑士人……汤若望等越（过）十余年复入中国……。若天何主乎？天即理也，今以为别有一主者，以生天而生人物，遂令人不识祖宗父母，此其说讵可一日容于尧舜之世。而近者且倡仁山大会，以引诱后进，率天下之人而叛君父者，必此之归矣。……何谓盗贼之教？则张道陵五斗米贼，自言能以符箓驱鬼神，愚民因而信之。传之后代，累有封爵。或称天师，至本朝始改号真人。曾经降革，旋复至今。袭职者为张应京……非盗也，而充其术则以为盗。不见近者无为。白莲（教）之徒蔓衍不已，皆张道陵故智乎？……仰祈皇上将西人汤若望等主驱还海，毁其祠宇，悉令民间燔其文字，将张应京立斥还籍。（卷十七《辟左道以正人心、以扶治运疏》）

按：汉学家柯文（Paul A. Cohen）《中国与基督教》（China and Christianity. Harvard University Press，1967）忽略了刘子对耶教的评判。刘子抨击耶教以上帝排斥祖先。

二十四、禅门原不识本体，所以欲扫除一切而归于空。空之为言，与吾儒人生而静（《礼记·乐记》语）以上处大有分别。识得本体，万理皆实。即功名富贵原非外物，何落空之有？来教函所兴集义、忘、助（孟子语）之说，正是吾儒异端两家分途（新本作两条公案）。集义必有事，是吾儒体认天理之极功；义袭而归乎忘助，是异端支离穿凿之通病。但眼界不清，容不免以义为外，而以袭为集。（卷十九《答祁生文载（熊佳）》）

按：他弹诃禅宗离却本体做工夫，但是佛教也有一套本体观。

晦庵（朱）夫子以象山先生为禅，而象山先生又斥晦翁主张无极之说为真禅。（卷十九《与履思九》）

按：朱陆互弹对方拆开工夫与本体。

二十五、禅家以了生死为第一义，故自私自利是禅家主意；而留住灵明不还造化，当是其果验然，看来只是弄精魂技俩。吾儒之道既云：万物皆备于我（孟子语），如何自私自利得？生既私不得，死如何私得？夕死可矣（孔子语），分明放下了也。（卷十九《答右仲二》）

按：此函意同三、四两段，肯定挽留灵明的一厢情愿落空，不如归还身心给自然界，“心”是轮回主体，相当于耶教“灵魂”。

二十六、道一也，而释氏二之；教本分也，而托于释者混之。……今之言佛氏之学者，皆有意于圣人之道者也。不幸当圣远言湮（没）之日，又无老师大儒以为之依归，遂不免惑于二氏，而禅尤其甚者耳，则亦圣人所谓贤知之过也。……稍读佛氏书而异之（惊诧），其言单提性宗，离四句，绝百非，层层折入，亦复层层扫除。以视吾儒言天载（《诗经》“上天之载，无声无臭”），尚隔几重阶级，而自诧为妙道，自叹为稀有，安得不去而从之乎！此厌常（彝伦日用）喜新之惑也。夫圣人之道不落虚无，事事有可持循，宜乎学之之易矣。……（孔子）及门之徒三千七十，传道者不过一二人，亦仅具体

（而微）焉，况闻而知之者乎！盖求道之难，而学为圣人，如此其尤不易也。孰似彼佛氏者，以悟性为则，一念回机即同本得。常言旬日不会（懂），便当截取老僧头。以故传灯若干人，无不人人证圣，谛谛传宗。吾宁不舍难而就易乎？此欲速助长之惑也。且所贵乎学圣人之道者，为其有利于吾耳，不然亦利于天下。而儒者首禁人以功利之说，动（辄）云无所为而为。至推之天下中和位育，只是道理如此。倘实求施济，尧舜犹病（视为病），总不得位，蓬累而行耳。乡邻之门，闭户云耳。若佛氏性宗，既透起愿即是道场，忏悔即离苦厄，灭度尽六道，冥报通三生，而身复超于三生六道之外，以了生死一大事，胡于自利利人无量乎！则尚俟一切有为法乎！此计功谋利之惑也。凡此三惑者，一言以蔽之：儒门淡泊，收拾不住。彼家所为自供自认者也。而不知圣人之道，本如是其淡而不厌也。……今之言佛氏之学者，大都盛言阳明子。止因良知之说，于性学为近；故不得不服膺其说，以广其教门。而衲子之徒，亦浸假（渐变）而良知矣。呜呼！古之为儒者；孔孟而已矣。一传而为程朱，再传而为阳明子，或以为近于禅。即古之为佛者，释迦而已矣，一变而为五宗禅，再变而为阳明禅，人又以为近于儒。则亦玄黄浑合之一会乎？而识者曰：此殆佛法将亡之候，而儒教反始之机乎？孟子曰：逃墨必归于杨，逃杨必归于儒。今之言佛氏学者，既莫不言阳明子，吾亦言阳明子而已矣。譬之出亡之子，犹识有父母一面。时时动其痛瘼，则父母固得而招之；自称（父庙）而上，益恍惚矣。阳明子者，吾道之祢也。今之言佛氏之学者，招之以孔孟而不得，招之以程朱；而又不得，请即以阳明子招之。佛氏之言宗也，而吾以阳明之宗宗之；佛氏喜顿也，而吾以阳明之顿顿之；佛氏喜言功德也，而吾以阳明之德德之。亦曰良知而已矣。孟子曰：无是非之心，非人也。夫学者而不知有良知之说则已，使知有良知之说而稍稍求之，久之而或有见焉。则虽口不离佛氏之说，足不离佛氏之堂，而心忆醒而吾儒之心。从前种种迷惑一朝而破，又何患其不为吾儒之徒乎！……但不许（王学）为佛氏之徒所借言。而苟其借之，而足以为反正之机，则吾亦安得不因其借者而借之，以一伸吾道之是乎！孟子曰：杨墨之道不息，孔子之道不著。仆亦曰：阳明子之道不著，佛老之道不息。”（卷十九《答胡嵩高（岳）朱锦之（昌祚）张奠夫（应鳌）诸生》）

按：儒家既易通过王学滑入禅学，则禅家亦可通过王学回归儒学。刘子的哲学战略是反间谍式的反借用，王学变成儒佛缓冲区。在卷十九《答王生士美》中，刘子云：“吾乡陶石梁子（奭龄），雅为吾党推重。特其入门，不免借途于释氏。一时从游之士，多以禅起家，卒难骤返于正，亦其弊也。仆与石梁持论每有异同，或至水穷山尽之日，将有废然而返者，未可知也。夫以阳明先生之明睿，而回环出入于二氏者廿年。及已觉其非，而犹恨旧习之缠绕卒难摆脱。”可见刘念台对由佛返儒，不是过度乐观。

二十七、（高攀龙）云“心如大虚，本无生死”，亦为后人贪生者解惑云。然先生心与道一，尽其道而生，尽其道而死，是谓无生死，非佛氏所谓无生死。忆先生往岁遗余书曰：“吾辈有一毫逃死之心固害道，有一毫求死之心亦害道。”此金针见血语也。求先生于死生之际者，当以此为正。又先生处化（逝世）时，端立水中北向，倚池畔，左手捧心，右手垂下，带口不濡（一作入）勺水。人多异之者。先生平日学力坚定，故临化时做得主张，如此摄气归心，摄心归虚，形化而神不化，亦吾儒常事。若以佛氏临终显幻之法术之，则失矣。……

余惧后之学者浅求之东汉人物，又或（一作“复”）过求之二氏者，辜负先生临岐苦心，因特表而出之。（卷二十一《书高景逸先生帖后》）

按：高氏究竟未信佛教“无生法忍”所言无生死变灭的实体，他的自杀绝无佛教神话色彩。逃死和求死，对于他同为害道的造作。

二十八、公（孙淇澳）喜读佛氏书，尝从静上人参心宗。久之有得，时觉心光迸开，晃晃四照。至涉事急迫，此景亦复触现。然自谓终归断灭，未是本心。乃叹曰：儒衣破绽，终不可以袈裟补也。遂一意宗儒，日以五事自课：一默坐，二玩《易》。三文艺，四书史，五不废临池。晚（年）乃一切摒去，事求之反躬一路。归于知止，因以“止穷”题其斋，时时体验而有至（造诣）焉。故遇事一往不计利害，立朝之日动以身殉国。（卷二十二《资政大夫礼部尚书兼翰林院学士加赠光禄大夫太子少保谥文介淇澳孙公墓表》）

按：孙氏认为“心光”吕是儒之言觉也以心，而释务觉其心。……良知心体的影子，迸发如昙花一现。

二十九、吾儒之言觉也以心，而释务觉其心。……吾儒之言空也以心，而释务空其心也。……吾儒之言心，皆出乎天之自然；而释氏动（辄）出于人也。……释氏之教，西方之教也，犹之貊（野蛮）道。然二十取一，法固简矣。是故人道可以同牛马，君亲可以等路人，安则天矣。以视吾儒，易然则皆然，蛰不能操章甫而入越也。乃其徒之慧者，因之遂欲逃俗而出，以缮修其身心，归之清净。如释迦者流，已不胜其辗转矣。……夫迦亦人耳，何臣如后世种种幻说，创种种神奇，如吾儒牛首蛇身（《山海经》语）之类。而世遂以为实然，甚矣人之好异也。其后达摩入中国，思以其教易天下而不得，遂一字不立以面壁终，此佛氏之最近者也。嗣此转相衣钵（传递），直指人心，见性成佛，谓之教外别传，标其号曰禅。要不离觉，空生死，则皆吾儒近似之说也，去儒弥近而去佛弥远。质之西方之教之初，原不妙是；则直谓之丧心人耳。乃后之吾儒，亦复丧其心而服其教，且不难以吾之教缘饰其近似之教，而转叛其心谈禅。至此，非特吾儒之异端，抑亦释迦之异端矣。唯其去释也愈远，故其去儒也弥近。去儒近，故其害道也滋深。于是吾儒乃始沾沾（自喜貌）焉分别之曰〔儒〕本天、〔释〕本心。本心之说出，而吾儒噤不敢言心。彼禅者则愈攘臂称雄，灼然以心学自命于天下曰：此吾教所独也。吾儒不觉爽然自失，相与俯首而从之终，数千年不复睹圣学之真，则亦言道者之过也。悲夫！悲夫！（卷二十三《论释氏》）

按：刘子自设问答，洞察儒家以心去觉悟道理且做虚心工夫，佛家把心当作知觉对象，连四端也空掉（佛性本体实非空，刘子忽略此点）。易简直捷的禅学似是而非儒学，心学遂成儒门禁忌，世俗误解儒佛所本乃天、心之别。佛教几乎夺取了心学的发奋权利。愈近儒学的禅学，愈能吸引学者滑转过去，何况它充满诡异神话！孔子如读形上学，必感全为怪、乱、神而非力。

三十、自《易》道不明，学者多言先天之学而遗后天。以无思、无为为宗，并无名教通乎老氏之玄。故后世《易》《老》并称，浸淫而为佛为禅，本虚而更空之。大要在善恶双泯，而直达本来面目，于是迁善改过之学为世大禁，而《易》道为天下裂矣。（卷二十九《论语学案》2）

按：他并列四组异端云："邹衍、公孙龙之说皆怪之属也，管商申韩之说力之属也，扬墨之说乱之属也，佛老之说神之属也。"（同上）试看他取孔子不讲的四项事物匹配中国哲学，几乎一网打尽。如果“老”指道教，“杨”便可喑包庄、列。再用刘子上文列表如下：

孔子不语	怪	力	乱	神
刘子阐释	舍中庸而求之于奇诡	求之于功利	求之于邪慝	求之于玄虚
及配上学派	阴阳家、名家	法家、兵家	先秦道家、墨家	道教、佛教

“功利”兼指法家、兵家、农家。孔子叹道：“群居终日，言不及义，好行小慧，难矣哉！”刘子说：“群居讲学，出禅入佛，惯用捧喝，正是圣人攒眉事。”（卷三十一《论语学案》4）这是借古讽今，把禅案施教方式判为小慧。孔子主张“道不同，不相为谋。”刘子发表感想：“韩愈曰：孔子必能用墨子，墨子必能用孔子。此见不到处。遗衣大颠，毕竟惑其说。”（同上）蕺山唯恐蹈昌黎覆辙，有诗为证：“百尺溪头揽竹船，溪云送别寺门前；平生最是多情处，只恐山僧似大颠。”（卷二十七《别云门》）。

三十一、问：吾儒言止，佛氏言止观；吾儒言定，佛氏亦言定；吾儒言静，佛氏亦言静；吾儒言安，佛氏言安；吾儒言虑，佛氏（《金刚经》）言应无所住而生心。异同何如？（刘子）曰：吾儒之学从至善来，定静安虑只是一条血脉，故以能得为究意。佛氏无善无智亦无得，总为不知止故。（卷三十八《大学杂言》）

按：“不知止”即是“绝类离群，妄希神化。”（卷三十三《易钞下经》）“血脉”就是前一条“儒者一条真血痕脉络，弗得草草放过”。他也曾说：“指视一条是曾子一生最得力学问，从来说重敬心洁无严于此者，真是字字血痕。”（卷三十八《大学杂言》）“指视”《大学》引曾子言：“十目所视，十手所指，其严乎!”刘子重诚意慎独而不喜佛教越离现实世界，遂云：“先儒谓诚意是人鬼关，致知是梦觉关。只是一关，梦觉之外更无人鬼。”（同上）此外，他未比较“无所住而生心”和“虑”。

读黄海云《赵翼镇安府诗文校注》有感

赵翼的历史文化意识浓烈，镇安府诗文中《斗河》诗名乃灵渠俗称。“斗”应作“陡”，同音假借成“斗”。它纪念三位先贤：秦朝水利专家史禄，始皇三十年他奉命于广西兴安县主持开凿灵渠。唐穆宗时河南洛阳人李渤（773－831）任桂州刺史兼御史中丞，在灵渠建筑十八道门将水分段截贮以便利行船，成为“四贤祠”之一贤。明朝乌程（今浙江吴兴县）严震直曾任工部尚书，洪武二十九年奉命修渠，陪增李渤陡门以通漕运。《风洞山为瞿式耜、张同敞殉节地》诗中“彭宣为弟陋师门”以西汉末年淮阳人彭宣反对老师张禹谄媚王莽以自保，隐讽晚明烈士瞿式耜之师钱谦益厚颜降清改任礼部右侍郎，何况张同敞为明代政治家张居正的曾孙！我游桂林叠彩山（风洞山）惊见瞿、张师徒斩头处纪念碑。《阳朔山》诗技巧超迈，结语：“石不能言应点头，真面匡庐乃全现。”由黄注引慧远《庐山记略》：“有甘裕先生者，出自殷周之际……受道于仙人，共游此山，遂托室崖岫……所止为神仙之庐，因以名山焉。”但是欠解匡字及佛教成语“顽石点头”。传说东晋高僧竺道生在苏州虎丘讲道，池中一块硬石竟会意点头。

《过昭平峡》诗尾两句教训“人生用壮信易败……孝子须

念临深戒”，宜注明老子箴言“如临深渊，如履薄冰”，劝勉谨慎，《周易·大壮卦·九三爻辞》“小人用壮，君子用罔（法网），贞厉”。用壮指勉强斗争，不正则危。《归德峡读王文成平田州摩崖颂》诗云：“铭功彷律纪平淮，手抚蛮酋鸟入怀，江戢怒涛供洗甲，天留绝壁待摩崖。边筹绛倚通儒定，物论空劳异学排。只有名心应未尽，擘窠大字瘦如柴。”王守仁任南京兵部尚书，建议广西实行土流兼治，以中央派遣的流官约束违法乱纪的土官。他在田州、南宁等地兴办书院。中唐儒家韩愈撰《平淮西碑》，明儒王阳明谥文成，虽强调“心即理”即心外无理、事、物，但是功名之心未尽而喜分格（劈窠）题刻巨字。须知他的摩崖石刻远少于朱熹、冯玉祥、郭沫若及赵朴初。黄注说阳明把封建伦理道德讲成天赋良知，不懂约一千九百年前的孟子首倡良知良能。王守仁是贬谪到贵州的首要诗哲，柳宗元为贬谪至广西的首席文豪，赵翼《镇安土风》诗遂叹“官非谪柳州”。柳柳州（任刺史）曾被贬为永州（湖南零陵）司马，瓯北对永州及“黔驴技穷”似无兴趣。

宋美龄之师黄君璧为大瀑布写生，早两百年的赵翼描绘《鉴隘塘瀑布》更精彩逼真：“银河落，天绅垂。昔疑古人多夸词，今乃见之天南陲。峨峨鉴隘塘，山半一穴泉暗滋。不知其源自何所，闻从滇徼诸土司。乃知群山总空腹，中通流水无断时，如人血贯骨肉皮。兹焉使流出，喷作千顷池。前者长石横拦之，拦不住，水倒飞，建瓴直下五丈旗。抽刀欲斩不可断，空山白战蛟龙螭。惜哉远落蛮徼内，未与天台、庐阜名争驰。我为作歌张其奇，只恐青山界破又令人笑徐凝诗。”鉴隘塘位于今广西德保县。“鉴水”一名由于河清如镜，源于“鉴山”。“空腹”指镇安府诸山多石灰岩溶洞。天台山有小瀑布和刘晨、阮肇采药遇仙的美丽传说。据闻秦末有匡俗兄弟七人居住庐阜，故称匡庐，取替古名南障山。晚唐兔唇诗人方干的老师徐凝虽受杭州刺史赏识而欠事功，只得虚名“徐山人”。他像李白咏《庐山瀑布》道：“虚空落泉千仞直，曾奔入江不暂息。今古长如白练飞，一条界破青山色。”瀑布乃万青丛中一条白。

赵翼《行边》诗中“我到岂能春有脚”句透露作者对廉政的终极关怀。中唐贤相宋璟政绩显赫，百姓颂褒他似长出双腿的春神，到处带来温暖。成语“有脚阳春”形容德政 。瓯北功德不比齐名的姚崇、宋璟逊色，民众为他建“生祠”供奉。春天的脚能行走，树木的脚不能。中越交界连绵八百里丛林，激起赵翼《树海歌》：“洪荒距今几万载，人间尚有草昧在。……山深谷邃无田畴，人烟断绝林木稠。……托根石罅瘠且钝，十年犹难长一寸。径皆盈丈高百寻，此功岂可岁月论。始知生自盘古初，汉柏秦松犹觉嫩。支离夭矫非一形，《尔雅》笺疏无其名。大都瘦硬干如铁，斧劈不入其声铿。苍髯猬磔烈霜杀，老鳞虬蜕雄雷轰。惜哉路险运难出，仅与社栎同全生。亦有年深自枯死，白骨僵立将成精。呼群猿鹤叫凄栗，啸俦魑魅行翩跹。……怒簌吼作崩涛鸣，浓翠涌成碧浪驾。忽移渤澥到山巅，此事直教髡衍诧。……归田他日得雄夸，说与吴侬望洋怕。”乾隆时期三大诗人中，赵翼在德功言（文史）三方面均胜袁枚与蒋士铨。树海颂歌，忽略恐龙，因为清朝尚无古生物学。石隙生出的顽树瘦硬，黔南荔波县“小七孔”的石上森林亦可例证。“猬磔”将老枝比拟张开箭毛的刺蝟。《庄子·人间世》以依附神社的栎树晓喻“无用之用”。枯萎老树似僵尸，千年不倒的死胡杨更像。魑魅即楚辞“山鬼”，属猴类有怪鼻。渤澥即渤海，在东海之北。《庄子·秋水》“望洋”指仰视。“吴侬”泛指华东乡里，因他生于阳湖即今江苏常州。黄海云漏注“髡衍”为战国时代诙谐的淳于（复姓）髡与阴阳家邹衍。赵翼尚有两诗谈“灵长目”的猿猴：《署后独秀山一穴甚深，相传中有黑猿出则不利于太守，颇有验。今春猿忽出穴良久，乃入诗以志异》谴责黑猿云：“尔猿顾何知，妄敢预祸福。”《阳朔山观众猴下饮》“轻身腾踔高低枝”、“矫捷更作无翼飞”两句从《庄子》取灵感。猿猴不害人，猛虎则似苛政。赵翼《虎秋千歌》开首四句表现循史情操：“书生出作山郡守，不能令虎渡河走。德不足感且用威，下令捕之大合围。”他深信官德感化猛兽，援引《后汉书·刘昆传》：“崤黾驿道多虎灾，行旅不通。昆为政三年，虎皆负子渡河。”刘昆仁政泽及禽兽，母虎主动背负子女离开民居。酷吏必定大开杀戒，对虎非赶尽而是杀绝。哈尔滨市“东北虎林园”值得全球仿效。

《诗经·王风·君子于役》诗名指服兵役或工役，引申为远行。赵翼《于役养利》写出行养利州（在今大新县）。“一路鹧鸪啼不断，山山红发木绵花。”木棉亦称英雄树或攀枝花，川南有市名攀枝花。黄注“主产于桂西、桂南”，该改为“华南”。赵翼爱观猴而鄙视狗，不反对街市狗肉多过猪肉。《署斋偶得》诃斥娼妓、走狗和人渣。中段痛感犬类不分是非善恶云：“城市犬能吠，专吠蓝缕人；乡村犬亦吠，反吠衣履新。由其所见陋，生不识冠巾。毋怪狗苟徒，仇正群狺狺。彼其心目中，好丑本不分。自非同气类，相遇必怒瞋。亦复何足责，彼固非人身。”成语“蝇营狗苟”、“狼心狗肺”、“鼠窃狗偷”及“狗眼看人低”，正如古希腊“犬儒”夸张犬科动物丑恶缺陷，可怜瓯北蒙昧于狗的美善诸面：能牧羊、追凶、缉毒、救人。他效忠的清朝，国祖努尔哈赤正因受义犬牺牲感动而敕令官民戒吃狗肉。

赵诗《归德峡》谈及王守仁与动、植、矿三物：“田州南去急流潺，峡束浑如勒马还。洞口每飞蝙蝠大，涛奔不骇鹭丝

（鸶）闲。危矶石透骷髅窍，绝壁苔皴翡翠斑。曾是文成用师地，时清久撤戍旗殷。”归德乃上古盘瓠百蛮地，宋代置田州。我曾于阳朔见鹭鸶别名鱼鹰，1969年曾于日本京都市请同旅店的方东美教授晚饭后观赏鱼民放鱼鹰捕鱼。《古道壮风》屡误王阳明卒年为1528年，实为1529年1月。赵翼恪尊东汉伏波将军马援（公元前14－公元49），他在交趾国立铜柱为疆界。《横州大滩谒伏波将军庙》诗云：“功名非水战，祠祭仍江滨。直以将军号，长为水府神。蛮方铜柱界，汉户马流人。何必云台像，千秋庙貌新。……仿佛英灵气，洪涛共激昂。”古南海民族“马流”由于马援下属十余家聚居该铜柱旁，同姓马且流寓桂林郡（秦名）、安广县（汉名）或横州（唐、明、清三代名），今属南宁地区横县。交趾的徵侧、徵贰姊妹作反，不应尊称为起义，马文渊（援）斩她俩才合理义。否则王守仁所诛王子也是起义烈士了。

我游山西永济的柳宗元祖居时闻说杨贵妃是当地人，后来在广西容县访杨妃纪念馆，今阅赵翼《梧州道中》自注“杨妃生容州云陵里，今有杨妃井。见广西省志及郎瑛《七修类稿》。”始确信玉环乃容县土产。明代郎瑛此书共五十八卷七门：天地、国事、义理、辩证、诗文、事物、奇谑，旁征博引，涉及晚元农民革命魁首韩山童和刘福通，堪补元明两代史书的缺漏。瓯北舍弃传统红颜祸水观，深切同情西晋白州（今属博白县）擅长“明君舞”的名伎绿珠跳楼殉主石崇，与容州（今容县）通晓音律亦殉夫唐玄宗的杨玉环（716－756）。《梧州道中》咏史道：“博白绿珠渡，容管杨妃井。想望数百里，芳名至今永。何哉二美人，俱产蛮荒境。得非近苍梧，湘妃昔悲哽。弹落啼红泪，幻出双女靓。此语殊唐突，贞魂岂艳影。南天本偏气，十月开桃杏。冶丽有独钟，每化作灾眚。君看两婵娟，明慧性所秉。一为亡家媒，一为破国阱。虽坠金谷楼，亦殉马嵬岭。至今悲祸水，犹觉埋香幸。我来访遗踪，一叹胭脂冷。野渡水空流，古井波已静。红颜久黄土，作诗但垂警。村女独何为，还羡风流逞。渡头迎画楫，井边汲修绠。”赵翼恰切怜悯绿珠，她无意累死富豪石崇。杨妃间接败坏朝政，罪恶在引进堂兄杨国忠，他愚顽派兵讨伐南蛮而害死数万青年。赵氏由玄宗遥想帝舜驾崩后，二妃娥皇、女英（帝尧两女）洒泪染竹成斑，美称湘妃竹或斑竹，妃死升格为湘水神，“靓”音青，周朝有慎靓主，粤音竟变为Liang。舜妃和绿珠毫无劣迹，杨妃却不自觉地累害自身且促使唐朝早亡，确属祸水红颜。

对于守仁的仰慕，赵翼《宿南宁敷文书院王文成平田州时驻师讲学处也瞻拜遗像敬志二律》将书院比拟白鹿洞书院云：

清高遗像见名贤，讲学台空尚岿然。
公已身兼三不朽，我怜生晚百余年。
真源却自龙场得，此地应偕白鹿传。
五体能无投地拜？瓣香亲炷一炉烟。（其一）

驻师邕管为田州，谈笑功成帖两酋（卢苏、王受）。
余事更教藤峡断（平田州后复讨破大藤峡贼），
奇勋先著赣江流（擒宸濠事在前）。
漫劳异学诸儒诋，终雪虚声处士羞。
袜韐如林听鼓箧，此风也复足千秋。

晚清光绪年间《广西通志辑要》述敷文书院设文成公祠，后来兼祀姚镆。它原在南宁市共和路，今只剩“王文成公讲学处”石碑。王守仁文武双全，赵翼自惭能文不能武。阳明在贬所龙场驿办学，所植一树尚存活，“玩《易》窝”窝颇窄。朱熹知南康军时修复庐山五老峰下白鹿洞书院，它与石鼓（一说嵩阳）、应天、岳麓合称宋代四大书院。蒋介石崇拜王守仁与曾国藩，选取贵州修文县阳明洞软禁张学良及赵一荻。“五体投地”及“瓣香”，同为佛教词语。邕管乃唐代政区，引伸指广西。嘉靖六年王阳明任左都御史总督两广兼巡抚，次年招抚思恩府（今武鸣县）与田州（今田阳县）土酋卢苏、王受，建议土流并治。黔江流经广西武宣勒马至桂平弩滩的峡谷，有巨藤横跨狭隘的碧滩，成为天然桥梁。明代大藤峡瑶、壮农民叛变，十六万明军围剿成功。首领侯大苟退守九层楼山（在今桂平）后全体牺牲。明军砍断江上大藤，改称断藤峡。半世纪后王守仁带兵镇压叛乱。韎韐音妹各，乃祭服上蔽膝，受茅蒐草染成赤黄色。

循吏赵翼钦佩唐玄宗贤相姚崇，在《称谷叹》表示“诸葛称心敢诩同，姚崇称诫聊可察。虽减墨吏囤积高，且纾耕农釜声戛。”陈寿《诸葛亮传》记孔明治蜀时“赏罚必信，无恶不惩，无善不显……风化肃然。”姚崇三度任宰相，辅佐玄宗“开元之治”，立遗嘱反对厚葬且平分遗产给诸子。瓯北不敢比拟孔明公平，却信能像姚崇防止纠纷。他尽量削减贪官污吏的囤积居奇，避免贫农柴烧无米空铛挨饿。

恰似晚明儒家黄道周爱榕，赵翼《独秀山古榕树歌》表演文学技巧道：“细根盈握大合抱，连蜷到处善钻窍。……想当透裂石缝时，力过军前劈山炮。路人但见榕树荫，大径五亩高百寻。攫拿矫如蛟龙舞，苍翠可引鸾鹤吟。……其奇在根不在干，托体石母胚胎深。似嫌尘土太肥腻，置身独取骨立之孤岑。向来只说植物总在地，化工乃不可思议。君不见凡树皆有皮，紫薇无皮独滑腻；凡树皆有理，川柏无理转坚致。何况风兰须挂空际开，炎木偏生火中炽。齐谐难尽大块奇，诺皋仅逞拘墟智。兹榕专以石气长，犹是物理之常无足异。诗成非以炫多识，聊补南方草木记。”天保县十景之一“独秀擎天”，有古榕，顽强生命力直追开山大炮。明儒李卓吾等所颂“化工”指大自然的鬼斧神工，远比人工奥妙。紫薇和川柏仿佛违反自然规律，但是植物学容许奇趣例外。“齐谐”是古人名或书名，与“拘墟”即井蛙鼠时光意同出《庄子》。“石气”实为石缝泥土提供的些微营养。西晋嵇含《南方草木状》描述华南及越南植物。赵翼善补嵇含亏欠。“诺皋”乃呼召鬼神之咒语，见葛洪《抱朴子·登涉》。登屋抬魂呼噜为皋，下方有人代魂回应为诺。皋先于诺。赵翼散文《榕巢》不颂鬼神而赞人工：“查俭堂礼为粤西太平守，署园有大榕树一株，其于旁出者四。俭堂谓可架屋其上也，乃斫木为书室，名曰榕巢，并以自号焉。明窗净几，掩映绿荫中，退食后辄梯而上，品书画，阅文史，颇为退闲胜地。丁艰去，接任者来，熟视笑曰：此中大便甚佳，遂穴其板作厕舍。”俭堂怀雅兴消闲，不幸因双亲之丧而须返家守丧三年，不许做官、婚娶、赴宴及应考。俗不可耐的继任者乃焚琴煮鹤的反面教材，丑化榕巢为厕所。我曾游西双版纳原始森林，也见大树上小屋有厕洞让大小便落溪饲鱼。瓯北散文《三界庙》说“粤西之梧、浔、南宁三府最灵”，引晚明邝露《赤雅》：“神姓许，平南人，采樵得一衣，轻如叶，带内有字，能召风雨，知未来事。”三界庙道士许福实为都安壮族，获仙人传授五彩带、仙棒、仙桃及金字书法宝。这“三界公”吃仙桃成神医，有时治愈绝症，赵翼结语“不得谓鬼神之事渺茫也”表示相信神医。同治年间《浔州府志》载：“疾病多延请道士许福，或禳星拜斗。又有所谓茅山教者，妆粉女人插花舞剑，名为跳鬼。”许福不可能呼风唤雨，只能凭直觉像北宋邵雍预测少数未来事件，雅而不俗。

“高要才子”梁寒操字均默，曾哀悼苦命的驴。原来赵翼《哭铁骡》早他二百年写《序》说：“驴为余从军时晨夕所骑，虽有副马不用也。上下冈坂，曾无一失。色纯黑，军中呼为铁骡。事讫归镇安，移广州，皆从。今将近赴黔，水程远，不能载往，爰赠番禺张令，甫去一夕死，诗以哭之。”赵氏虽厌恶虎犬而怜惜驴骡马透露卓异情操：

> 作吏未惠民，遑敢说爱物。何哉一骡死，翻为泪痕溢。
> 忆昨从滇军，市骏备驰突。汝忽应募来，黑光润如漆。
> 昂藏五尺高，气压马万匹。试之知其良，不烦驾驭术。
> 我羡骢马工，汝步何俊逸。我羡駃騠驶，汝走何迅疾。
> 但口不能言，意向早洞悉。雄姿况瘦劲，色铁骨亦铁。
> 出门二十里，毛窍汗未湿。按辔方缓行，从骑奔始及。
> 巨炮轰一声，骊黄尽般栗。屹立独不动，四蹄俨卓笔。
> 爱作我的卢，不许僮仆叱。相倚互为命，汝足即我膝。
> 下鞍与汝两，上鞍与汝一。滇南多巉岩，登顿弗自恤。
> 深恐汝力尽，勒衔每暂歇。鼻息喘向天，沸成云滃勃。
> 悯劳摩汝颈，汝亦若就昵。但有依依情，绝无悻悻色。
> 此段可怜意，至今耿难没。两年无刻停，万里未一蹶。
> 事讫归官衙，策勋偿以佚。相随粤西东，日饲青刍苾。
> 无何又移官，难共载水驿。忍撸名姬姿，肯卖市侩直。
> 为择同官赠，吾愿庶粗毕。胡为甫出闲，一夕遽告卒。
> 嗟岂前生债，只许供我役。否则义烈心，离主甘就殁。
> 所悲艰难际，用汝力几竭。及夫身就闲，弃掷命不活。
> 追维子方语，此事痛至骨。

佚通逸，指享受闲暇。他不骑青白色混杂的骢，找不到古典骏马驶騠（音决堤），而与黑骡相依为命，缔结深厚的友情。三国·蜀·刘备及晋·庾亮都有良驱称“的卢”。“与汝一”即水乳交融不疏离，它可能一旦失主就伤心陨命。“前生债”仅为虚拟假托的安慰。市侩本质唯利是图，清代苦命诗人黄景仁（仲则）《两当轩集》卷八《偶题斋壁》诗云：“生疏字愧村翁问，富有书怜市侩藏。”赵翼诗中与“名姬姿”相对的“市侩直（值）”应指商场骡子身价。“痛至骨”即成语“撕心裂肺”，禅宗惯用皮、肉、血、骨、髓代表深度次序。

在马援与王守仁之间，赵翼的精神偶像是柳宗元和苏轼，作《柳州》诗云：“我闻吴中桑民怿，得官不赴柳州城。谓昔子厚擅其地，去恐掩却前人名。斯言抑何过自誉，毋乃蚍蜉撼大树。昔者东坡到岭南，未闻潮州祧韩愈。将毋自揣实不如，翻作大言高自署。名士取名非一端，钩奇吊诡多用权。遥望古人已不朽，附之者传攻亦传。郭象注《庄》固同久，刘几纠史亦并悬。桑生用意盖在是，乃诡不欲厄两贤。后来文苑为立传，竟因斯语特著篇。此正文人狡狯处，被我说破不值钱。”吴中乃今江苏吴县，春秋时代为吴国首都。桑悦字民怿，明代江苏常熟人，撰《庸言》自比孟子能究夫人之际。韩愈《五调张籍》讥讪狂傲者如“蚍蜉（巨蚁）撼大树，堪笑不自量。”祧音桃，指祭祀远祖。庄子《齐物论》铸词“吊诡”，即老子“正言若反”，或辩证诡词（Paradox）。权、奇、变与经、正、常相反相成。鲁国叔孙豹提出德、功、言三项不朽。相反字“附”、“攻”即同意与抨击。黄海云注误解郭象生年不详且卒年为（清朝）1715年，应是公元252－312年。西晋河南（今洛阳）郭子玄以儒学注解《庄子》，唐代彭城刘知几（661－

721）亦字子玄，著《史通》以精辟不朽。桑悦对诸贤大言不惭，怎能超越与韩愈齐名的柳宗元？瓯北并尊唐宋八大家，起码在《忽梦镇安旧游》诗将欧阳修比拟西汉循吏朱邑（字仲卿）道：

甘载萧闲林下身，何缘重梦日南春。
山多盘古年间树，俗是华胥国里人。
朱邑葬桐乖后约，欧阳思颍记前因。
只惭我自难忘处，未必民犹念我频。

乾隆三十七年赵翼以慈母衰老为理由，辞去贵西兵备道职位而返乡奉母。咏此诗时已离镇安府知府职二十余年，梦中他见汉武帝设置的日南郡，追溯《列子·黄帝》的道家理想乌托邦：“（黄帝）昼寝而梦，游于华胥氏之国。……无帅长，自然而已；其民无嗜欲，自然而已。不知乐生……恶死，故无夭殇。不知亲己……疏物，故无爱憎。不知背逆……向顺，故无利害。”极端自然主义，涵蕴无政府主义，取消儒家“五伦”首项君臣代表的上司下属关系。欧阳修议论王安石新法，索性辞官定居河南颍川。他爱民且廉洁，但是朱邑更廉，卒葬桐乡后人民建祠。赵翼同时写诗《偕孙渊如、汪春田两观察游牛首山……》，黄注宜指出孙渊如原名诒让。另诗题目亦太长：《刘松岚观察大观旧尝宰镇安之天保县，在余守镇安后二十余年矣，兹过常州偕稚存（洪亮吉字）来晤，具言镇安民已为余立生祠虔奉弗替。感赋》。山东丘县刘大观字松岚，早于江苏如皋汪为霖（字春田）宰镇安府。“观察”乃官名，远胜西方Observer。诗云：“自知无绩可留传，只有硁硁不爱钱。始识愚民原易感，不为贪吏即称贤。”硁音坑，指固执。不爱钱即清廉。“无绩可传”乃过度谦词，似言不由衷。老子首倡愚民政策，贬词“愚”兼具褒义，“淳朴”故易感动。明代魏忠贤强迫庶民为他立生祠，相反地，镇安府民自动筑生祠纪念赵翼。香港大学退休教授杜维运，曾撰《赵翼评传》。

附录：（一）华南奇果槟榔（谐音郎指生男）

梁扬、黄海云《古道壮风——赵翼镇安府诗文考论》（中国社会科学出版社 2005 年版）第七章首节介绍桄榔面、槟榔及鲊即酸肉。

某美国游客见台湾计程车司机满口鲜血，不禁悲悯道：“真可怜啊！直到吐血还不能休息。”原来司机喜嚼槟榔，路旁食店又以“迷你裙”少女引诱他们多买即吃，致令朱唇黑齿。晋代嵇含《南方草木状》说槟榔树：“森秀无柯，端顶有叶，仰望眇眇，如插丛蕉于竹杪。风至独动，如举羽扇之扫天。叶下系数房，房缀数十实（果），实大如桃李。天生棘……以御卫其实也。味苦涩，剖其皮……熟如贯之，坚如干枣，以……古贲（海螺或蠔）灰并食而滑美，下气消谷。……彼人以为贵，婚族客必先进。若邂逅不设，用相嫌恨。一名宾门药钱。”林邑人以槟榔为婚宴开胃美食。《云南记》亦云：“槟榔树如棕榈，……共扶留藤（叶）嚼之，香美除口气，久食令人齿黑。”《名医别录》引梁武帝“山中宰相”陶弘景之言：“出交州（交趾即越南河内）者形小味甘，广州以南者形大味涩。又有大者名猪槟榔，皆可作入药。小者蒳子，俗呼为槟榔孙，亦可食。”宋代周去非《岭外代答》卷八乃植物经济史：“海南贩之，琼管收其征，岁计收什之五。广州税务收槟榔税，岁数万缗。”十之五即一半，每缗为值千文的成串铜钱。周去非又说：“自福建到四川与广东西路皆食槟榔，客至不设茶，惟以槟榔为礼。……宁不食饭，惟嗜槟榔。”宋代番禺县令程师孟禁止下属啖此果，违抗则受杖刑，尽管它治胸中痞滞。苏轼及明代王济知晓它能醉人，俗谚遂云：“槟榔浮留，可以忘忧。”王济《君子堂日询手镜》欣赏它令“脏气疏泄，下瘴消积（滞）。”它具备社交功能和审美功能，似比椰子实用。

（二）残酷杀婢与幸福选夫

印度陋俗包括寡妇殉夫和焚毙嫁妆不足的贫穷新娘，但古越人劣俗更无人权观念。《古道壮风》第255页云：

> 至迟在春秋战国时就实行一夫一妻制的父系个体小家庭，但……保留了夫从妻居或不落夫家以及原始群婚的遗俗。……宋代范成大在《桂海虞衡志》……记载……“酋豪之家，或娶数妻，皆曰媚娘。洞官之家，婚嫁以□豪汰侈，相高聘送礼仪，多至千担，……婿来就亲，女家于五里外结草屋百余间与居，谓之入寮。两家各以鼓乐迎男女至寮，女婢妾百余，婿僮仆数百。成礼之夕，两家各盛兵为备。小有言则兵刃相接。成婚后，婿常抽刃妻之婢妾，迕意则手杀之。自入寮，能多杀婢则妻党畏之，否则谓之懦。半年后而归夫家。”……直至1949年壮族地区还存在“入赘”。

婢妾生命竟贱如草芥，夫家似先秦法家以畏代爱。印度人不会滥杀婢女，正如罗马人不许滥诛奴隶。深受英国法律陶冶的香港，虐待菲佣就要坐牢尝铁窗风味（Behind The Bars），谋杀婢妾可判终生监禁。民俗方面，香港导演张彻歌颂“阿里山少年壮如山”。明代杨慎《丹铅总录》卷四《琐语·语芦笙吟》道：“河边跳月歌，令人玄发皤。”苗、壮、彝诸族每年春夜未婚男女“跳月”，抉择配偶，今人邵维《跳月考》诙谐勾勒一幅风情画：漂亮男孩腰带塞着十条怀春少女所赠绣花手帕，审慎带走最美一女。几个落第少男慨叹命苦，因为已买十五元一根芦笙和跟师傅学习吹笙跳舞，三个月又花十五元呢。

（三）镇安府在元朝曾有世外桃源

我访湘西时始见“峒”字指山洞，南宋范成大《桂海虞衡志》载州、县、峒依面积而成三级云：“因其疆域，参唐制，分析其种落，大者为州、小者为县、又（更）小者为峒，凡五十余所。推其雄长者为首领，籍其民为僮丁……以攻剽山僚及博买嫁娶所得生口男女相配，给田使耕，教以武技……谓之家奴，亦曰家丁。民户强壮可教劝者，谓之田子、田丁，亦曰马前牌，总谓之洞丁。”晚宋文天祥战败，广信府（在今江西上饶市）广丰县张天宗聚民从军失意经粤西企图奔赴安南，至归顺州（今广西靖西县）的顺安峒（命名因人心顺适），称聚处为那签（因植物茂盛），引导泉水分流，筑河堤建房屋，被拥立作洞官。他立牛魂节感谢牛耕辛劳，又设鸡骨占代替巫师。18年间张天宗曾除蛟（蟒）害及修禊（辟邪）鹅泉，置田养残障老弱。其孙张琅旺自号神仙，据说他修道成仙，跟随巨熊开顺安路后三年方知元朝灭宋。壮族“峒”字尚有三种体：从土从同、从土从冬、从山从同。乾隆三十四年赵翼从云南归镇安府视察归顺州经华（化）峒时赋诗：“从无古人到，为僻处边鄙。岂知百里内，处处佳山水。就中推华峒，尤擅清景妍。”

《古道壮风》指出化字音误为华，七十多年内张天宗三代实践陶潜桃花源式理想，豁免水旱虫三灾，引泉灌溉良田，只须购买盐豉。农闲时峒民斗歌胜过现代卡拉 OK。赵瓯北惊叹这桂版桃源不分贤愚贵贱，即原始纯朴得无阶级分化的势利歧视。原来“峒”是古越语记音字，粤桂湘黔四省均用。中古梁朝俚僚魁首冼夫人率领千余峒归附萧梁，她所属的高凉郡在广东阳江市西，柳宗元作诗《柳州峒氓》。

阅汪荣祖《章太炎研究》和《史学九章》

胡适和章炳麟都是无神论者，视宗教为手段，对道教冷淡，然而章的佛学功力较深。阅汪荣祖《章太炎研究》（台北：李敖出版社 1991 年版）之《太炎语录》，可补前人不足，如下选各点：

“诗必有韵，方能传达情绪。若无韵亦能传达情绪，则亦不必称之为诗。譬如日本和尚吃肉娶妻，可称之为居士，不必称之为和尚；今之好为无韵新诗者，亦是吃肉娶妻之和尚类也。”（二）章氏暗讽胡适，不自觉地否定“散文诗”体裁，因为诗必需韵而散文不需。未知日本和尚是否承认不能自称僧侣呢？我 视东洋居士为广义僧侣。

“儒家之病，在以富贵利禄为心。”（五）难怪北京大学哲学系周辅成在 1981 年 12 月于北大校园向我说道家人格高于儒家。胡适不甚重视利禄，可惜广东新会人国学专家陈湛铨教授误解他要和蒋介石争做总统。

“孔子是史学的宗师，并不是什么教主。史学讲人话，教主讲鬼话；鬼话是要人愚，人话是要人智，心智是迥然不同的。”（十三）炳麟当然反对康有为、陈焕章师徒宗奉孔子为教主，也不会赞同道教以老子为教主。胡适心中孔子擅长史哲而非诗人。我认为曾掌管图书馆的老子从历史汲取灵感而非史家。

（今之学者）“大抵稗贩泰西，忘其所自，得草碟以为至宝，而顾自贱其家珍，或有心知其非，不惜曲学以阿世好。”（二十）太炎恪尊国粹而轻蔑西学及留洋生，不知胡适接纳的实用主义在哲学史拥有不朽的客观地位，绝非贱若草碟。

“（吴稚晖）精神点污，虽强（镪水如硫酸）水不可浣涤。”（二十四）章氏诃责吴敬恒为精神污染的反面教材。

“学术在野则盛衰，在朝则衰。”胡适亦反对政治干涉学术研究。

“学生为买主，而官校为商场。毕业之证，廉价之卷也。”（二十七）太炎病感师生关系沦落到商贾与顾客的关系，学府宛若商场，学生可购文凭或证书以谋生升官。此怪现象非中国独有，西方先进国家也有枪手代写论文和黑市组织贩售假证，遗憾在中国特别猖獗。胡适曾任北大校长与中央研究院长，曾否考虑师生关系的哥白尼式革命，即由学生填表评估老师？太炎未留学欧美，根本不知后来盛行评估恩师。“三民主义乃媚外主义、党治主义、民不聊生主义。”（三十）章氏虽似孙文排斥清朝，但是不懂三民主义吸收西方政治哲学精华，恰为民不聊生和媚外的反面，更未鼓吹党治。有人戏解“黨”字为“尚黑”，须知它原指由私人利害关系组成的集团，如乡党（亲族）和政党，贬义自然是党同伐异即偏袒，违背公开、公平的理想。

“与其俗而工，毋宁雅而拙。”流行词曲往往俗而工，章太炎比胡适更听不入耳。

“王道霸道，应时而兴，实非相反，未能偏废。王道安民，霸道保族。”（三十三）太炎似南宋浙东功利主义肯定王霸双道互补。正宗儒家皆以王道压倒霸道。“世乱则文辞盛，学术衰；世治则学说盛，文辞衰。”（三十六）下半不妥，战国时代学说文辞俱盛，章、胡等精英岂不懂得？

“今之学人（者）有三弊焉：曰妒忌、曰秘密、曰骄傲。”（五十八）秘密由于唯恐别人分享自身搜集的珍贵资料或看透自家积累（不必仿李泽厚说积淀）的学思。虚荣引起妒忌及傲慢。

“凡一政党，非有实业为中坚，即有侠士为后应，无此即不足以自树。”（五十八）他洞察实业与侠士为政党必要条件。

汪荣祖《史学九章》（三联书店 2006 年版）第七章《章太炎与现代史学》指出：“必先揭开他古奥的外衣，才能看到新鲜的内容……不要因瓶（旧）而弃酒。……不（要）把他当旧学的殿军，而把他当新学的开山，才较有意义。……章太炎重视史料及视野之广，可见之于他的《中国通史略例》……太炎批判……正史……反映官方的主见，代表政府的立场，有损客观的真实性。正史……以意识形态作历史褒贬。他推崇《资治通鉴》的功力，就因其体例不效法《春秋》而效法《左传》。他认为陈寿以魏为正统，并无不当：……曹操代汉，政治修明，虽其初起时孔融之徒有不满之意。……太炎以现代史学眼光，直接向旧史的核心挑战……作深刻的反省。他担心康有为一派将经书当作有如基督的圣经，视历史如小说，以及造成无端怀疑古史之风，足以毁灭信史。……辛亥革命成功之后，他即倡五族共和。……他把民族主义比喻为稼穑，必须历史知识灌溉。……力言历史为爱国心的泉源……把历史比喻为一国的账簿……也可比作棋谱。……他的民族主义绝非植根于狭隘的种族主义，也非狂热的扩张主义，却多理性与现实的思考。他认为康熙……绝不是仁君，于明之宗室，诛夷甚厉；雍正虽能（干），尤为阴险残暴，利用理学滥施恩（赏）罚；乾隆虽有威谋，借编四库，意在禁毁图书。又说咸丰若不是早崩，曾（国藩）、左（宗棠）等功臣将无善终。谓曾国藩作清朝爪牙，……民贼大盗、贪图功名、虚伪善变的理学家，实发中国马克思史家视国藩为汉奸的先声。……论钱谦益，未以其降清而诋之，指出钱氏曾响应郑成功海师入长江，后来又伤吴三桂之弑明朝最后一个皇帝，编成《投笔集》……颇能揭发隐情。他的民族主义，主要还是针对西方帝国主义；满洲不逐，民气不彰，终不能独立而最终成为欧美的奴隶。……在西方文化挑激之下，他的结论是文化多元论，与日本的政教社、俄国的亲斯拉夫派思想，颇有神似之处。将历史与语言和风俗，视为国性的三要素，视为爱国心的泉源。用力较多的是明清之际史事。……《清建国别记》一书，他也自觉精当。……扎根于档案资料，建州女真就是清朝的祖国。太炎于民国以后任东北筹边使时，曾至兴京去看清之永陵，见到四祖之前有王杲。……总兵李成梁虽曾重创王杲，难息其横行。久而始擒杀王杲，实为清家宏业的前导。……提出（颜元）可称大儒，不赞同颜元的矫枉过正之论。……清初三杰中，视王夫之最清。……推崇戴震……如以其言施政，（则）在上者不苛刻，在下者无怨尤，情欲亦当是理。……出自皖南徽州的戴学，由于地处高原，其民勤苦，治学也求"深邃"第 146 页说龚自珍是段玉裁的"外甥"，应是"外孙"。第 161 页"宋凤翔"该作"宋翔凤"。汪荣祖严辨西方文化与帝国主义，无奈人易误解章炳麟仇视西方文化。他的文化多元论反对以"总相"（Universality）欺压或排斥"别（殊）相"（Particularity），而倡共存同荣。让我补充佛教对章氏的启迪：华严宗“六相图融观”提出总别、同异、成坏三对即六项现象相状，又称“六相缘起”，谓现象既具同性又融合无间。总同成三相指整体，别异坏三相指部分（片断）。华严宗主张通过个别法门就可把握全部真理。章太炎将佛教所谓觉悟扩大为任何理解。例如凭借任何一种文化，都可同情地理解其他文化。仅二万字的《清建国别记》早于孟森、郑天挺等明清史专家，否定《清太祖实录》的谬说：祖先乃长白山天女感于朱果而诞生。钱牧斋虽开城门欢迎清兵，太炎揭示他美善一面，令人理解陈寅恪瞎眼仍撰《柳如是别传》。钟谦益娶妾柳如是，耶鲁大学女教授孙康宜撰书探讨陈子龙与柳如是的深切关系。朱东润七本传记包括《陈子龙及其时代》，思想史家留意理学殿军刘宗周绝食殉国前有高弟陈子龙。有些学者认为王夫之才是理学殿军。太炎恪尊戴震，原来戴震门人段玉裁（1735—1815）初任贵州玉屏知县，从江苏金坛移居苏州枫桥，必定影响浙江仁和（今余杭县）的外孙龚自珍（1792—1841）。段比龚长寿三十七年。龚倾向天台宗，主要因为天台县就在仁和之南。

第八章《钱穆论清学史述评》强调钱氏《中国近三百年学术史》倚重梁启超，例如继梁任公指出晚明东林学派不单矫正王学末流，而且抨击政治现状。但是不宜夸谈清初学风全出东林，因为清初黄、顾、王三巨子才是清学前驱。太炎冤枉黄梨洲盼望清朝垂青，任公看出，且未忘他处境艰险。梁氏推崇王船山为宋明哲学辟新路，宾四褒赏船山“理趣甚深，持论甚卓”。梁启超洞察戴震口吻酷肖西方实证哲学，与胡适同视汉宋两学之争为实学与玄（虚）学之争。汪荣祖反对宾四仿章实斋（学诚）斥戴东原在四库馆窃赵东潜校《水经注》而谎称从《永乐大典》辑出，第157页反问：“胡适之穷毕生之力治《水经注》，不亦为戴氏辩诬乎?”钱穆扬朱抑王，像方东树厌恶朱熹的论敌。桐城派以程朱为精神偶像，广义桐城派的曾国藩遂成钱穆偶像，可惜宾四低估康有为。

孙文、孙科父子与湘乡才子王伯秋的恩怨（附章亚若）

1884年8月23日淮北水军提督王谨臣子的长子伯秋在淮阴官邸诞生。孙中山和梁启超同倡一夫一妻制，孙文唯一的“女婿”王伯秋竟为此制所害。其子王弘之与妻李云霞合撰《沧桑：孙中山之女孙婉与王伯秋的生死恋情》（团结出版社2006年版）语重心长且发人深省。湖南湘乡人王弘之今已八十八岁，任上海金融学院副教授；夫人李云霞八十三岁，是山东蓬莱人，任上海外国语大学图书馆副研究员。1948年王弘之的二姐王缫蕙在台湾嫁服务空军军需处的税兰洲，他彩排京剧时唱一场《搜孤救孤》夺得三十岁王小姐芳心。他们第三位儿子税儒耕出身军事学院，却非儒非耕。1969年她与离别五十多年的母亲孙婉在香港重逢。孙婉大姐孙娫青年病夭，她成为中华民国临时大总统唯一的掌上明珠。进哈佛大学后她被父亲交托给哈佛政法学院学生王伯秋照顾。他俩相爱同居，生女缫蕙及子海平（弘之）。王伯秋在湘乡已娶双亲指定的元配知府女儿李澄湘且生一双子女，他毕业日本早稻田大学再赴哈佛，三十三岁得学士衔，服务报馆一年始携孙婉及儿女归乡。但是他瞒着孙文一切往事，中山先生想他离弃澄湘而娶孙婉，李太夫人、悍妇袁氏逼其子离弃爱人孙婉而领养其子女。李孙两家好像绑缚王伯秋而拼命拔河，他致函孙婉表示苦恼至极。她被严父安排嫁戴恩赛，生女戴成功与与子苏永丰。第十七章《否极泰来，伯秋跃出低谷》令我替他高兴。1922 年熊希龄（秉三）内阁教育部长范源濂邀请王伯秋任教育部次长。不久他改任东南大学代校长兼教务长，又兼法政大学教务长。1926 年他在南京创办“幼幼小学”，自任名誉校长，志在实现教育方面的理想。恩赛曾任中国驻巴西公使，王伯秋虽非擅长外交而曾踏入官场，竟又被孙科逐离。

国民党元老立法院长邵元冲推荐王伯秋担任立法院委员，伯秋介绍两位弟弟做官，王仲钧任财政部关务署总务科长，王季长当沪宁、沪杭甬两铁路局秘书长。三兄弟事业有成，可惜 1930 年秋宁汉合作，孙婉之兄孙科到南京接任立法院长，审阅立法委员名单，怒见王伯秋名字，立刻垂询邵元冲。虽知孙王两家恩怨，元冲婉转解释道：“这第一届入院的委员经过慎重选择，再三斟酌后圈定，我们认为这些人个个都是很难得的人才，不知哲生兄有何意见?”孙科明知王伯秋品学兼优，但是怨恨他舍弃孙婉，无法与他做同事，坚决拔掉眼中钉，考虑几日终于将与王伯秋同时进立法院的一批委员免职，邵元冲岂敢反对！祸不单行，孙科又免除王氏参事之职。伯秋唯有闭门阅读，赋闲三年，喜交高尚朋友如章太炎、曾农髯、胡汀鹭、黄晓汀、郑曼青、马孟容、方介堪、马万里、张善孖、张大千、王东培、符铁军及郑沅，多半为书画篆刻家，可见他的艺术倾向。1930 年他告诉慈母，欲娶儿女往昔的家庭教师刘明水。她抽烟良久才反对，由于他已曾有两“妻”众儿。伯秋不愿再看母亲指挥棒，说服她说："明水出身名门，本人又冰清玉洁，我们总不能委屈人家，对不起刘家。"母子同意由伯秋亲赴靖江南门大夫第举行婚礼，三儿称明水为婶婶。婚后不久明水考入苏州东吴大学历史系。1933 年朋友介绍他任军事委员会委员长南昌行营秘书及科长。长女纕蘅嫁武汉大学工程系毕业生包惠敏。1939 年抗战初期，伯秋左腿膝盖患骨癌在贵阳病逝，明水一度小产不再生育。

[附识] 谈蒋经国爱人章亚若

我相信蒋介石虽为爱子的孪生子命名，而恐章亚若排挤蒋方良破坏中俄关系，遂派戴笠谋害她。美国斯坦福大学胡佛图书馆珍藏蒋介石日记，1944 年 9 月 28 日谈及结拜兄弟吴礼卿（忠信）辞别赴新疆主席之任，然后批评于右任投机。29 日狠斥孙科与邹鲁为洋奴，借外国势力夺取政权。可见蒋性格多疑少友，只信任结拜兄弟，对其他知识分子尊重而不信任，例如请哲学家方东美讲授黑格尔哲学，赠新儒家徐复观巨款往香港办《民主评论》月刊。台北史家章群任教香港大学中文系时对我说：蒋曾接见他，劝勉他继续努力。但是蒋太多猜忌而欠宽容，世人怀疑他谋杀"媳妇"章亚若。1994 年我在台北认识侨务委员会会长章孝严，后来赴汕头大学参加《周易》研讨会萍逢薛汕先生。抗战初期他化名雷宁，担任赣县抗敌后援会组训股长，调任辅导股长。2007 年购阅徐浩然、章修维（章亚若之侄）、罗林禄《蒋经国的生死恋人章亚若》（团结出版社 1998 年版），方知她的旧同事喻诚然欣接蒋孝严于 1998 年 11 月 4 日向喻老致谢云："每读此书，思母之情油然而生，追忆过往之种种，难不叹人生之无常尔。"广东潮州人薛汕原名黄谷隆，曾为蒋经国下属与章亚若同事，撰中篇纪实《和蒋经国相处的日子》，又曾任震旦大学、北京大学教授及（原）北京图书馆馆长，自注新诗《章亚若吟》道："她忘记爱情要受封建统属制，终成祭品。"徐、章、罗合著第九章《得力助手》五《留苏日记震撼了她》揭示蒋经国自译俄文《留苏日记》为中文，坚持建设赣南。孪生子诞生后半年，她竟香消玉殒。第十七章《猝死揭谜》谓她的长子唐远波推测她亡于蒋经国后面的大黑手。经国临终呼唤她，证实她为至爱。第 339 页"曾有过四房妻妾、收有养子的蒋介石却不允许身后的儿子把亲生骨肉领进家门，真令人费解。"他憎恨亚若？

于右任韵文发扬宋儒的和谐观

朱熹绝不迂腐，也曾鼓励门徒寻花问柳或寻春，即趁春季观赏绚烂芬芳的植物，因为理性知识基于感性知识。周敦颐、张载、程颢及邵雍都热爱大自然，朱子更珍惜人类与自然界之间的和谐。无奈战争频繁，国族之间的恶劣关系彻底破坏了人与自然之间的谐和。老子谴责战争贩子，佛教徒李华《吊古战场文》和诗圣杜甫的反战诗篇必定感染朱子。八百年后陕西三原人于右任奉命赴苏京莫斯科请儒将冯玉祥返国北伐，途经西伯利亚包括苏武牧羊所在贝加尔湖畔，撰写动人诗歌，发扬宋儒的人道主义和谐观。今录于媛主编《于右任诗词曲全集》（世界图书出版公司（西安）2006 年版）精彩片段，加上感想与评析：

一、《西伯利亚杂诗寄王陆一》六首其三：“马肥久困无征战，树老方知阅岁华。家住桃源一万里，不知世上有桃花。”其四：“芳草如茵不计程，欹斜板屋牧兼耕。小家园内新天地，尤绿丛中占一坪。”其五：“水绕乌城闻汽笛，山围赤塔见桑麻。面包价贵酪浆贱，牛饮归来买野花。”2004 年我乘火车游览西伯利亚，对于右任诗产生亲切感。马胖是和平好现象，战争时期马瘦且易随兵牺牲。庄子指出老树例证“无用之用”，有用的木材制成家具或武器，树被催残不能久活享天年。人寿难过百载，最长寿的龙血树存活万年。陶潜幻构桃花源，桃李盛产于温带而非寒带。桃源，隐喻理想国或乌托邦，居民不必目睹亮丽的桃李。出租车或“的士”才计程，一望无际的草原何必计程？原始板屋倾斜，虽未如美洲木屋整齐，但是房主自得其乐，既养牛羊又种小麦玉米。“万绿”回应上文所言如茵芳草，“占一坪”比“一点红”更富农家风味。桑麻野花同属大自然，制成的面包和乳酪却分贵贱，汽笛纯粹人工而非自然。“牛饮”、“鲸吞”诸词描写人类迅速大量饮食，灵感出自哺乳动物。相反地，“蚕食”形容缓慢吞并，观察昆虫得灵感。

二、《西伯利亚杂诗》二首其一：“遗镞可知常掳获，断碑观得再摩挲。和亲更有物为证，公主宫娥宝镜多。”其二：“盖代英雄去不过，高碑犹自在人间。大王城下曾经过，万里投荒鬓已斑。”原注流露强烈 的历史文化意识：“西伯利亚常发现汉代箭镞。贝加尔湖北奥利汉岛上，多汉文石刻，修铁路时毁去。伊尔库次克北翁格山，旧有汉文刻石。义和团起，居民恐其以此证来袭，遂毁之。俄国博物馆中中国古镜，皆从西伯利亚得者。近在北冰洋边索米亚得地方，考古亦获中国古镜。尼布楚有中国式城。亦曰大王城，有蒙文成吉思汗记功碑，余见其拓本。”伊尔库次克是贝加尔湖南畔漂亮城市，详见王煜《精神探幽·炎热且寒酸的西伯利亚》（香港国际学术文化资讯出版公司 2006 年版）。公主和亲表示政治婚姻换取和平，以免战争耗费夺命的箭镞。古镜断碑宜进博物馆供人凭吊。成吉思汗的武功彪炳，像亚力山大、恺撒及拿破仑，以千万人命为代价，破坏生态平衡，实为千古罪人兼万世枭雄。汉武帝派张骞通西域，文化交流方面建立丰功伟绩，然而杀人无数。

三、《西伯利亚杂诗》又二首其一："十日飞车道路长，鲜卑遗壤待推详。云生大漠连霄冷，花放平原万里香。牧马迎风呼战马，羔羊觅迹唤羚羊。人情物理无中外，惆怅他乡忆故乡。"其二："莽荡风云眼底天，大荒之野荷戈来。党人流放知无数，条约荒唐信可哀。民族于今矜解放，山林从古未夷僱。穷乡转瞬成天国，革命何人唤不回。"俄文西伯利亚意为北极，学者或疑"鲜卑"乃"西伯"转音。"万里香"比"九里香"花名更夸张。如在太平盛世，应有牧马而无战马。羔羊呼唤母亲，表现盎然生趣。可怜西藏可可西里，羚羊不管雌雄老幼，几乎惨遭盗猎歼灭。"无中外"的哲学诠释就是普遍妥实性，分中外则未免狭隘地方主义。"荷戈"以古代武器干戈影射当代枪炮。于右任和冯玉祥同受苏联十月革命震撼，幸亏它流血而未祸害丛林。"天国"，一语比"桃源"更夸张。任何人不可能唤回历史事实，尤其是 1918 年惊天革命。

四、《过贝加尔湖》："东南雨湿兴安岭，南去云迷杭爱山。多事来寻苏武迹，贝加湖上月儿弯。"杭爱山在蒙古国中北部，大兴安岭则处中国内蒙古自治区。后者火灾时术士严新宣称凭特异功能，遥远发功足以灭火，终于出尽洋相。

五、《西伯利亚道中书所见》："青青柏，密如麦；苍苍松，卧如龙；密密桦，乱如麻。树暗有云生，天寒无鸟声。昔多流放人，今为自由民。绿茵如幄草如茵，征车十日无纤尘。行行一万八千六百里，无日不在丛林里。西伯利亚之游乐如此，眼中之泪吾老矣！"温带植物松、竹、梅合称岁寒三友，寒带松、柏、桦堪称严寒三树。于右任"密桦"当指白桦，但是中国东北另多岳桦。我旅行屡次经验"天寒无鸟声"，即万籁俱寂。流放囚犯喜变自由民，然而 1926 年苏联文豪巴斯特纳克尚未撰《日戈瓦医生》、索尔任尼琴未写《古拉格群岛》。丛林乃地球宝贝，可惜人类贪婪滥伐，引起水火及污染等灾祸。我曾发表短文表扬北宋二程和明代袁宏道强调环保且爱树。

六、《入欧洲后感怀》："鄂毕河前饭，乌拉山下眠。无戈肱作枕，有产舌为田。金鼓劳民檄，冰山债主钱。神州竟何似？怅望一凄然。"（前）苏联和土耳其同跨欧亚两洲，乌拉山脚乃沙皇尼古拉（斯）二世全家被革命党枪毙处。"肱作枕"表现道家形态自然风格，"无干戈"代表和平时期。"写作"雅称笔耕，然则"教书"可名"舌耕"。如欠恒产，心舌手均可耕耘糊口。回顾祖国尚需北伐对付军阀，于右任心情沉重。

七、《车过乌拉山》："卧看乌拉山，连山起烟雾。远远山下人，骑牛渡旁渡。昔日战场今如故，朝阳红射乌拉树。尼古拉斯血未干，牧儿长歌向何处？"乌拉山有金矿，于右任关怀人而非金。俄国雄才伟略的彼得大帝创建新都圣彼得堡，岂料二百年后末代帝王比中国崇祯更凄惨。事实上辛亥革命不杀清帝宣统（溥仪），冯玉祥仅把他逐离紫禁城。俄国十月革命不必屠杀尼古拉（斯）二世全家，可审判其罪即诉诸人道主义。

八、《东朝鲜湾歌》："晨兴久读《资本论》，掩卷心神俱委顿。忽报舟入朝鲜湾，太白压海如衔恨。山难移兮海难填，行人过此哀朝鲜。遗民莫话安重根，伊藤铜像更巍然。吾闻今岁前皇死，人民野哭数十里。又闻往岁独立军，徒手奋斗存血史。世界劳民十万万，阶级相对参义战。何日推翻金纺锤，一时俱脱铁锁链。噫吁嘻！太白之上云飞扬，太白之下人凄怆。太白以北弱小民族齐解放，太白以南以东以西被压迫者，如怨如慕如泣如诉复如狂。山苍苍兮海茫茫，盟山盟海兮强复强。歌声海浪相酬答，天地为之久低昂。舟人惊怪胡为此？此髯歌声犹不止。万里转折赴疆场，我本革命军中一战士。"太白山又名长白山，其北南分属中朝两国。于右任浏览马克思《资本论》而未咏心得。人马海山宜保和谐关系，不必移山填海，除非香港要筑优秀机场，荷兰须增生存空间。我在新著《儒将冯玉祥日记选评》（香港国际文化资讯出版公司 2007 年版）抄录他对朝鲜烈士安重根的颂赞。安重根枪杀日本首相于天津火车站，因伊发动甲午战事，狠迫清廷签订中日《马关条约》。朝鲜爱国大王李熙在日本驾崩，朝鲜人民闻讯后义忿填膺。于右任留长须，故自称此髯。

九、《舟入大彼得湾》："二百余年霸业零，天风吹尽浪花腥。掬来十亿劳民泪，彼得湾中吊列宁。"大彼得即彼得大帝。2007 年我游圣彼得堡两天，始悟此帝成就显赫冠于一切帝王。他微服赴"低地国"荷兰研习造船，我国康熙乾隆南巡只能算享乐兼考察吧。大彼得湾有海参威港，不少中朝移民及旅客。

十、《布蒙共和国立国五年纪念歌》："布利亚特族人元之裔，国亡五百余年如无告。元祖率情壮而远略兮，故国乃为斯拉夫族所荡扫。沿色楞格而迁徙兮，沙皇目之为强盗。五十万人降为牛马兮，近来又遇白军之残暴。国不国兮人不人，十二部落难再造。忽然天开地辟日月光，十月革命成功兮，实现苏维埃社会主义之联邦。……布蒙……一跃而成世界弱小民族之鸾凰。……采访遗闻肝胆壮，参加盛典心情热。第一日赴纪念会，绣裹列宁红加血。……慰我世界革命将成功，愿与吾人同心结。二日导观骑步兵，十里松林幕为营。彼谓布人昔年当兵无权利，予望此后并力为世平不平。……四日松林作食堂，露天大宴尤难忘。半是欢迎半欢祝，中央女委主壶殇。贝加湖里鱼生美，打箕庄中马奶香。大礼烹羊割唇耳，中宵起舞杂谐庄。天然庭燎焚松股，土产珍馐进野桑。响彻云衢国际歌，天将明矣唱未央。……苍隼护巢曷（何）不归？神龙失水犹思起。乌城西安一直线，昨梦入关督义战。尽烹走狗护中华，一行解放四万万。老来有志死疆场，竟把他乡当故乡。夜半梦回忽下泪，马角乌头困大荒。天怜辛苦天应晓，促我整顿乾坤了。赐我布蒙国内小山庄，万松深处容一老。”于右任同情布蒙守得云开见月明，未悟世界革命谈何容易。布蒙夏季在打箕庄办公，国民不饮脂肪太多的羊奶。土产野桑指甜若枣的桑椹，21世纪俄国街头仍售。于右任能文不能武，却幻想归国做大将军诛戮苍隼走狗隐喻的卑劣军阀，恢复秩序后退居憧憬已久的松林。“万松”令人联想金元时代耶律楚材 师从的禅宗高僧万松行秀。朱子青年时期醉心禅师大慧宗杲，王守仁也曾沉湎道教。

十一、《克里木（姆林）宫歌》：“置身赤色莫斯科，结习不忘真腐腐。……宫内教堂即坟墓，历代帝王铜棺多。沙皇铸钟巨无仿，更制巨炮长盈丈。……故宅既作苏维埃，遗民复祖共产党。无产阶级革命竟成功，新旧世界由此划为两。……又闻官门旧有断头台，台前血渗野花开。台上杀人城上笑，百年骈戮真堪哀。自今门外号红场，功成之后葬国殇。列宁以下殉义者，一一分瘞（音义，指埋葬）傍宫墙。……上悬革命之红旗，下种伤心之碧草。”法国大革命的副产品断头台，难道传到苏联？鲜血作肥料培养出来的野花，难道特别香艳？“台上杀人城上笑”讥刺暴民失控，难免杀错良民，令拟人化的绿茵伤心。沙皇家族以东正教堂作坟场，十月革命却用红墙象征义冢，冲破帝制“家天下”的结习或习气（佛家名词）。

十二、《红场歌》：“中山已逝列宁死，莫斯科城我来矣！遗骸东西并保存，紫金红场更相似。每日排队朝复暮，争看列宁人无数。我亦蹩躄诣红场，代表人类有所诉。……列宁同志何曾死，犹呼口号促进攻。……何况共同奋斗救中国，中山遗命赫然在。转悔当年起义早，方法不完得不保。如今愁苦呼声遍亚东，大乱方生人将老。……为全人类之自由而进征兮，解放东方之大任先无误。吊中山之良友兮，知取则之不远。”孙中山、冯玉祥及于右任都恪尊革命家列宁。1923 年 11 月孙文发表国民党改组宣言，重新阐释三民主义，提倡“联俄、联共、扶助农工”三策，实践首次国共合作。近年胡锦涛主席提出新颖的三民主义。香港两位爱国商人查济民与徐四民高龄仙逝后，有人加上教育家吴康民，谓东方之珠也有思想类似的“三民”。罗素最厉害的高足维根斯坦所言“家庭相似”(Family Resemblance)，仿佛可用于查、徐、吴三家。吴校长与曹宏威博士致力“科普”。

十三、《莫斯科杂诗》四首其一：“拿破仑翁败不还，何人倚剑列宁山？山中歌舞山前浴，今作人民消夏湾。”拿翁曾赴此山攻莫斯科，山下有莫斯科河供沐浴。此诗其二云：“式微宗教威仪在，鸦片安能浪得名。”原来教堂门口常贴标语“宗教之毒甚于鸦片”，于氏未懂列宁此语以鸦片代表镇痛剂而非海洛英之类毒品。鸦片战争使中国人更恨“福寿膏”了。

十四、《归途过沃木次克》：“鄂毕河前水急流，时当盛暑气如秋。平原万里耕兼牧，一路看花入亚洲。”沃木次克新译作鄂木次克，乃西伯利亚第二大城，鄂毕河是苏联流域最广的河流。于右任体验河水似瀑布能降温。“一路看花”语出唐代诗人孟郊佳句“春风得意马蹄疾，一日看尽长安花。”

十五、《过奥木次克》：“黑麦青青燕麦黄，零星硬麦已登场。民间尚守三田制，蔓草不除待放荒。”于氏关注多种麦类的生长。苏联不会实施井田制，因知围绕公田的八家不愿耕耘中央的公田。

十六、《再过贝加尔湖》：“贝加尔湖清澈底，波浪如凫飞不起。照见征人半白头，白海之名良有以。流流穿兮似箭，山脉 束兮如垒。照映俄蒙两大民族间，解放之后平分此一水。苏卿持节是耶非？于今北雁又南飞。计将随尔渡沙漠，先入关门报我归。”叶尼塞河穿过此湖，我见它绝非清澈，恐已受污染，但是湖鲜可吃。湖滨的奥利汉岛原存一批中国碑，布利亚特人喜往祭祀。俄国人筑铁路时尽毁碑群。李陵送苏武诗云：“风波一失所，各在天一涯。”可能指贝加尔湖。古人以鱼雁象征书函，于右任擅长将雁人格化为他报讯。

十七、《贝加尔湖边怀古》：“曾经北海费沉思，此地匈奴据几时？啮雪吞毡苏武泪，行人往路李陵碑。牛羊被（披）野谁来牧，碑碣连岗我去迟。胤子（后裔）两家存有几？风波失所古今悲。”苏武娶匈奴妇，未知他子孙下落。汉武帝诛李陵全家，也许无漏网之鱼。连为李陵辩护的司马迁受宫刑后，子孙多改姓马或冯。原野马牛羊本不需人犬去牧。

十八、《过买卖城》：“阿（尔泰）山云起傍南行，随客经过买卖城。旷野马牛齐解放，秋高星斗倍分明。昔时白草争南牧，此日红旗竞北盟。民族一家分两国（外蒙与布蒙），如何相爱更相成?”马牛羊自由乐生，契合庄周理想。“争南牧”，由于南方比较富裕。竞争两字相对，书中“竞”误作“竟”。“北盟”因为北方苏联革命成功产生朝气蓬勃。“一家两国”宛若“一国两际”，未必冲突。买卖城之北乃俄国边境城市恰克图，在贝加尔湖东南，曾为中俄通商要地。邻近蒙古人民共和国首都乌兰巴托，即冯玉祥常提的库伦。

十九、《恰克图至库伦》二首其一：“夜静沙皆白，秋高草不黄。女儿骑恶马，大野牧牛羊。”草不黄即长青绿不枯萎。蒙族妇女远比汉族强悍，多擅骑马放牧牛羊，甚至能战斗。

二十、《至诺颜山下苏珠克图地方访 212 古墓》七首其一：

“诺颜山下万松秋，松下何王置寝丘？万古长眠忽惊起，头颅无价入欧洲。”作者对松林情有独钟，古墓旁常栽耐寒的松柏。未知哪位帝王的头骨不幸被盗窃携进欧陆。此诗其五云：“竟无片石记雄名，胜迹湮于代几更。宫女如花满毡帐，只今同客列宁城。”其六道：“一坟数十美人尸，望断天岳破虏时。转惜英雄多鼠窃，曹瞒只解赎文姬。”其七说：“埋恨何年史不详，殉身遗痛等沙场。中原兵败词人老，持节北来吊国殇。”古墓愈巨型愈破坏环境生态，例如秦始皇陵容纳地下兵团。“同客列宁城”意谓运往列宁格勒（古名圣彼得堡）。依照《庄子·盗跖》等篇，窃国的枭雄贵为王侯。曹丕追封亡父曹操为魏武帝，他幼名亚瞒，于氏戏称为曹瞒。蔡邕女儿蔡琰嫁往塞外，曹操乐意赎返蔡文姬，戏曲有《文姬归汉》，她幸不沦为坟中宫女。

二十一、[极相思]《题恕庵〈礼佛图〉》：“越来溪水澌澌，展卷一回思。阴阴花树，清清小院，明月来时。　白首巡方经万里，为生灵，早发慈悲。雪城吟雪，宝床呈宝，诗圣题诗。”蒋介石的结拜兄弟、安徽合肥人吴忠信字礼卿，号守坚，在苏州住宅的拜佛室称恕庵，1939 年张大千绘《礼拜图》，吴忠信携它赴西藏主持达赖喇嘛十四代坐床典礼。携图往印度后获诗哲泰戈尔题字。吴礼卿曾任蒙藏委员会委员长及新疆省政府主席，1959 年 12 月病逝于台北。于右任词中芳树、清院及明月构成人与大自然和谐妙境。由于迁就吴礼卿奉佛，于氏说“早发慈悲”。我们可阅李文钰《宋词中的神话性质与运用》（台湾大学文史丛刊之一。台大出版委员会 2006 年版）和孙昌武《道教与唐代文学》（人民文学出版社 2001 年版）。道佛互相渗透。

二十二、[菩萨蛮]《题张秉三兄〈适园忆旧图〉》：“鹧鸪溪畔层楼角，梅花香远书声作。……寒梅余晚翠，珍本分离易。君莫念家乡，乾坤一战场。”地球是广义战场，抗日战争时期张秉三的故乡乃狭义战场。战争激励同胞怀旧，往昔溪边禽鸟自由觅食，适园珍藏古典名画，书生渐悟“不经一番寒彻骨，那得梅花扑鼻香。”忆旧图勾勒自然界与人的和谐。

二十三、[越调·天净沙]《谒成陵》：“兴隆山畔高歌，曾瞻无敌金戈。遗诏焚香读过，大王问我：‘几时收复山河?’”成吉思汗曾葬于甘肃省榆城县城西南的兴龙山，山名后来改作兴隆。收复山河即恢复侵略破坏的和谐秩序。

二十四、《窦岿山纪游诗》二首其一：“飞桥得两峰平，桥上僧人自在行。山月高高山鸟下，我来倚仗待云生。”其二：“李翰林来招酒星，窦山人去利樵青。名山自作新图案，排列髯翁入画屏。”1942年8月于右任偕众友登四川省江油县东北的窦岿（音专）山，相传唐代道士窦氏在山上修道，两峰之间凭铁索桥交通。于氏自注引李白（翰林）诗：“樵夫与耕者，同在画屏中。”诗仙故乡在四川江油，他可能认识窦山人及樵夫、农夫。他们爱护大自然，不会猎杀山鸟，更耻于焚琴煮鹤。

二十五、[中吕·醉高歌]《闻日本投降作》十首其二：“金刚山上云埋，鸭绿江心浪摆。芦沟月暗长城坏，胡马嘶风数载。”其五：“谁弹捷克哀歌，谁纵波兰战史？诸姬尽矣巴黎破，两面鏖兵曰可。”1945年日本乞降，金刚山与鸭绿江恢复和谐秩序，作者叹惜八年前“七·七事变”起于卢沟桥，国军未能以血肉保卫国宝长城，顽敌横行摧毁一切和谐关系。于氏遥想希魔轻易占领捷、波、法三国，借用《史记·始皇本纪》“制曰可”三字，时英国丘吉尔首相《大战回忆录》尚未出版。

二十六、《第二次大战回忆歌》：“世界烽火燃不息，生民祸患靡（即无）有已。我生为世平不平，放胆重勘大战史。……十年前事猛回头，有怀欲歌夜中起。何人能建新时代，天地无私并覆载？不然战争复循环，又说人性无亲爱。……战神一排自天下，乾坤震荡万物荒。……中山主义中复中，以建民国进大同。明治遗策遗祸耳，南进北进终无功。九·一八，吞炸弹；一二·八，来挑战。身为鹰犬不自知，首动兵戎为世患。芦沟桥上月如霜，七·七偷袭宛平县。全民拥护有元戎，最后关头与相见。不为瓦全宁玉碎，惟以不变应万变。……血池骨丘首都陷，龙踞龙蹯一泫然。鹦鹉洲前月色凉，珞珈山上雁回翔，西开雁道越乌岭。……忽然四海欢呼起，我军大捷台儿庄。胜不骄兮败不馁，虽退守耳庸何伤？群山万壑拥夔门，万众一心招国魂。避寇西行真有幸，禹之兴也故泽存。五·三五·四敌肆虐，回念陪都恍如昨。疲劳轰炸劳者谁？千计百计都无着。山川效命百工忙，雷雨及时万族乐。天时地利吾俱有，我诗所写知非错。东厄黄河西白帝（城名），南连缅甸北沙漠。雄文击碎共荣圈，气挟江河撼山岳。几年开辟滇缅路，野人山下花开落。……自来国危思共济，抗建春秋烦笔削。苦战连年内患，有似巨鱼纵大壑，在朝难协力，在野难守约。……希、墨之兴盗有道，霸业如蟹钳欧洲。……霹雳忽惊珍珠港，患难方思风雨舟。恸哉‘轴心’日滋蔓，彼制欧洲此亚洲。自从退师入巴蜀，有人拟作秦庭哭。……水之积也不厚负无力，致力全人类之和平安全自由难满足。……嗟彼痴儿不解事，两面作战逐其鹿。马首竟指莫斯科，世人初谓讹传讹。……几年冻结冰雪海，口渴难饮列宁河。……人间盛衰如露电，虞兮虞兮奈若何！巷战柏林绝望也，血里鸳鸯醉里歌。人民捕获将士散，了却一魔又一魔。大道之行在万年，口说王道非高贤。四大自由何人唱，君欲见之别有天。旋成旋毁为豪杰，作福作威乃神仙。此中真意谁能解？请问西方大自然。富庶煤铁油，强大海陆空，配以智仁勇，仍须天下公。人间自有真青史，世上原无假白宫。……嗟嗟强者，好战而亡。美哉山河，变为沙场。举手染无辜之血，低头牵不饩之羊。……尔不败兮庶几自省，我之胜兮举国兵灾。……明略暗侯复何为？前有毒蛇后猛虎。……海德公园何足拟，赢得呜咽作国殇。……莫城（莫斯科）高会莫回首，历史之痛为金疮。……群众无声似有声，杜诗重读不胜情。太平老人磨铁砚，垂老还期致太平。”作者自号太平老人，借取陈天华术语“猛回头”，半夜反省“二战”的惨痛教训：兼违天道人道的疯狂侵略国必定自食苦果。王阳明“知行合一”促进日本明治维新，谁知一旦富强就搞亚洲共荣圈。《礼记·礼运》大同理想启迪孙中山与康有为，遗憾在太平世的实现遥遥无期，反为军国主义致令亚欧两洲生灵涂炭。日寇狂炸中国陪都重庆，“痴儿”冯玉祥盼望道德勇气驱策义士赴美苏仿效申包胥哭秦庭以拯救祖国。于右任“元戎”指军事委员会委员长蒋介石，副手便是冯玉祥。冯对苏联寄太高期望，幸亏美国史迪威将军主持筑成滇缅公路，诗中遂赞“运输线即生命线”。国军虽胜台儿庄一役，整体仍羸弱。陈纳德将军“飞虎队”炸死两万日兵，何以于诗不提？遗孀陈香梅尚存，早已撰文回忆“二战”。盟军降服希、墨两魔头，不宜援引《庄子》说他俩盗亦有道。日本偷袭珍珠港，否则美国更迟援华。希特勒攻苏联，愚昧得蹈拿破仑袭俄国的覆辙。“海德公园”代表英伦，牺牲不如中国惨重。罗斯福总统提出免于饥饿等四项自由，承接英国哲人且影响犹太血统俄裔英国哲学家柏林（Berlin）撰《关于自由的四概念》（Four Concepts Of Liberty）。“口渴难饮列宁河”意谓苏联红军虽立功于解放柏林，对中国抗日却帮助不大。当年号称中英美苏四大强国，中国仅惨胜。西方谚语“笔比刀剑强”影响于右任佳句“雄文击碎共荣圈”。

二十七、《重阳约台北诗人登高》二首其一：“阳明山上作重阳，艺圃秋深万卉香。记得去年曾载酒，高吟飞掠太平洋。”其二：“灾难峰连欢喜峰，当年曾撞自由钟。君知世运关文运，白首空山唤好风。”抗日胜利后，草山改称阳明山。它的公园有柑桔示范场，1949年重阳节于右任邀台北老诗人登山赋诗。何以不改称朱熹山？因为王守仁文武双全。陆王派新儒家张君劢晚年在纽约办《自由钟》期刊，于右任可能认识他。战后宝岛重归中国，阳明山洋溢着秋风吹送的花香。可惜琉球群岛改成日本冲绳县，而岛民中妇女平均寿命世界最长。

二十八、《寓居高雄感赋》：“伯业东方何处寻，痴儿失算复南侵。天留吾辈开新运，人说中原有好音。拨乱非为一代计，哦诗争起万龙吟。旗山当面庄严甚，无限光明照古今。”拨乱反正志在张横渠“为万世开太平”的崇高理想。

二十九《吊吴白屋先生》二首其一：“泾阳吴老字仲祺，其子知名号陀曼。父为大侠子学者，我亡命时蒙蔬饭。近读白屋碧柳集，知遇陀曼诗一变。吴老逝矣我难忘，君报陀曼乃宿愿。”其二：“西安围解名贤萃，四诣军门莫相值。生大文豪天亦难，遇大文豪世不易。今读遗集诸大篇，大笔回环我欲泪。祝此独立特有之雄才，再以文章为世瑞。”吴仲祺对于右任，恰似漂母对韩信有施饭大恩。其友吴芳吉字碧柳且号白屋，是四川重庆江津人，我曾购阅其《白屋说诗》。陕西泾阳人吴仲祺曾任陕西靖国军参谋长，于主任亡命上海时曾居其家。其子吴宓字雨僧且号陀曼，与吴芳吉合称吴两生。两吴皆文豪而非大文豪。请阅王泉根主编《多维视野中的吴宓》（重庆出版社2001年版），尤其是编者《论吴宓与20世纪中国文化》以学衡派为核心。此学派尊儒家重和谐，请看孟华《伏尔泰与孔子》（新华出版社 1993 年版）。

三十、《和拜伦〈希腊篇〉》三首其一："希腊精神我所思，星罗群岛降祥时。栖迟仙迹征人泪，惆怅沙浮圣女诗。明月多情还我恋，骄阳无限惹人悲。难忘一曲忧伤意，歌咏人间任听之。"其二："荷马名歌天下欢，爱情鼓吹有阿难。争将儿女英雄气，注入英雄运会间。异世高名犹想象，宗邦多难一辛酸。夕阳无语凭栏立，渺渺遗音未放弹。"其三："摩罗山上几徘徊，表里河山气象开。游子行行不忍去，自由望望复归来。梦中希腊应无敌，幕上波斯尽可哀。不信沉沉竟终古，人生从此作舆台。"作者注明梁启超、马君武、苏玄瑛（曼殊）及胡适均译它成中文。他向往古希腊强调和谐的人文精神和政治哲学，亦知诗人荷马与女诗人沙浮。"阿难"不知指谁。希腊与波斯是死对头，木马屠城史实例证希比波聪明。

三十一、《为郑曼青题〈九畹云根图〉》："万卉滋荣运转移，乾坤再造待人为。所南心史精神在，大放光明会有时。"乾坤再造即拨乱反正。宋元之际遗民郑思肖（所南）撰《心史》珍藏于铁函投入井里，出土后重见天日，竟受冤枉为伪书。

三十二、《题〈张静江、李石曾两先生山水画册〉》二首其一："卧禅东行竟不还，石翁放笔写溪山。开国多难悲元老，余事支撑天地间。"其二："用笔不同用意同，传神各有古人风。吴兴博大沉雄气，尽在高阳友谊中。"浙江吴兴人张静江又名人杰，曾捐助孙文发动黄花岗之役。石翁李石曾（煜瀛），与吴稚晖（敬恒）同往法国里昂中法大学勤工俭学，成为国民党元老，与于右任惺惺相惜。李石曾是浙江高阳人，与张静江为同学。

三十三、《赠山田纯三郎》："白首相亲作远游，难兄难弟各千秋。樽前频下中山泪，犹是凄凄念亚洲。"根据原注，山田之兄良政参加 1907 年孙文领导的惠州起义时殉难。山田保存中山手书"亚细亚复兴会"六字。日本青森人山田纯三郎字子纯，曾任上海同文书院教授及上海《民国日报》社长。他们的终极关怀就是东亚和平繁盛，和谐涵蕴稳定。

三十四、《寿许静仁先生八十》："不特人崇仰，宜为世准绳。心常天下念，诗是老成能。八十身弥健，艰危气益增。举觞齐庆祝，延伫看中兴。"安徽至德人许世英字静仁且号双溪，曾任晚清政府奉天高等审判厅厅丞，1950 年由香港赴台北，撰《许世英回忆录》。台中市有中兴大学，南宋有儒学"中兴四贤"朱熹、吕祖谦、张栻及陆九渊。中兴必经艰危困境磨炼。

三十五、《寿吴礼卿先生七十》："开国之功不可忘，于思尚及说其详。金陵未下资筹划，民主难支赖主张。活国由来危益见，论兵更是识弥强。人生七十今犹壮，百岁还期祝万方。"吴忠信乃开国元勋，所以此诗下文六句包含"国难得相遘（逢遇）"、"天香扑衫袖"。儒家和康德同倡善表现为美，那么吴氏修养比拟天然的芬芳，即诉诸嗅觉的美感。

三十六、《题罗锦堂〈中国散曲史〉》七首其二："山河犹带英雄气，杨柳将垂袅娜枝。自有风流高格调，知它不是宋人词。"其三："民族交融产异花，西来诸部几名家。酸斋文思如天马，集里何来春燕斜。"其五"白石清泉一曲箫，幽香入画酒旗招。平民文学开新运，天下争传郑板桥。"陕西人罗锦堂是台湾首位本土博士，于媛注称他长期任职台湾大学。其实他任香港大学中文系讲师几年，转任夏威夷大学教授，听闻他已退休。人心对山河投射"英雄气概"等美善的价值判断，宇宙本无真善美可言。宋词粗略分婉约、豪放两派，柳永、周邦彦、姜夔代表前派，辛弃疾、刘过代表后派，苏轼风格在两派之间。杨柳枝优美而非壮美，似婉约不豪放。从风流高格调不可能判断是宋词抑或元曲。[昆仑奴]、[菩萨蛮] 诸词牌虽然融合了汉族及异邦文化，元朝有些散曲作家乃蒙古人。于右任赏誉张养浩（酸斋）文思宛若天马行空，自由奔放得不可羁勒。“白石”似指南宋四大诗人之一范成大的挚友姜夔，同一般作家爱醇酒美人。美学术语“幽香入画”违反常识，纵使向画喷射香水也不能耐久，必须凭彩色鲜花的视觉形象联想香味，或赖移情（Empathy）把芳香投射于彩绘。贵族高雅文学难以普遍化，平民文学易得优势，增加民众凝聚力，清代郑燮（板桥）乃例证 。时代曲不外平民文学配上乐曲。近代准鸳鸯蝴蝶派小说家张恨水代表作《啼笑姻缘》的电视剧主题曲街知巷闻，反为艺术歌剧不能走群众路线。罗锦堂博士爱看电影，必知歌剧演唱家与时代歌星的惊世差距。于右任懂文学史，不会像冯玉祥鄙薄梅兰芳等“花旦”扮演妇女丧尽雄风。

梁漱溟谈熊十力、冯友兰、贺麟及唐君毅

美国汉学家艾恺在 1980 年赴北京访问梁漱溟，问道："除了你自己以外，现代最具代表性的儒家人物是谁?"梁氏答云："（我）在北京大学教书的时候，他（冯友兰）是我班上的学生。他留美的时候还常常写信给我。从美国回来就做大学教授，很出名。……好像是儒家，是发挥中国传统思想。可其实呢，他的为人是老庄的，老子一派。不像儒家忠于自己，一定要很正直，本着自己相信的道理，很忠实，不随风转舵。"（《梁漱溟全集》第八卷，山东人民出版社 1993 年版，第 1150 页）我认为冯友兰言论似儒家，行为却非老子派，更远离庄子派。"文革"后他能批判自身违反《易传》"修辞立其诚"的教训；他的高足陈来在《哲学的传统》（台北：允晨出版社 1994 年版）中高估冯氏人格堪比程颢，而且指出殷鼎误解梁氏启迪冯氏早期对东西文化的关注，强调冯氏终极关怀在"阐旧邦以辅新命"，新命指中国现代化。我认为程明道人格高冯一级。至于贺、唐、熊三位，梁氏继续说："贺麟比较（冯）好，不是那样随便。不过他是讲德国的哲学，讲授黑格尔。……我这

里有的就是唐君毅的（书），有六本。没有看见牟（宗三）的。……（唐）还好，对儒家所见还正确。……唐好像跟熊没有关系。……民国十三年，我到山东去办学，我们（与熊）同去的。从山东回到北京，又是在一块同住。有一段我去广东的时候，他去杭州西湖。有那么二年分开、分手。后来抗战起来，退到四川，又在一起。……他可以称得起是一个儒家，他始终是一个儒家思想。旁人误会他是个佛家……其实不是。”这不甚确切，因为贺麟也授斯宾诺沙哲学，熊十力舍佛入儒。由于熊梁相处四十载，梁氏深刻洞察：“佛家要紧的是在自己的生命起变化，或者叫生命的提高吧。不是空理论。……熊先生他错误在什么地方？他一个凡人……凡夫就是普通人。他没有做过实际的修养工夫，他要去讨论人家工夫上的事情，这个是不行的。……从瑜伽师才产生了唯识学。熊先生……外行人，他以改造唯识学，所以他那个新唯识论，一方面呢，也采取一些印度古人的东西，但是他也掺加很多自己的意见……我认为是胡闹。可是我已经从南京大学把他请到北京大学，那么没有办法了。……还是给他去讲了。……跟我的朋友交情还是很好……喜欢大声说话，喜欢大笑，有时候他也发脾气。但是由于他很开朗，所以朋友的关系还是很好。”熊氏虽欠艰苦修心工夫，然而哲学家仍可于理论层面批评瑜伽和唯识；恰似影评家不必亲尝监制、导演及艺员生涯滋味，书评家不须曾撰专书。翟志成博士对熊十力的苛评，属于梁氏一路。1956 年 4 月 16 日，梁氏日记云：“阅新唯识论，有可取处。”这是对它唯一的称许。对唐师另曾褒扬两次，1957 年 1 月 7 日梁氏日记说：“唐君毅文章论明道、横渠之异，甚好。”漱溟激赏程颢、陆九渊、杨简、王守仁、王艮、罗汝芳、林宰平、伍庸伯及二章（士钊、太炎），梁曾称许“唐君毅头脑清明，思想锐入，其言值得思存。”（《全集》第七卷，第858页）唐师当之无愧！

正如维根斯坦、海德格和沙特，熊十力早晚期思想歧异，哲史家不宜批判他们自相矛盾或浑沌模糊。1995年1月台湾大学社会学系教授叶启政在中文大学演讲《传统与现代的斗争》，举严复与胡适例证启蒙大师回归传统。我想：严复皈依佛教而胡适考据佛教；梁漱溟坚持佛教比儒道两家深刻；熊十力晚年狠批佛家“遏（压）逆生化，（《新唯识论》和《体用论》）。梁、熊都不考据。《勉仁斋读书录》（人民日报出版社1988年版）《熊著选粹》宣称熊著“固自有其真价值”，但是《读熊著各书书后》先评熊著琐碎疏忽错失处，如《原儒》将孟子所言劳心者和劳力者界定为剥削阶级与无产阶级，混淆无政府主义和共产主义，颂赞农家许行实践儒家“外王”理想；然后强调“儒家的最大特征在其头脑开明而务实际……乃最远于宗教……排斥了宗教。”梁批熊“不事修证实践，而癖好看思想把戏。”梁氏洞察，唯不以思想理论为事，乃有思想理论成功之本；反之……疏怠乎实践，不解决实际问题，那在思想理论上非失败不可。……朱晦翁（熹）、印度佛家的诸大论师（唯识、法相为甚），均不免有此失。”梁氏低估朱子，过度否定为理论而理论，更厌恶熊氏《明心篇》反对王守仁尊崇良知为本体，违背《十力语要》“仁即本体”，即犯佛家所斥“自语相违”或前后矛盾不一致：“不认旧账。”梁氏夸张熊十力晚年诸书自毁自杀，顺从情趣而“明知故犯”、“恣意诃斥古人，盖由于大我慢。”熊规定“坤阴是迷暗性”与“佛氏无明之说相通”。梁谴责熊笨拙得违反《十力语要》卷一答德国汉学家李华德的函件，像康有为《大同书》狂妄。

朱东润系列五题

一、传记泰斗人道主义者朱东润注重国学基本功

江苏泰兴少年朱东润留学英伦三载，懂得 Boswell 和 Strachey 的传记文学技巧。四十六年前我在香港大学中文系已读郭绍虞、罗根泽及朱东润的三套中国文学批评史。2007 年 11 月三位教授均已谢世，《朱东润先生诞辰 110 周年纪念文集》（上海古籍出版社 2006 年版）载李国章《朱东润先生与上海古籍出版社》文中一段有趣：

> 1957 年夏天，我考进复旦大学中文系。开学第一天，时任中文系主任的朱东润先生对新生讲话。我对这次讲话印象深刻的有以下两点。一是中文系培养什么样的人才？朱先生开门见山地说："中文系不是培养作家的。""作家也不是中文系能培养的。"这番话对喜爱文学而立志报考中文系的学生来说，一时难以理解。对于做着作家梦的同学，更是泼了一头冷水。朱先生语重心长地说：抓紧五年

时间，打好扎实的基础，掌握开启科学知识大门的“钥匙”。（第188-189页）

事实上研究朱氏必须强调的钥匙即国学根底，创作却需生活体验。开学就向“新鲜人”（英文Freshman俗称绿角Greenhorn）泼冷水，良苦用心防止门生侧重闭门造车式写作而轻忽中国文学基本功。当时复旦五年制优于英国式三年制（实为四年制，因大学首年改成中七以节约教育经费），何况后来连硕士生也要攻读三载。创作根本不需学历，任何科系毕业生皆可著作等身。学院派始计较学历，例如一流大学所聘教授多获顶尖学府博士衔。三种人各备胜场：纯粹学者、纯粹作家、学者兼作家。朱东润可算第三种，他创作《李方舟传》纪念“文革”时自杀的爱妻邹莲舫。

虽然自称法家，代表作是《张居正大传》，朱东润较像儒家，上引纪念文集又载钱瑞霞《朱东润先生课堂教堂片断》云：

> 在杜诗课上……讲到杜甫避乱四川时，很自然地联系到自己在抗日战争时期随校西迁。某次他乘船上溯……江面狭窄……地势越高，水流湍急，轮船很难逆水速而上，不得不借助人力完成航程。因此在那一段江面上行驶的轮船，两侧都有很粗很长的缆绳给两岸纤夫背纤而上。朱先生讲到这里，脸部表情严肃而沉痛，他说：“这正是一幅人间惨景啊！你们知道这些拉纤者是什么样子吗？赫！年龄最大的有六十多岁，最小的约十余岁。不论大人、小孩都瘦骨伶仃，衣服千补百衲。……小孩双手拉着背在肩胸上的绳子，一步一滑向上走，大人双膝都包着很厚的一块

> 皮，跪在地上左右两手各拿着一根较短的棒撅子。左手把棒……往前面地上一插，右膝就往前移一步，依次左右轮换着……把一船乘客送到目的地。”朱先生愀然说：“看到他们走一步，我的心就像揪着一样痛。岸上船中都是一样的人啊！当时我真不想再乘船，情愿自己步行了，但又无法上岸。”（第201—202页）

朱东润高贵的恻隐之心近似儒墨而远离法家，令人联想杜甫对寒士贫妪的同情与吴宓对手车夫的怜悯。拉纤夫非人生活的图画已使我难过。人道主义者（Humanitarian）岂能容忍？拉纤夫是人而非牛马，人类不应虐待任何动物。难怪大乘佛教提倡“同体大悲”。

朱邦蔚《思考祖父朱东润先生的妇女观》也揭露他的人道主义：

> 抗战时期祖父在四川乐山看到当地男女分工不公平，对妇女的摧残，十分气忿。他在自传中这样写道：“乐山这地方的男女分工特别。在绣花厂工作的是男人，男人把一切轻活、干净活都做了，劳动妇女便做背柴火的粗活。……乐山城里有十多家木行，每家都有长期使用的搬运工，供应住户的需要。这些搬运工都是妇女。在饥一顿饱一顿的生活中，既要担负生男育女、烧茶煮饭的责任，还要赶早带晚，做这类劳累痛苦的工作，把妇女折磨得骨瘦如柴，面色青绿。”……然而现代西方世界……强调男女体力绝对相等，使女性承受超出她们实际体力的工作重压，同样造成对妇女身心的伤害。……祖父要我懂得，男女体力的差异不是绝对的，在一定的形势下，女性体力有

潜在的爆发力，女性应该有坚强的自信。（第 324 页）

拉纤夫事怜悯男子，搬运工事同情妇女。朱东润的人道主义酷肖菩萨心肠。乐山男绣花而女运柴，必定恶化家族悲剧。我曾登贵阳市郊高坡，见苗族男人玩雀好赌而女性负担家务，幸亏粗重工夫仍由汉子操持。抗战时期贫民两性皆瘦骨嶙峋，尤其是苦命主妇“面有菜色”。西方也曾折磨童工和女工，近代已规定年龄又供给产假，不再亏待女界。“干净活”可能属优差，厌恶性行业就是苦差。朱氏自传谓泰兴沦陷时，其妻安排家人躲避后，独守家园应付破门闯进的五十七个日军，例证妇女生命贮藏威力。

二、郭沫若滥用史权

我对考据兴趣未浓，不曾阅览朱东润《史记考索》，但是万分仰慕他的人格和学问，欣赏他创造新词“史权”。潘旭澜《若对青山谈世事——怀念朱东润先生》震撼我心道：

> 学贯中西的大学者，居然被评为三级教授，开头还得去外系开基础课，住很差劲的宿舍。听说主要是不合时宜，又因《楚辞探故》受过身兼数要职的郭沫若先生严厉批判。……他讲课十分投入，说了许多并不“新潮”的见解。他多次说：掌握政权的人，总是千方百计掌握史权，按照自己的意志去编写历史，所以史德好、秉笔直书的人常要吃大苦头，掉脑袋。……他对被郭沫若批判，无法平等地进行学术讨论，屡屡流露出不平，或用幽默的口吻加以嘲讽。因此被一些人说成爱发牢骚。不赶时髦，不随大

流，不迎合谁，不怕高压，处处表现出一位正直学者的独立思考和一丝不苟。……革命“左派”叫我们这些人互相揭发，他只在万不得已时才说两句不知所云的话。（第242—243页）

朱东润确为铁骨铮铮的高士，别人诃责他超阶级、超政治，他自嘲为“双超居士”。潮流厚今薄古，他反对随波逐流而勇倡古今“双厚”。然而我不同意潘君赞他学贯中西，因为他留英三年仅汲取两位传记作家的胜长，未尝深入英国文学。我反对胡适与朱东润怀疑屈原的存在，因为《离骚》开首就是他的自传。司马迁《屈原列传》应该可靠。郭鼎堂滥施史权，其行甚不可取。

三、议朱东润对庄周与苏轼的偏激态度

无锡国学专科学院校长唐文治（蔚芝）最优秀的门徒就是朱东润。他像儒墨两家不喜道家，尤其是庄周和融合儒释道的苏轼。在《李方舟传》中他援引老子警句“飘风不终朝，骤雨不终夕”，纵使受尽煎熬屈辱，仍坚信十年浩劫在历史长河里亦属飘风骤雨不耐久。可怜李方舟影射的朱夫人邹莲舫，不堪扫厕所等劳役，拒听丈夫劝告而自行了断。倘若这农妇也阅读《道德经》，便可能忍辱至1976年“文革”结束。1979年元月复旦大学中文系及里弄委员会果然为她召开平反昭雪大会。朱东润赴会宣称：“我的愿望是无休无止地为祖国、为自己选择的工作而努力，活着就要战斗……永不松懈。”（见其孙女朱邦薇《永久的纪念》，载《纪念文集》第338页）这话似儒家而

远离道家。某研究生欲跟从他探索《庄子》，他即反对，因为庄周自由浪漫的生活情调容易感染学生成为无用的懒人。朱熹《语录》早已批评庄子是不肯实干的智者，何况他主张读书无用呢！如果要实现理想，应当毅然接受梁王邀请做宰相，何必畏惧朝廷小人？朱教授隐约抨击庄周毫无使命感与责任感。我在博士论文《庄子评析》中也曾如此苛评庄子，但是不会担心学生研习《庄子》就对现实社会冷漠得满不在乎（Nonchalant），因为一出生便注定遗传基因的散漫格抑或战斗格。苏轼以庄周及陶潜为偶像，正如林语堂心仪东坡。朱东润曾欲撰苏轼大传，只因厌恶他玩世不恭的性格而打消主意。事实上，东坡认真行善，以幽默感对抗逆境，理解庄周“无用之用”，非似正宗道家怠惰散漫。苏轼必定欣赏朱夫人名字“莲舫”充满道家美学情调，但是虚拟的姓名李方舟却带耶教色彩。由于信仰的执著，一群教徒往土耳其某雪山寻获木化石就肯定为方舟。

四、王守仁对朱东润的启迪

朱东润（1896－1988）早年即开始撰著《王阳明大传》，抗战前夕完成，开明书店无力出版，他竟拒绝正中书局征求，保存手稿于故乡，“文革”时期散失。《朱东润先生诞辰110周年纪念文集》载陈弢《深切怀念朱东润先生》，歌颂传记文学一块里程碑，阳明学者不宜错过关于非思想家朱教授的珍贵资料：

继《张居正大传》问世后，又写了《王守仁大传》。

先生曾这样评价过王守仁："他那种知行合一、即知即行的精神是中国罕见的，也唯有这种精神才能从危亡中把中国解放出来。"（引自先生《我怎么学习写作的》，载《文史知识》1987 年 2 期）……他不但自己身体力行，还不忘用这种精神来勉励学生。当王翌群学长和我共同担任学生会一个刊物的编辑工作时，我们曾请他为刊物题词，他欣然答允，随即用小幅宣纸摘录了王守仁《与黄宗贤书》一段话："仆近时与友朋论学，惟说立诚二字。吾人为学，当从心髓入微处用力，自然笃实光辉。"……先生在治学中能……"致良知"于乱世……发扬了知行合一……的精神……化为道德文章。（第 221 页）

阳明传记颇多，最新一本为钱明《王学正脉王守仁传》（浙江人民出版社 2006 年版）。但是写作时期为祖国最艰难困苦时，必为朱东润心血结晶——《王阳明大传》。王守仁留黔仅两年，修文县尚存阳明洞。他身后四百余年，日军在修文以南的独山县遭遇顽抗，屠戮一万县民之八成，2000 年我乘车途经独山抗战纪念馆。可惜朱东润虽在 1939 年元旦由昆明乘车经贵阳赴重庆，而未见阳明洞。

至于传记文学，朱氏只知英国波士威尔、史特瑞奇与法国莫洛亚，未知美国有著作等身的欧文·史东（Irving Stone）撰著米盖朗基罗与弗洛依德等长篇大传。

五、评李祥年《论传记文学与心理学的关系》

《纪念文集》只有这篇佳品谈欧美的传记文学，补充了朱东润留英三年的视野缺陷。如希腊传记作家普鲁塔克（46？－120？）《恺撒传》，尤其在他全面夺取罗马政权前有一段勾勒其心理："据说在渡河前夕，恺撒做了一个不孝的梦 ，梦见与自己的母亲发生了非分的亲昵。"我认为此段很可能像希腊传说中俄狄浦斯（Thebes 王帝 Laius 与王后 Jocasta 之子，被命运作弄而弑父娶母）启迪弗洛依德铸造"恋母情结"术语。老子"挫其锐，解其纷"之纷就是情意结（Complex），包含意识形态或意底牢结（Ideology）。李详年君提及 20 世纪传记家 Katherine Anthony，Joseph Wood Krutch，Lytton Strachey，Andre Maurois（法国作家莫洛亚，1885－1967）作《拜论传》以及奥地利人犹太裔 Stefan Zweig（茨威格，1881－1942）作《巴尔札克传》，可惜遗漏美国 Iruing · Stone。英国史特瑞奇（Strachey，1880－1932）不宜译作斯特拉奇，由于字母 A 非音阿）代表作有两本，世俗只知《维多利亚女王传》不知《显赫的维多利亚时代人》（Eminent Victorians），1957 年我进香港大学，十多种英国文学课本中包含后书，选读精彩绝伦的两篇《南格格尔》和《戈顿将军的末日》。李君在 687 页征引美国传记文学史家奥尼尔（Edward Oneill）嘲讽滥用精神分析的作家"犹如猫儿追踪与捕捉毫无察觉的耗子"，即中国成语"捕风捉影"，如纪录片里狸猫追捕手电筒射出的光团。平心而论，奥德两国强劲的心理分析极度深化传记文学，必须兼顾传主生理、心理双面。法国存在主义祖师萨特成功撰著 Flaubert 和 Saiant Genet 传记。心理分析乃必需条件而非充分条件。

议钱宾四论朱熹师从李侗且私淑胡宏

1973年8月，钱穆、唐君毅、张丕介三位教授合力创办的新亚书院已加入香港中文大学十载，迁进郊区沙田马料水，牟宗三老师吩咐我和助教谢仲明（今为台中市东海大学哲学系教授兼系主任）由货车押运市区农圃道新亚旧院哲学系一切财物（包括熊十力巨照）赴“人文馆”新地盘，许多人不懂儒家人文主义（Humanism）人道主义（Humanitarianism），更蒙昧于人文学科（Humanities）和人本主义（Anthropocentrism），遂误人文馆作人民馆。该馆与“诚明馆”并列，尽头就是纪念校祖的钱穆图书馆。三十四年来我为它写卡订书几千，曾见它展览钱穆《朱子新学案》手稿，有趣的是钱、唐恪尊程、朱而牟师首倡宋明理学三支（程朱、胡刘、陆王）说贬抑首支“别子为宗”，因为王守仁最能显扬孟子良知良能观，“心即理”比“性即理”更为儒门正宗。钱、唐不赞同此说，部分由于未尝深探胡宏、刘宗周“以心著性”，一支正在朱、王两支之间。

购阅《朱子新学案》，见第三册首篇，《朱子从游延平始末》果然以朱子中晚年立场划清理学与禅学的楚河汉界云：

> 朱子早年学禅，及其再见延平，折而归于儒学正途。其时本领，则端在此心源工夫上，与其先所耽玩之禅说，询所谓差毫厘而别千里。即其于延平默坐澄心之教亦不相契。胡曰“触目风光不易裁”，又曰“无奈檐花抵死香”也。越后又谓延平默坐澄心即易近禅。此当详于朱子论静敬诸篇。要之，朱子此下有关心学方面之逐步进展，皆从此处发源。……莫若即沿此蹊径，先求之于……与李延平三次相见时之诸诗。庶（几）乎如水有源，如木有本，易于循以穷委而竟末。宋元明三朝理学诸儒，亦有专致力于心地工夫，得如朱子此五年之所悟者。而遽自珍秘，即认以为学问最高之止境。朱子独不然，既已悟此心源，乃能顺流向下，千派（支流）万歧。培此心本，千枝万叶，生机畅遂。朱子此下学问境界，乃日跻于博大宏通。其规模途辙，已绝非延平之所能范围。然朱子生平，由尊推延平不置。盖朱子所获于延平者有三大纲。一曰须于日用人生上融会。一曰须看古圣经义。又一曰理一分殊，所难不在理一处，乃在分殊处。朱子循此三番教言，自加寻究，而不自限于默坐澄心之一项工夫上，则诚可谓妙得师门之传矣。（第 34—35 页）

钱穆盛赞朱熹尊师重道且善学，事实上某些浅薄青年一旦放洋得博士学位衣锦荣归就瞧不起恩师。相反地，传统侧重“一日为师，终生为师”而非“学无先后，达者为师”。朱子少年时代醉心大慧宗杲禅师语录，尤其是禅宗所倡“观心”、“安心”，青年朱子后悔“将心觅心”，《题西林院壁二首》妙云：“触目风光不易裁（判断），此间何以舞雩台。病躯若得畏无事，春服成时岁一来。”“巾屦翛然一钵囊，何妨且住赞公房。却嫌宴（安）坐观心处，不奈檐花抵死香。”孔子激赏曾点向往在舞雩台沐浴于春风表现的自然主义，不必静坐观心或默坐净心。孔子又倡导“礼之用以和为贵”，暗示心境和谐则不须矫揉造作地观心净心，尽管后世《庄子》、《易传》主张洗心、刳心。西林寺檐前柚花芬芳“抵死”得扰乱人心，粤语“抵死”指值得或应该处决，宋代它无贬义而仅指极度。北宋黄庭坚不受抵死的桂花香搞乱心境，反受黄龙死心禅师开导，由桂香顿悟天道遍在。苏轼、黄庭坚尊禅，朱熹则弃禅。中古时代天主教士严肃得不敢正视瑞士迷人的湖光山色，便因恐怕旖旎风景令人陶醉甚至忘记上帝。朱子师祖程伊川反对鉴赏文物和游山玩水，就是担扰“玩物丧志”。朱熹对美景的态度修正了小程子的偏激，对美人的态度仍嫌迂腐。他只劝勉一位急躁门生半日静坐、半日读书，可怜不窥全豹的怠惰学生误解朱子训诲全部门人浪费半天宝贵光阴。他虽爱旅游而著作等身，分量远超陆王派，未尝浪费时间于禅坐。若患目疾则须闭目养神，却不必默坐澄心。小人心地污秽如垃圾岗，默坐亦无补于事。钱宾四所谓三大纲首项“须于日用人生融会”而非“默坐澄心”，非单感染朱子，而且影响王门江右学派和泰州学派。可惜晚明王学末流偏喜禅宗简易风格，甚至“束书不观，游谈无根”，彻底违背钱穆所举大纲次项“读经”。至于尾项“理一分殊”，始于张载的关学，阐扬于程朱学派。“理一”强调道、理或太极的至尊唯一性兼普遍性。较易了解。“分殊”则如朱熹征引佛教《华严经》“月印万川”以天上月亮及水中月影分别例证理一及万殊（粤语万曼同音，万殊令人联想起诗僧苏玄瑛之字曼殊、即四大菩萨中文殊菩萨之名，又译曼殊）。哲学三大部门以形上学、知识论、价值论为次序，形上学重大课题有本体、现象（分殊）关系，即本末、体用、冥迹或显隐问题。《庄子·天下》提出“内圣外王”却属伦理政治理想，内圣为本而外王为末，无奈贪官污吏取外王舍内圣，颠倒价值本末。禅门《指月录》强调见月忘指而非过桥抽板或登楼拆梯，然而目睹川中众月不宜遗忘天上明月，以免“忘本”之讥。

朱子《示西林可师二首》例证“君子无入而不自得”云：“身世年来欲两忘，一春随意住僧房。行逢旧隐低回久，绿树莺啼清昼长。”“幽居四畔只香林，啼鸟落花春意深。独宿尘龛无梦寐，五更山月照寒衾。”身世非个人出身境遇，而兼指自己和外界，简称主客。君子寓居任何宗教机构都不会改变意志及操守，纵使远离西湖也能享受柳浪闻莺的高尚乐趣。杨柳不香，幸亏桂树等花香，关爱木自然的朱熹可能早龚自珍七百年领悟“落红不是无情物，化作春泥更护花”。庄周洞察“至人无梦”，弗洛依德勘破梦不外欲望、忧虑、恐惧的暗中发泄。我的岳丈出身黄埔军校十九期，二十七岁便遭枪毙，内子凡噩梦皆被枪决。朱熹不活在改朝换代的凄怆乱世，豁免激情和忧惧，所以独宿无梦，心净得视山月照衾为情趣。浙江大学潘教授专研朱子美学，如果钻探程颐美学必定大失所望。钱穆赞叹上引两诗“恬静自在”，又谓：“儒学教人修德立心，必至于斯而后可以从容上达之几。然若即住（停留）于为窠窟，自划而止，则将不仅如胡五峰所讥之有体无用，即就体言，亦必有毫厘千里之辨矣”。《文集》卷七十五有《论语要义目录》序云：“……遍求古今诸儒之说，合而编之。诵习既久，益以迷眩。晚亲有道，窃有所闻。然后知其穿凿友离者因无足取。……顾其于圣人之微意，则非程氏之传矣。……屏（摒）居无事，与同志一二人从事于此。慨然发愤，尽删馀说，独取……数家之说，补缉订正以为一书，目之曰《论语要义》。此书之成，可谓朱子学本途辙之不断有进奠其基石。晚亲有道，即李延平。而序中更不提及学禅一语。”（第35－36页）三十三岁青年朱子不喜穿凿支离的注疏，偏偏后来鹅湖之会中，陆九渊批评他学术支离。该序不谈禅，表示他和同志皆冷淡甚至告别、走出禅学。宗教务虚不务实，除非“人间宗教”兼顾创办医院与学校等社会福利。但是《论语要义》究竟属先秦而非宋代儒学，朱子后来和更务实的吕祖谦合编《近思录》，综合北宋理学五子，当然比前书重要。香港大学中文系并重《近思录》与《六祖坛经》，也许受钱、唐影响。我认为谭嗣同《仁学》和康有为《大同书》亦甚富代表性。钱穆偏喜朱学，部分由于朱熹兼嗜文史，《语类》卷十六载他答门生问“絜矩”道：“荀子、庄子注云：絜，围束也。是将一物围束以为之则也。某年十二三岁时，范（伯达）丈所言如此。”陆、王二哲便欠文史兴趣，况且寿命较短。矩字古作“榘”，世俗不懂古体，竟将被蒋介石处决的军阀韩复榘念成“复渠”。朱子不注意古体。须知规字古作“槼”，英语专家葛传槼之名却无人读错。

《语录》卷一三〇载沈僩录朱子自述：“某少年过莆田，见林谦之、方次宲说一种道理，说得精神，极好听，为之踊跃鼓动。退而思之，忘寝与食者数时。好之，念念而不忘。及至后来再过，则二公已死，更无一人能继其学者，也无一个会说了。”晦庵少年倾慕贾谊与陆贽，贾在儒道之间而陆（宣公）乃广义儒家。钱书《附朱子自述早年语》40页赞誉朱熹云：“好贾、陆文学，又精熟北宋一朝史事，皆有庭训作背景也。”忘睡食几个时辰，心灵震憾远逊孔子闻韶乐三月不知肉味（一说“三月”乃“音”字误写，原文应为“韶音”，不涉时间）。朱松对爱子的庭训助长他的“文化意识与道德理性”（借唐师书名)，朱子编撰《北宋十朝名臣言行录》发扬司马光《资治通鉴》以古代人事为镜的高贵情操。晦庵宜提唐代另一贤相魏徵。《语类》卷一二〇载黄义刚所录："某自廿时看道理，便要看那里面。尝看上蔡（程氏昆仲门人谢良佐）论语，其初将红笔抹出，后又用青笔抹出，又用黄笔抹去。三四番后，又用墨笔抹出，是要寻那精底。看道理须是渐渐向里寻那精美处方是。如射箭，其初方上垛，后来又要中帖，少间又要中第一晕，第二晕，后又要到红心。"（第 45 页引）程朱与陆王治学的差异，粗略可类比孟与荀、华严宗与天台宗，禅门北宗六祖神秀与南宋六祖慧能，分别注重渐悟与顿悟。朱子苦修时期堪比射箭循步渐进，连读书都要用四色笔抹字。顿悟派憧憬首次射箭就命中红心，阅书明理根本用心不用笔，精粹仅存于心而非纸等文房四宝。作为学者兼诗人，朱比王伟大；作为行动家，王比朱高明；作为思想家或哲学家，朱王旗鼓相当。《胡宏集》（中华书局 1987 年版）附录二《宋朱熹跋五峰诗》道："幽人偏爱青山好，为是青山青不老。山中出云雨太虚，一洗尘埃山更好。"右，衡山胡子诗也。初，熹卧病山间，亲友仕于朝者以书见招。熹戏以两诗代书报之曰："先生去上芸香阁，阁老新褦豸（音子）角冠。留取幽人卧空谷，一川风月要人看。瓮牖前头列画屏，晚来相对静仪刑（型）。浮云一任闲舒卷，万古青山只么青。"或传以语胡子，子谓其学者张敬夫曰："吾未识此人，然观此诗，知其庶几能有进矣。特其言有体而无用，故吾为是诗以箴警之，庶其闻之而有发也。"明年，胡子卒。又四年，熹始见敬夫而后获闻之。恨不及见胡子而卒请其目也，因叙其本末而书之于策，以无忘胡子之意云。

胡宏低估朱熹之言有体无用，晚年与晦庵缘悭一面，令人联想存在主义先驱尼采病重时偶知祈克果而不能相识。五峰高足张栻（南轩，钦夫，敬夫）与朱、吕共称东南三贤，批判力稍弱于师。1991年11月5至8日，我出席张栻故里四川绵竹县召开的研讨会，详见蔡方鹿《首届张栻讨论综述》（《哲学研究》1991年第12期）。胡宏《知言·纷华》篇云："庄周曰伯夷死名于首阳之下，非知伯夷者也。若伯夷，可谓全其性命之情者也。谓之死（殉）名，可乎？周不为一世用，以保其身可矣，而未知天下之大本也。"《极论周礼》篇又诃斥王安石"弃恭敬而崇汰侈，舍仁义而营货财"。五峰的批判力优于比他短寿九年的南轩，不考科举，在衡山宣道二十多年，另有名徒彪居正。胡宏古诗《简彪汉明》云："斯文久寥落，我欲问苍天。苍天默无言，复欲问古先。古先群圣人，去我三千年。纷纷儒林士，章句以为贤。问之性命理，醉梦俱茫然，皓月隐重云，明珠媚深渊。近得程夫子，一线通天泉。荡涤净尘垢，逸驾真无前。自从丧乱来，鼙鼓声阗阗。日事干戈末，那寻孔孟传。湘中彪夫子，有志穷益坚。读书文字表，至善时一迁。老去不自止，直欲求纯全。间我曾点意，乘风舞雩颠。行年付造化，笑问青铜钱。默契天地心，谁能泥青编。"五峰直承孔孟，也欣赏曾点的自然主义，通过张栻陶冶朱子。他另一古诗《题上封寺》从道家回归儒家说："风云万变一瞬息，红尘奔走真徒劳。蓬莱羽化慕神仙，神仙渺茫何处传？雪山清净问因缘，未识乾坤造化权。独立高峰明月里，此心无着已怡然。从今识尽青山好，归向人间别看天。"胡宏非天文学家或道家，不必苦心观天，务虚不如务实。

［附识］

朱子曾赴福建莆田而非四川蒲田。2007年10月吾嫂宁克良（儿科西医）从美国华盛顿飞湘川两省旅行，经港为我查出吾二十五代远祖从莆田迁居广东东莞。莆田特产却是女海神林默，她被封为妈祖、天妃、天后。最国祠庙最多的名人依次为关羽、林默、孔子。观音菩萨非人故不算。1989 年我参加厦门市朱子研讨会，见美籍华裔陈荣捷教授带博士生朱荣贵去考察朱子门人真德秀故乡莆城。朱君终于在哥伦比亚大学得博士衔。2007 年 11 月我游广东开平县碉楼，慨叹五邑大学几乎无人知晓开平大儒陈荣捷。

陈立夫哲思以儒学挂帅

浙江吴兴人陈立夫（1900－2001）属广义儒家，符合《左传》“三不朽”标准，尤其是当蒋介石病逝时，主张用儒典陪葬，代替其妻宋美龄所倡用《圣经》。耶教徒难免失望，但是须知蒋究竟为华裔而非犹太人，管仲提出“礼义廉耻”永为祖国四维。1939 年 9 年国民政府教育部公布《训育纲要》，作者陈立夫注重四句十六字“自信信道，自治治事，自育育人，自卫卫国。”同时颁布全国学府的四字校训“礼义廉耻”。四个自字强调儒家自律道德，尊良知为价值根源。相反地，法家推崇法律作根源价值，独倡他律道德。自律乃主动实践礼义廉耻，非被动表演礼仪。不料张珊珍女士的博士论文《陈立夫生平与思想评传》（中共中央党校出版社，2006 年版第 100 页）把“礼义廉耻”误成“礼仪廉耻”，自律沦落为他律了。须知国学重仁义而非礼仪，任何高级宗教均有一套礼仪而未必恪尊自律的仁义。幸而此书搜集不少珍贵资料，如第 46 页“徐恩曾手下的机要秘书钱壮飞就是中共打入国民党的核心间谍”（按：恰似胡宗南的秘书熊向晖乃中共地下党员），第 105 页“（1945

年）9月5日，蒋介石在重庆“中央干校”举行茶话会，招待苏联大使彼得罗夫及毛泽东等人，陈立夫也在场；9月6日于右任宴请毛泽东，陈立夫又一次出席”。第174页引陈立夫《生之原理》：“生命之光大的办法，岂有更好于以他人之心为心而爱人、助人？”“个人当为社会服务，以光大自己生命之意义”；又引陈氏《唯生论》云：“合于人类共生共存共进化之原则的人生观……是服务的人生观。”此乃儒墨两家共识，听说唐君毅老师代陈立夫写这两书。张博士总结陈立夫提倡个人离不开社会六项因素：一、个体乃群体产品。二、个体依赖社会供给始能生存。三、个体精神生活离不开社会。四、个体必需别人同情与自身共感。五、个体具备在社会表现自我的心理。六、先有人的意识，才有我的意识。（第175页）陈氏依据老子洞悉“天之道损有余以补不足”，肯定万物互相感应、补充与均衡。宇宙求均衡的自然律，在人间呈现为自然的报偿律。老子看出“天网恢恢，疏而不失（遗漏）”，又倡“既以为人，己愈有；既以与（施赠）人，己愈多。”《生之原理》遂言：“你要为己，当先为人；你要求在社会上占地位，必须先关心社会。”换句话说，社会与个人互动，关系乃双面而非单方一厢情愿。可惜陈立夫未读英国怀惕海（Whitehead）机体哲学，他揭示机体每分子都想亮相，即上述第五项“表现自我”或满足表演欲。第二项所谓社会的供应包含物质、精神两方面，譬如现代人夜晚多观电视节目或看书，此乃精神食粮。陈立夫重老轻庄，不懂《齐物论》“天钧”正是达致均衡的自然律，例如苏联于“二战”丧失数百万青年男子，战后生男就远多于生女。儒学方面，《生之原理》重视诚实：一切反求诸己，深信“精诚所至，金石为开”，以自我检讨代替怨天尤人。立德、立功比立言实惠。孟子“义利之辨”划分王道与霸道，服人心远胜服人口，张珊珍抨击陈氏褊狭拔高传统文化的优越地位，罕提法墨两家；且别怀企图，即彻底否定“五四运动”以抗击共产主义。我认为她苛求一位冶矿出身的政治家绝对客观地阐释传统优劣的双面。晚年他撰《四书道贯》等二十多种书，主持编译李约瑟英文巨著《中国科学与文明》，曾于台北市七十天内演讲七十五场，成绩已卓越。批判传统的任务，梁启超、胡适、陈独秀、殷海光、蔡尚思、李敖等已不弱甚至矫枉过正。柏杨（郭衣洞）著作单观传统丑恶阴暗面。

至于中西文化之比较，西人较早发现物质重心（Centre Of Gravity Of Mass），张书第210页误“重力”为形容词“严重”（Grave）。此英文字名词指坟墓，由于死亡乃人生最严重事件。陈氏洞察中国重人而西方重物云：“热是造物的动力，诚是行道的动力。”我补充几句：《中庸》甚至提出“不诚无物”，西人似倡“不热无物”。其次，中国以政治伦理压倒西方宗教伦理。第三，中国以家族本位针对西方个人本位，批评西人自我中心。我认为个性主义（Individualism）迥异自利主义（Egoism）。第四，中国注重节约消费而西方偏袒增加生产以满足欲望。第五，中国崇尚王道对照西方尊崇霸道。张著第五章比较陈氏唯生论、戴季陶（1890－1949）“民生哲学”与蒋介石“力行哲学”。戴传贤《孙文主义之哲学的基础》竟谓中国文化“功归孔氏，咎在老子”。陈立夫征引《中庸》“斋庄中正，足以有敬也”，张书第235页错成“齐壮中正……”。斋庄乃斋戒沐浴表示尊敬对方，绝非齐同强壮如日本所谓“大东亚共荣圈”。第244页“天人合一之康壮大道”之“庄”再错作“壮”，注④“王阳明（1472－1528）”二十八应为二十九。陈立夫《人理学》将神区分四种：功业神，如夏禹、鲁班（公输般）；功业兼德业神，如岳飞、关羽；德业兼学业神，如孔子、老子；宗教神，如耶稣、释迦牟尼、穆罕默德、张道陵。他教导师范大学研究生就“三不朽”用功以臻神人合一化境。古训“无欲则刚”字面上几乎否定欲望价值，反面“有欲则柔”表示铁汉不必排斥柔情。《人理学》像瑞士心理学家容格（Jung）肯定欲望的价值道：“人若无欲，则不必生存矣。”又似韩愈反对贾岛出家云：禁欲者主张摒弃一切欲望者，实为矫情与违反人性之说。陈立夫否定禁欲而主张节欲，不自觉地承接老庄和宋明理学。积极正面的欲望就是求知欲与创造欲。我认为创造不限于科技文艺，大可包含性交造人的正当欲望，除非人口爆炸酝酿人祸。《人理学》论夫妻之间“不独是互爱而且是互敬，爱与敬比例之大小，随五伦而异。若仅凭一爱字，如西方人之看法，则难以持久。盖夫妇之爱难免含有占有之欲，爱之甚则有似拔河，力如过大，绳可以断，若能益之以敬，则取与并存，易得调剂，有似机器皮带之绕于两轮轴，周转无尽。”以敬辅爱，以免热茶火速冷却，他举汉代梁鸿、孟光相敬如宾为例，创意仅在运动场上拔河比赛和机械皮带绕轴。法兰克福学派的弗洛姆（Fromm，1900－1980），在《爱之艺术》已倡用理性关怀辅助感性性欲。我补充一点：敬若过度则夫妇疏离。

《尚书·洪范》宣扬治国“九经”即九个原则，张珊珍在第 274 页说“陈立夫十分推崇儒家的《治国九经》，结合现代政治的具体情况，对治国的治国九大原则进行一一阐述。”既谓九项原理，就不能当治国九经为书名或篇名。在人际关系，陈氏主张“尊贤敬能，切戒骄慢”，即尊重其专长和人格，因为长官与下属人格绝对平等。用较新颖的话说，便是走群众路线。他主张管、教、养、卫合称民事四要，但是管理的最高境界乃“无为”，指人人自尊自治，上级便可尽量取消干涉。可惜人罕阅 1970 年他所著两书：《从根救起》与《迎头赶上》。

季羡林系列四题

一、山东临清季羡林的人道主义爱及孔雀

1975 年 12 月我与李杜博士参加德里大学主办的哲学会议后，周游代表印度的优美景点泰姬陵。2007 年 11 月读季羡林《天竺心影》（天津：百花文艺出版社，2007 年版）中《琼楼玉宇，高处不胜寒》篇，在亲切感外增添了惊诧："修建泰姬陵的沙扎汗，晚年被儿子囚了起来，孤独的老皇帝就这样渡过了残生。……故事很有些浪漫气息……打动了千万好心人的心弦，滴下了无数的同情之泪。……我却无泪可滴。上次来时，印度朋友曾告诉我：就在这走廊下面那片空地上，莫卧儿皇帝把囚犯弄了来，然后放出老虎，让虎把人活活吃掉。他们坐在走廊怡然欣赏这幕奇景。这样的人……即使对死去的爱姬有那么一点情意……还值得几文钱呢？我正在胡思乱想时，红堡城墙下长着肥大的绿叶子的树丛中，虎皮鹦鹉吱喳叫起来。这种鸟在中国是会被当作珍禽装在精致的笼子里来养育的，但是在阿格拉，却多得像麻雀。"（第 29－31 页）听闻沙扎汗残杀泰

姬陵的建筑工人，三十二年前我已感到他是冷血动物。爱妻生第十四个子女时死于难产，也不易引起游客的同情，除非极端唯情论者暂时撇开暴君罪行。原来他对囚犯更加暴虐，只未模仿罗马帝王迫俘虏与饥兽决斗。奴隶击败猛兽或敌手，仍有机会升为自由市民，沙扎汗的囚犯却必受饿虎吞食。季羡林以儒佛背景，消泯了对暴君的怜悯，以及对虎皮鹦鹉的爱惜。幸亏艳光四射的孔雀给他乐趣，《初抵德里》篇忆述中国大使馆旁边密林被清除，一对孔雀无家可归，每天早晨飞回小楼栏杆，或者栖息于红花盛开的木棉（英雄）树，却不知夜晚睡在何处。

二、泰戈尔、国际大学、木棉及巨榕

印度诗哲泰戈尔（Tagore，1861－1941）获1913年诺贝尔文学奖，捐建国际大学于圣地尼克坦（Santiniketan），我两访印度未游加尔各答及此地，阅季羡林《天竺心影·国际大学》篇，方知1951年他初访印度，曾于圣地尼克坦国际大学住宿泰戈尔故居“北楼”，翌晨透露对植物的深情道：“参天的榕树，低矮的灌木，都葱葱郁郁，绿成一团。里面掺杂奇花异草，姹紫嫣红。我就在红绿交映中到处溜达。最引起我注意的是泰戈尔生前做木匠活的一些工具如斧头、刨、锯之类。……小水池里正开着一朵红而大的水浮莲，好像要同朝阳争鲜比艳。……路上我饱览了西孟加拉的农村景色。马路两旁长着古老的榕树……间杂着高大的木棉树。大朵的红花开满枝头，树下落英缤纷，成了红红的一堆。我忽然想起王渔洋的诗句：好是日斜风定后，半江红树买鲈鱼。……这里红树是指经霜的枫树，与木棉毫不相干，但是……把它们联想在一起。”（第110

页）干云高树皆属乔木，具备《大唐大慈恩寺三藏法师玄奘传》所谓“壮的崇高”（Ssublimity），对比灌木的柔美（Grace，Beauty）。泰戈尔像孔子“多能鄙事”，可曾晓得墨翟注重劳作而公输般见羊齿植物就发明锯呢？“水浮莲”应为睡莲，法国印象派画家莫内（Monet）常绘溪中浮莲。季羡林似患红树情结，爱红叶红花甚于红果。但是他更激赏榕树的壮美以及极强的繁殖力，在《天雨曼陀罗——记加尔各答》篇讴歌巨榕，不比黄道周《榕颂》逊色云：

> 我们参观了有名的植物园，这是我前两次访问印度时没有来过的。园里古木参天，浓荫匝地，真像中国旧时小说常说的，这里有“四时不谢之花，八节长春之草”。给我印象最深的一株大榕树。据说这是世界上最大的一株榕树。一棵母株派生一千五百棵子树，结果一棵树就形成一片林子。现在简直连哪珠是母株也无法辨认了。……栏杆可以拦住人，却无法拦住树。已经有几个地方……子树越过了栏杆……马路，在老远的地方又扎了根，长成了大树，陪同我们参观的一位印度朋友很风趣地说道：“这棵大榕树就像印中友谊，是任何栏杆也拦不住的。”多么淳朴又深刻的话啊！（第106页）

季羡林究竟是梵学大师而非国学大师，仿佛未知福州又称榕城，福建大儒黄道周撰有《榕檀问业》。我的二十五代远祖从妈祖林默的故乡福建莆田迁居广东东莞，对巨榕似无雅兴。1975年全汉昇教授也曾劝我兼游加尔各答动植物两园。季氏惊诧于母榕迅速诞生千多子女，恰像巴金褒赞广东新会的榕树为“小鸟天堂”。混凝土挡不住榕根，何况脆弱的栏杆！印度良朋善用巨榕比拟国际友谊，例证物质力量类比精神力量。闽粤华侨最多，我愿取母榕开枝散叶象征华侨开枝敬业。

三、神猴、孔雀及蛇

译出印度史诗《Ramayana》后，季羡林比胡适更信它启迪吴承恩《西游记》创造神猴 Hanuman 的中国版孙悟空。尼泊尔与印度特色在僧侣（Monk）和猴子（Monkey）同多，英文名只差两字母。季氏像道家喜欢观察动物，《天竺心影·一个抱小孩子的印度人》篇云："我们也能看到蹲在大树上的孔雀，蹦跳在田间林中的猴子。远处田地里似乎有人在耕耘，仔细一看，却全都是猴子。"（第 52 页）中国人连猴都吃，季书《佛教圣迹巡礼》篇记印度友人言："四条腿的东西，除桌子外，中国人什么都吃；水里的东西，除了船外，中国人也什么都吃……敢想敢吃不是简单的事情。敢吃才能增加营养，增强体质。印度有些人却这不吃、那也不吃，结果是体质虚弱，寿命不长，反而不如中国人敢想敢吃的好。"（第 58 页）我则反对屠宰宠物和猴等高级动物（灵长目）。印度人平均寿命短，尚有迷信、医药落后及懒散诸因素，我愿他们永远爱惜动物。同篇又说："印度朋友告诉我：深洞对面的山坡常有成群的孔雀游戏舞蹈，早晨晚上孔雀归巢时鸣声响彻整个山洞。……我仿佛看到玄奘就踽踽地走在这条石径上，在阴森黑暗的洞中出出进进，时而跪下拜佛，时而喃喃诵经。对面山坡……孔雀好像能知人意，对着这位不远万里而来的异国高僧舞蹈致敬。天上落下一阵阵的花雨，把整个山麓和洞子照耀得光辉闪闪。"（第 60 页）英国人因猎虎而偶然发现佛教艺术宝库阿旃陀（Ajanta），季羡林非动物学家，对孔雀的兴趣限于审美，终极关注当然在玄奘，不可能摆脱人本主义或人类中心主义（Anthropocentrism）。《海德拉巴》篇却表现道家情趣：“印度许多大城市都有动物园。二十七年前我曾经参观过不少。有的规模非常大，比如加尔各答的动物园，在世界上颇有一点名气。印度由于气候的关系，动物繁殖很容易……大象、猴子和蛇更是名闻世界。海德拉巴的动物园……具有几个……特色。为了让濒于绝种的狮子能够自由繁殖，开辟了一大片山林，把狮子养在里面。一头雄狮可以带多至八个母狮……组成狮子家庭。我们心惊胆战地坐在车上……第一次在铁笼里被野兽来欣赏。……园主任亲切招呼我们把手从铁柱子的缝隙里伸进铁栅栏去摸老虎。……再三敦促解释：老虎是在动物园里养大的，人抚摩它，它会感到高兴，吼上两声表示内心快乐，我战战兢兢地把手伸了进去，摸一下老虎屁股。……印度饲养狮子的人大抵都是出身于低种姓的劳动人民。……他们好像影子……悄悄地走路……干活。”（第 94－97 页）英语 Safari 原指狩猎旅行或狩猎远征队，今泛指必须乘铁笼汽车观赏园林猛兽，当然动物园不许狩猎。季羡林比梁实秋、林语堂、余秋雨、董桥等散文家可爱，就在于对动物的浓厚兴趣，敢向俗谚“老虎屁股摸不得”挑战。他避免“贱民”贬词，可惜用字太不简洁，例如铁柱子与铁栅栏在同句显得重复。《深夜来访的客人》篇描述女童的蛇舞动作酷肖真蛇，将毒蛇的可怕变为舞蹈艺术的可爱：“那双小而圆亮的眼睛里闪出的光芒，她那柔软如杨柳枝条般的身躯，历历如在目前。”（第 85 页）他暂忘天竺每年有一批人死于蛇毒，但是人民仍不食蛇。

四、谈佛教对儒道的感染

季羡林《佛教十五题》(北京：中华书局，2006 年版）有两题论三教关系。第十一题《佛教与儒家和道家的关系》低估了道教哲学云："道教除了一些服食、炼丹等方术以外，在理论方面根本不是佛教的对手。……道教徒……施展出以后常用的手法：一方面拚命反对佛教，另一方面又偷偷摸摸地抄袭佛教的学说。《太平经》就是这种手法的产品。此外还施展……手法：你说浮屠好，他其实是中国人，老子入夷化胡，命令尹喜托生为释迦牟尼。……魏时老子化胡的故事已经传播。……如果没有佛教的传入与兴隆，道教也许传播不开。汉族有一整套伦理教条……是统治的基础。……道教并不违反它，佛教却偏偏破坏这一套。……宗教都有排他性……关键在经济利益。打击别人，争取信徒，也就是争取布施，争取庙产，佛道斗争也不能例外。"（第 171－172 页）李养正《佛道交涉史论要》(香港道教学院 1999 年版）堪作回应。初唐傅奕辟佛，临终告诫儿子谓："老庄玄一之篇、周孔六经之说，是为名教，汝宜习之。"傅奕要组织儒道两家的联合阵线，抗击天竺的宗教侵略。理学家从佛经汲取灵感，季氏夸张云："程、朱之流则拚命抄袭佛家学说，特别是华严宗的。程、朱宣扬的体用一语，显微无间，就是华严宗理事无碍……事事无碍法界思想的翻版。"可知季氏尚未钻研理学，非国学大师，而为印度文化专家。第十五题《佛教对中国儒道两家的影响》乃三篇旧作，选自《中印文化关系史论文集》(三联书店 1982 年版）和《国故知新：中国传统文化的再注释》(北京大学出版社 1993 年版)。他洞察《摩诃僧祇律》卷十三所言黑白两种色筹象征善念恶念，宋儒改筹为豆罢了。束景南《论庄子哲学体系的骨架》（桂林：广西师范大学出版社 2003 年版）有三篇值得参考：《朱熹佛学思想渊源与逃禅归儒的三部曲》（附《开善道谦考》）、《理学与人学》及《道学文化心态论纲》。

杂感五则

一、十二生肖发扬人性善良面

海德格尔门徒马库色（Marcuse）憧憬无暴行、剥削及仇恨的人道主义社会，遗憾在恶人多于善士，难怪意大利诗人但丁（Dante，1265－1321）《神曲·地狱篇》安置七类罪人：骄、妒、愤、惰、贪、食、色。这七项极似天主教所谓七宗罪，包含佛教“五毒”贪嗔（愤）痴（妒食色惰等）慢（骄）疑之前四毒。但是佛教之痴主要指对“空”理无知，疑指不笃信佛教。尼采说：“人是非动物和超动物，上等人是非人和超人。”他的理想人格超越首席动物人类。苦命天才尼采厌恶庸众，深探人性阴暗面。相反地，中国人喜欢颂褒人性光明面，十二生肖可能仅改印度十二生肖之狮为虎，总将禽兽优点比拟人类善良，胜于西方穿凿附会无生命的星座与人性。十二生肖可分六组：1. 鼠和牛分别代表智慧与勤奋。老鼠懂得合作偷油或向人报复，暂时不取“过街老鼠，人人喊打”、鼠窃狗偷、獐头鼠目或鼠目寸光诸贬义。牛耕田拉车，任劳任怨。

2. 虎与兔分别象征勇猛与谨慎。事实上狮虎豹犀象及野猪皆勇猛，中国无狮故对虎特别敬畏。可怜野兔是鹰和人的狩猎对象，但是“静若处子（女）、动如脱兔”仍可称赞兔子活泼且谨慎。3. 龙与蛇分别代表刚劲与柔韧。《易经》乾卦以九五此爻象征至尊。蛇比龙更擅长隐匿，龙蛇是显隐互补。老子指出太刚易折，暗示蛇柔软难断。4. 马与羊分别代表一往直前与顺从。有时马奔至悬崖必须由骑士勒住，羊则服从牧者号令。5. 猴与鸡象征灵活与恒定，动物以猴最矫健，唯独公鸡像闹钟准时鸣叫。6. 狗与猪代表忠诚与随和，过度随和则不忠，过度忠诚则为愚忠忤俗。

二、自恋足以致命

陈寿《三国志·吴志·周瑜传》云：“刘备以枭雄之姿，而有关羽、张飞之将，恐蛟龙得云雨，终非池中物也。”池中物是缺水蛟龙，希腊神话却以池中物为自恋对象倒影。虚荣的极端形态就是自恋狂。希腊神话中英俊少年 Narcissus 因狂傲拒绝 Echo（回声）而被单恋他的女神 Nymph 惩罚：痴恋自身在池中的倒影，憔悴死亡化作与已同名的水仙花。后来水仙花象征青少年夭逝。在罗马诗人奥维德（Ovid）《蜕变》，少女回声（Echo）被女神 Juno 判决只能重复说出别人向她所讲的话中最后几个字。回声不幸，缺乏主体性格，仅能成为追星一族。狂傲少年更劣，不懂相爱的艺术，竟迷上自己在水里的倒影 而坚拒任何“粉丝”（Fans）。至于反影的效果，水不如铜镜，铜镜不及玻璃镜。国内作家韩少功在《山南水北》有一悲剧令我信疑参半：日军进攻湖南长沙时期，汉奸运用镜子向日本轰炸机发出讯号。国民政府遂将市民镜子充公，严禁私藏。某自恋美女舍不得呈交私镜，被一男士告发而被捕。聪明读者立刻猜出她曾坚拒那汉子的追求，令他化爱为恨。审判此案的官吏对她也起戒心，唯恐一旦轻判，群众必定相信判官受此“狐狸精”迷惑。为了自保英名不致一朝丧，判官决定枪毙这女“汉奸”。可知自恋足以致命，她不自觉地例证贬辞“要靓不要命”。我认为判官过度好名而小题大做，判她罚款或入狱已可保他清誉。累害长沙人民者，非此美女而为高官张治中。他可能模仿俄罗斯对付拿破仑所采“坚壁清野”的战略，或斯大林抗击希特勒的妙计，使侵略军饥寒交迫败退。可惜张治中太早焚烧长沙，伤损同胞而非日寇！真令人痛心疾首。但是张氏缺陷在智慧而非虚荣。2007 年 11 月报载英国部分妇女每日照镜平均 71 次，显然极度虚荣而欠智慧。

三、严羽“诗有别材，非关书也”之关字宜指拘束

晚宋严羽《沧浪诗话·诗辨》有几句貌似贬抑典籍和哲学的价值道：“诗有别材，非关书也；诗有别趣，非关理也。然非多读书，多穷理，则不能极其至。”复旦大学中文系古典文学教研组《中国文学批评史》（中册，上海古籍出版社 1981 年版，第 126 页）误解严沧浪该语“太绝对化”……补充得不大合逻辑。既然是“非关”，如此斩钉截铁，多读书，多穷理又对诗歌创作的‘极其至’有什么帮助呢?”别材别趣的“别”字即今流行新词“另类”，暗示正常的材和趣必须读书穷理，否则不可能臻致诗歌化境。“别材”恰似粤语“打天才波”（踢天才足球），但是未经苦炼不可能升为足球明星。严氏该言似

是而非矛盾，我赏誉为文学诡辞。“非关”解作“与……没有关系”则太死板浅薄，应当再看下文：“近代诸公乃作奇特解会，遂以文字……才学……议论为诗；夫岂不工，终非古人之诗也。”他非否定学识辨议的价值，而是反对取消散文与韵文的界限，即诗主抒情而文主论议。如果用韵文辩论，等于训练狗犬代替猫儿捕鼠。倘若阐释关字为拘束，则严氏仅抨击经典哲理束缚浪漫潇洒的诗情，绝非宣扬庄周式书文糟粕论。拙著《新儒学的演变》（香港中文大学出版社 1990 年版）有《烈士黄道周的伦理政治观》批评黄漳浦的偏见，如郭绍虞《沧浪诗话校释》（人民文学出版社 1961 年版，第 33 页）所引《漳浦集》卷二十三云：“此道关才关识，才识又生于学，而严沧浪……瞽说欺诳天下后生，归于白战打油钉铰而已。”沈德潜《说诗晬语》指出：“严仪卿……谓神明妙悟不专学问，非教人废学也。”难怪有些优秀学者无能写诗了，有时学问愈丰则妙悟愈少。

四、伦理政治同须德威相辅

战国时代的德本威辅观是超越时空的政治哲学。《东周列国志》载蹇叔告诉秦穆公云：“德为本，威辅之。德而不威，其国外削；威而不德，其民内溃。”儒家和法家的差异就在儒重德而法重威。儒法两家的过渡哲学家荀子重礼，礼在德威之间，内外参半。凡夫俗子不知《大学》所倡修身、齐家、治国、平天下的先后次序，不修内德而强求外威，一旦做官则既贪污枉法又作威作福，沦为老百姓的灾难。个人和集体均须德本威辅。汉武帝派张骞通西域大振国威，王莽篡汉后东汉不免衰亡，由于君臣皆不“修好德”（《尚书·洪范》“五福”之第四项）。学校非个人那么单纯，亦非国家那样复杂，作为“龙头大哥”的校长必须并重德威。闻说某天主教中学的神甫校长，因阴阳失调而露骨地好色，偏袒略具姿色的女性员工。她们掌握校长“死穴”，尽量穿得性感暴露，志在升职加薪。我有幸与校长有一面之缘，直觉他平凡而非大奸大恶。教会宜让他还俗不再独身苦行，解决正常性欲始能讲究德威。佛教僧尼倘若遭逢同样困境，亦宜还俗改当居士，远胜于做“狗肉和尚”百年归老后落地狱惨受煎熬。孔孟的仁义道德太理想化，商鞅、韩非过度急功近利而违背英国边沁（Bentham）创立的功利主义。荀子提倡的礼治恰巧是儒法之间的中庸之道。哈佛大学中国文学教授王德威博士的姓名正合蹇叔哲思，帝王要兼顾德威，王者现代化为任何团体领袖，尤其是校长。他前任的李欧梵教授著作等身，但是姓名似融会西方哲学和印度哲学，却无伦理政治色彩，又像爱音乐甚于文学。

五、知行、力量与社会制度

东汉王充《论衡·效力》篇说：“人有知学，则有力矣。”这句话可浓缩成“知为力”，即千余年后英国培根的箴言“知识就是力量。”清代颜元《存性篇》强调实践可得知识云：“力（行）之所至，见行（知）斯至矣。”中国知识论有唯气（物）的传说，大约由墨子、荀子、王充、张载、王廷相、王夫之、戴震、颜元、胡适及张申府、岱年昆仲代表。苏联的“国家哲学”是辩证唯物论，恪尊英国培根、法国狄德罗、德国马克思、恩格斯，以及中国荀卿、王充和李时珍。莫斯科大学挂着李时珍肖像。人愈反智愈软弱，愈须倚赖宗教、巫师及偶像。如果好胜而不好学，盲目投入与天地人三方面的斗争，必定酝酿集体的浩劫。苏俄不喜欢“自由散漫”的道家，但是“真知”一词出自《庄子·大宗师》“且有真人而后有真知”。如果无人类而有猩猩，岂有包括知识的哲学？客观唯心论者程颐《河南程氏遗书》卷二上说“真知与常识异”，常字是贬词，指庸俗甚至虚伪，非禅学“平常心”之常，更非李大钊字守常之常。《朱子文集·张无垢中庸解》洞察“未有真知不能行者”。比程朱唯心的王守仁，在《传习录上》指出“必说一个行，方才知得真。”阳明《答友人问》云：“知而不能真切笃实，便是妄想”，妄想的俗例有癞蛤蟆想吃天鹅肉。阳明《答顾东桥书》看透知行的紧密关系谓：“真知即所以为行，不行不足谓之知。”王廷相《石龙书院学辩》主张：“心体察于事会（实践）而后为知之真。”《与薛君采》提出讲、行、知三项的次序不可逆转道：“讲得一事即行一事，行得一事即知一事，所谓真知也。”可惜不少人讲而不能行，行而不能知。

知行问题便利解决社会制度的取舍即姓资或姓社的问题。邓小平提倡以实践验证真理，接近美国实用主义的口号“行得通就是正确”（What Works Is True）。同胞不再诃斥实用主义为市侩哲学，这是可喜可贺的进步。资本主义国家以美国最强盛，难怪明森《张岱年的哲学思想》（《中国哲学的转化与范式》，中州古籍出版社 2006 年版，第 274 页）误解资本主义前驱或祖师孟（曼）德维尔（Mandeville）为美国人，援引曼氏良言“人是社会生物”。须知他是荷兰的精神病医生，赴英国开业，代表作《蜜蜂寓言》（Fable Of The Bees）一针见血地指出巢内母蜂虽自私，但是都利于全巢。曼德维尔强调资本主义社会中每人皆自私，却因奋斗而裨益整个社会，良性竞争利多于害。法国孟德斯鸠《论法的精神》契合曼氏主旨道：“个人只有在社会生活中方能生存与发展，个人利益永远包含于公众利益。与公共利益割离，个人便自取灭亡。”请看法国 Louis Desgraves《Montesquieu》（1986 年版）的中译本（商务印书馆 1997 年版）第五至七章。有人诬告他抄袭意大利维可《新科学》（朱光潜译本）。政府可在同一城市做实验，观察资本主义抑或社会主义令市民比较幸福欢乐。中国特区并用两种制度，起码优越过于“单纯”的社会主义制度。

孔孟老庄、《周易》及佛学
陶冶章乃器、立凡父子

1936 年 11 月“救国会”七位被捕的领袖合称“七君子”，我认为其中章乃器（1897－1977）最优秀。浙江青田人章乃器毕业于浙江省立甲种商业学校，1929 年创立“中国征信所”自任董事长，1932 年升为浙江实业银行副经理，1945 年与黄炎培等组织“中国民主建国会”，“反右”与“文革”时期受批判和迫害。出身中国人民大学历史系的许水涛问其子章立凡：“父亲评价你蕴藉这两个字是什么意思？”立凡答道：“指要含蓄，不是那种锋芒毕露的。这点我比父亲强，他的确是锋芒毕露，我要比他圆融一些，因为我学老庄和佛教哲学。他到处碰壁，我不想碰壁，因为我不如他。在处理很多问题上，我更多地是调和而不是斗争。我受父亲的株连倒了不少年的霉，但有三件事得益于他。一是他鼓励我练习气功，使我得以在严酷的环境中生存下来；二是他建议我读老子《道德经》及庄子《逍遥游》、《秋水》篇，以后又扩展到佛学。使我在乱世中保持了魏晋时人的心态；三是他亲自给我开（启）蒙讲《周易》，虽然只讲了乾坤二卦（剩下的他要我自己钻研），其后我一直保持了对《易》理的兴趣，足以从容应对复杂变幻的形势。”《易》《老》《庄》“三玄”提供随机应变、外圆内方的处世哲学，道教气功令梁漱溟和章乃器捱得住“红卫兵”的拷打。佛学教立凡以出世心做入世事，避免像乃器常处“风口浪尖”式绝境。三教同倡诚实，章乃器以身作则，训诲爱子仿效司马光与华盛顿总统终身不妄语，工作讲究信用。章家客厅挂着“直节虚怀”四字，由于有人画竹请“七君子”题字。乃器题那四字礼赞竹节直而竹中空，象征虚怀若谷。章立凡尊为座右铭，警惕说话勿违心。（见许水涛《章乃器：理想和实干铺就的坎坷人生》）章立凡《都门谪居录·“文革”前的章乃器》忆述其父在北京医院巧遇老友章士钊，这位“王者师”居然援引孟子名句勉励章乃器云：“天将降大任于斯人也，必先苦其心志，劳其筋骨，饿其体肤，空乏其身，所以动心忍性，增益其所不能。”乃器最爱孟子所倡“贫贱不能移，富贵不能淫，威武不能屈”。他曾绝食八天，上天确饿其体肤。新旧儒家中，他酷尊孟轲而对宋明理学毫无兴趣。1959 年他向金学成宣示：“《资治通鉴》我已看光（完）了……我的人生观是乐生。……做人应该是豪迈、直率、朴素。”章立凡说：“父亲投诸闲散之后，除了锻炼身体，每天手不释卷……读通了《马、恩全集》，《二十四史》也经常放在案头。此外就是对于道家、佛家气功的研究。……《老子》《庄子》《黄帝内经》《道藏》之外，还研究佛家气功和印度的瑜伽。父亲共写了上百万字的笔记。……与梁漱溟、巨赞法师等时有交流。巨赞曾告诉父亲：佛家练功，一口气（一呼一吸）……最长可以达到脉搏跳动一千多下。有一次父亲要我为他数脉搏，他呼吸一次的脉搏数是五百多下，已远高于常人。”章氏故乡青田古称“鹤城”，相传唐代道士叶法善在城北太鹤山炼丹试剑，丹成得道就骑鹤升天，此山遂成道教第三十洞天。朱元璋军师刘基亦为青田人。章乃器告诉立凡：精研老子的马叙伦，晚年瘫痪后存活多年，归功于哲学修养。“三玄”感染立凡道：“没有神话和宗教就不会有史诗、文学和艺术；即使在科学昌明的时代，从武侠小说到科幻神话，都是不可或缺的。我不想宣扬唯心主义，但有时觉得，唯心主义者会比唯物主义者快乐，因为他们想象力的空间也许会更大些。”（据国外学者研究发现。虔诚佛教徒的脑部有一个“快乐中心”。）章立凡尽量委婉地宣扬神话与宗教的效益，我补充一点：武侠和科幻两种小说同为成人童话，具备启发、安慰及治疗三种奇效。童话亦不可或缺，难怪丹麦安徒生描绘近古中国某帝王必须夜莺高歌治愈他的忧郁症，因为机械夜莺的歌声丧失疗效。假若当年欧洲出现电脑，安徒生必定提出电脑不可能代替人脑。小章只知佛教徒的脑有愉快中心，未晓道教徒的脑也有。

孔子理想的人格“群而不党”，章乃器是鲜活样板。他和著名右派章伯钧、罗隆基、陈铭德、邓季惺等聚餐时，非右派的康有为千金康同璧及其女儿罗仪凤等参加。小章追忆：

> 父亲与章、罗被毛泽东钦定为右派的三个“老祖宗”，有人指责他也加入“章罗同盟”，但提不出证据。父亲平素在“民建”就一贯独往独来，从不到处拉关系，这两位身在“民盟”，与父亲只是淡淡如水的君子之交。据说毛泽东在听了三人关系的汇报后定性说：“章乃器是单干户”。“反右”过后由于命运相同，父亲与章罗来往反而多些。……1962年他在政协提出翻案前后，参加聚餐就少了，不愿牵连别人。还有一种活动父亲很少去，那就是追

悼会。……只记得他在龙云逝世时，曾出席吊唁仪式。罗隆基在 1965 年猝发心脏病辞世，父亲倒是想去吊唁，但“民盟”连追悼会也没有举行。

毛氏风趣地说章老是单干户，然则孔子心中群而不党的君子均为单干户了。我在中文大学开首五年任系务会秘书，虽未离婚而孤独，劳思光先生笑我为单干户。

儒家主张“君子坦荡荡，小人常戚戚”。这格言好像成为章乃器的精神烙印，终身在公共场合坦诚发表意见。小章说：

> 自从读了……斯特郎老太太的《斯大林时代》后，我就小心翼翼地提醒过父亲，在家说话也要当心。但父亲对我的话很反感，认为自己坦荡荡，所有的观点都可以到大街上去讲。近年读李锐先生《庐山会议实录》中引用当时章伯钧、罗隆基、龙云、陈铭枢、于学忠等批评“大跃进”的话，才知道我所虑不虚，因为这些话一看就知道是私下的议论。据说张治中在家也是怪话连篇，但被汇报上去后，毛泽东因某种个人原因而隐忍不发……宋云彬先生在 1961 年 2 月 3 日的日记：赴政协，参加文教卫生座谈会……裴文中、梁漱溟、章乃器、贺昌群、唐兰先后发言。梁漱溟谓中医属道家，贺昌群驳之。章乃器搬弄许多数字，表示对农村缺乏劳动力及去年粮食减产之说怀疑。唐兰驳之，谓章诽谤了“大跃进”。章谓唐随便扣人帽子，不合神仙会精神，应作检讨；并谓胡愈之主持座谈会，未能依据神仙会精神予以纠正。

文字学家唐兰竟如此缺德。章乃器善良批评大跃进，被

“民建”中央开除会籍，遑论全国政协委员职务吧。梁漱溟正确指出中医属道家，尽管个别中医侧重儒学或佛教。老章任安徽省财政厅长时期，每月拨款30000银元给新四军，又为中共培养大批财经干部。如今每月只由周恩来将人民币150元生活费加至200元，他仍告诉儿子：“国家的钱来自老百姓，一分都不能浪费。”立凡在注⑲披露毛泽东在延安中共某次整风会议上倡导“神仙会”，解决党员思想问题。1959至1960年间，统战部长李维汉向“民建”、“工商联”领导建议采取神仙会“和风细雨”方式开会，特色在“三自”（自己提出问题、分析问题、解决问题）和“三不”（不打棍子、不戴帽子、不抓辫子）。我认为温和讲理的风格与神仙无关，“神仙会”名称误导人相信它是道教组织。现代歇后语有“神仙放屁，不同凡响”。然而超凡和低于凡的声音异于凡响。1939年章乃器从安徽返回重庆，察觉张申府与沈钧儒（衡老）争夺“救国会”的领导权，1958年忆述云：“没有经济基础的政治活动……总不免要流为政客活动。……使我后来发起了民主建国会的组织……要动员那些不靠做官吃饭、更不靠做官发财的工商界人士参加民主运动，要……成为一个政治团体。……我就……悄悄离开了救国会的活动。”章氏尊敬政治家（Statesman）而轻蔑政客（Politician），符契儒家政治哲学。但是孔子不谈怪、力、乱、神四项事物，实业家批评他不宜轻视实“力”，例如章乃器洞察政治运动必须经济实力。荀子和管仲早就理解实力不可或缺。“七君子”中章乃器人格最高，学格方面仅次于王造时。王氏译黑格尔《历史哲学》成中文，应懂经济实力在历史扮演的重要角色。“文革”开始，1966年“七君子事件”30周年前夕王造时入狱，1971年8月5日冤死狱中，身份为反革命。1977年5月13日章乃器以“摘帽右派”身份病逝于北京医院地下室。(详见章立凡〈“七君子”的大结局——救国会对《日苏中立条约》表态的始末〉,参考《文史资料选辑》第 82 辑所载章乃器元配胡子婴《我所知道的章乃器》。)

近代几位学者的肖像

一、胡适用《淮南子》劝谏蒋介石戒独裁

章乃器之子章立凡主编《记忆：往事未付红尘》（陕西师范大学出版社 2004 年版）载智效民《胡适与蒋介石——从胡氏日记看二人的交往》牵涉道家无为和曾国藩有为。老庄的“无为”比较消极，黄老学派的“无为”比较积极，譬如《淮南子》以“无为”指不违反自然规律。胡适书信曾取耶苏登山宝训勉励丁文江，1935 年 7 月又以《淮南子》劝谏蒋介石。当时蒋要召见罗隆基，胡请罗向蒋转达自己对中日问题的意见，还对罗说：

依我的观察，蒋先生是一个天才，气度也很广阔，但微嫌近于细碎，终不能“小事糊涂”。……我前在汉口初见蒋先生，不得谈话的机会，临行时赠他一册《淮南王书》意在请他稍留意《淮南》书中的无为主义的精神——去年我第一次写信给蒋先生，也略陈此意，但他似乎不甚

以为然。他误解我的意思，以为我主张“君逸臣劳”之说。大概当时我的信是匆匆写的，说的不明白。我的意思是希望他明白为政之大体，明定权限，知人善任，而不“侵官”，不越权，如此而已。(《胡适日记全编6》，第533—534页)

任何学派都反对侵官越权即“僭越”，除却无政府主义取消五伦中君臣一伦。胡、蒋不懂《庄子》首倡君逸臣劳，影响黄老学派及法兵家。胡似不知蒋最仰慕曾国藩，甚至把他的全集放在睡房枕头底下。恰巧曾涤生综合儒、墨、法、兵四家的精粹，偏偏对道家最冷淡。难怪蒋误解胡。至于权限，大可参阅黑格尔《权限哲学》(Philosophy Of Right)。一个月后《独立评论》第163号刊登胡适《改革政制的大路》，赞美蒋介石任劳任怨且宽容异见，但是告诫他认清官守及确定权限，渴望蒋氏成为不独裁的元首。历史已显出胡适体验幻灭。

二、孔德、叶青与张岱年谈玄学

叶青（原名任卓宣）认为宗教、哲学、科学三项的关系是后项消灭前项，好像后浪推前浪。他的灵感显然来自实证主义祖师孔德所言文化三阶段：神学、玄学、科学。但是玄学不等于哲学而为哲学一部门，例如形上学和魏晋玄学。如果玄学就是哲学，那么科学取缔玄学即消灭哲学，必定连实证主义也歼灭，结果自相矛盾，何况哲学包含科学哲学呢？张岱年早已看出叶青所谓哲学消灭仅为玄学消失，多半哲学非玄学。滑稽的是叶青既要消灭哲学，又承认新唯物论是哲学。我认为神学即宗教哲学，然则哲学亦不能取缔科学，尤其是中古的士林哲学或繁琐哲学。只能肯定科学比哲学严谨、哲学又比神学严谨。张岱年指责叶青抹杀费尔巴哈以后的一切哲学，甚至排斥费氏于哲学家阵营而把他归属科学家。唯心辩证法和唯物辩证法均属形上学而非自然科学。长达十载的唯物辩证法论战，牵涉陈伯达、邓云特（邓拓）、牟宗三、杜畏之、李石岑、沈志远、艾思奇、张东荪、叶青、艾生（谭辅之）、杨伯凯、傅统先、南庶熙及亮功（杨亮功?）。近年香港人竟称风水命理的研讨为玄学。我肯定命理属形上学，风水却是神秘化的自然地理学兼人文地理学。单凭直觉大致可选择房屋（阳宅）和坟墓（阴宅）位置。如果火葬撒掉骨灰就不破坏自然生态平衡，何须冗长理论及古怪仪器？2007年电视台访问“玄学家”苏民峰君，他留马尾型长发，宣称不用穿唐装扮成道貌岸然。由于投资成功，他购值5000万元豪宅。民望急升后视察风水一次收20万元，可见玄学已成夺取名利的速捷工具。

三、医药伦理案例：邵力子比马寅初早倡计划生育

1955年春季印度大使馆邀请周恩来出席鸡尾酒会，周氏邀请“民主人士”邵力子与马寅初等一同参加。邵力子提醒印度大使云：“印度人口应加以控制。”原来复旦大学校祖马相伯有两位卓越门生：邵力子和于右任。浙江绍兴人邵力子（1881—1967）1919年入国民党，1921年进共产党，两年后与柳亚子等组织新南社，1925年担任黄埔军校秘书长兼政治部副主任，抗战时期曾任驻苏大使。1921年主编《民国日报》时，他提倡计划生育。次年向警予主编的《妇女评论》发表邵

力子《生育节制释疑》，主张并重节欲与节育。他娶元配后每两年生一子，她怀第六胎时要求堕胎，竟无医师敢施手术。她试狂奔掉胎，死于流血过多。1955年邵力子与冯玉祥遗孀、卫生部长李德全详谈，焦虑“光荣妈妈”荣衔引发太多人口。两年前他已在政务院会议提出计划生育，敦促医生对生育频繁的妇女同意施行避孕手术。1954年《光明日报》登载他的长文《关于传播避孕常识问题》，冲击传统“多子多福”观。痛感孤掌难鸣时，他想到浙江嵊县人马寅初（1882－1982）。马氏出身天津北洋大学矿冶专业，赴美获耶鲁大学硕士衔和哥伦比亚大学经济学博士衔，曾任北京大学教授及校长（1951－1960）。在20世纪50年代他三度调查浙江人口，领略马尔萨斯所言人口按几何级数递增的道理，遂与邵力子合作后在《人民日报》发表《新人口论》，阐扬邵力子提倡的优生观和控制论。邵氏自费铅印旧文《关于传播避孕问题》赠送亲友。1957年马寅初于全国人大四次会议上提出新人口论，力子立刻响应。“反右”爆发，毛泽东唱反调云：“人多议论多，热气高（旺），干劲大。”马氏沦为攻击社会主义的右派，罢免一切职务。邵力子坚持真理，1962年80岁时再呼吁计划生育。70年代大批知识青年失业或无业，中央始悟“错批一个人，多生三亿人”。那人就是马校长。

四、翦伯赞的义忿表现儒家本质主义

儿童称呼猫狗为猫猫、狗狗，只因单音字无力，绝不意味宠物行为该切合其本质。儒家的本质主义始于孔子金句“君君、臣臣、父父、子子”，主张君臣父子的言行必须符契这四种身份，隐涵“夫夫、妻妻、兄兄、弟弟、朋朋”诸语。二千多年后章伯钧女儿章诒和写《心坎里别是一般疼痛——记父亲与翦伯赞的交往》，忆述她向重逢的世伯说曾经以北大历史系为报考大学第一志愿，当时系主任维吾尔族史家翦伯赞似禅师当头棒喝道：“学什么历史！考什么历史系！现在历史系的学生连句子都断不来。教育一塌胡涂，史学一塌胡涂，社会更是一塌胡涂。我看没什么事情是好的。”章伯钧谓：“听说北京大学也要搞人民公社，把个大学办成科学、教育、生产、军事、劳动的联合的基地。……是这样吗？”翦氏再发脾气云：“什么基地？都是放屁！现在是工人不像工人，农民不像农民，学生不像学生，教授也不像教授。”激动且惊骇的章伯钧围绕沙发踱来步去。一个多小时的对话后，她虽听不到而欣知翦教授“找回了自己；从政治需要的从属关系中，剥离出属于学者——的本质。”借取孔子的语构，翦伯赞期待“工工、农农、学生学生、教授教授”。他虽曾教研历史哲学，而不懂本质主义与存在主义的歧异，幸亏不自觉地偶合儒门本质主义。可惜他觅得真我的惨重代价就是伉俪自寻短见，恰似储安平、傅雷及黄绍竑。传闻章伯钧伉俪捱过“十年浩劫”，由于贤慧的章夫人李健生与夫相濡以沫。老舍步王国维后尘，因为受批斗后连太太都不理睬。李健生勇敢实践“妻妻”。但愿胡絜青不可能“妻不妻”啊！

五、王宠惠改造老子“夫唯兵者不祥之器也，不得已而用之”

1912年王亮畴（宠惠）《宪法刍议》鼓吹宪政道：“宪法者，不祥之物也。牺牲无数之生命，抛弃无尽之财产，有鏖战数载而仅乃得之者，有屡战屡得而复失之者，有屡争屡败迄今仍未得之者。史乘所载，不罕其事。然则此寥寥数十条乃至百余条之宪法，其得之也，必先以杀人洗血于前；其失之也，亦必以杀人流血于后。谓之不祥，谁曰不宜？虽然，宪法者，立国之大本也。譬之广厦，必其基础巩固，方能巍然卓立，虽疾风暴而弗能破坏也。惟国亦然，必其宪法良好，而不为政治波涛所摇动。今者吾国革命既成功矣，政体业已变更矣，不祥之事亦既见消逝矣。举国之人果能同心戮力，共济时艰，念国家之前途，泯一己之私见，制定一巩固宪法，组织一良好政府，俾各安其居而乐其业。无相僭贰，国以保焉，民以宁焉，他日转贫为富，转弱为强，端赖乎此。然则所谓不祥之物，安知其不变为最祥之物哉？”老子要人民“安其居，乐其俗”，亮畴致“俗”为业乃更恰切。此书指出宪法非因一人一时而定，而为一国长久而定。宪法乃一切国内法根源，西人遂称为根本法。1948年他写《法学之功用》说：“欲使法律能适应社会需要，有两途径，一以立法方式订定新的法律，一以解释方法保持固有法律。”他晚年像伍廷芳醉心于“灵学”即“超心理学”。美国杜克大学设立“超心理系”。王宠惠元配杨夫人生独子大闳，是剑桥大学建筑系硕士。他不继父业，而走贝聿铭路线。近年中央对基本法“释法”原来概念来自王宠惠。老子唯恐“善复为妖”即祥沦为殃，王氏以辩证智慧盼望经殃为祥。

六、斯威夫特、阿诺德与吴宓同倡人文主义尊蜂贱蛛

不结网的地洞蜘蛛与寄生蜂是死对头，互相麻醉对方后产卵于其身体，待卵孵化成幼虫即吃此身。结网的蜘蛛以蜜蜂做点心。18世纪创作《格列佛游记》的英国文豪斯威夫特（Swift）早期撰寓言《书籍之战》（The Battle Of The Books），描写图书馆一只蜜蜂不幸纠缠于蛛网，挣扎无效时跟蜘蛛争吵，竟请古希腊智者伊索做评判，伊索义正词严道：“蜘蛛结网技术高超，材料属于自身，但是肚子所吐全为污垢，在墙角屋檐制造尘网罢了。相反地，蜜蜂飞遍大自然每个角落，撷取精华酿蜜制蜡，为人类带来了两件最珍贵的东西——甜蜜与光明。蜜蜂的勤劳值得学习，对人类的贡献尤其堪赞。”伊索以人类中心主义及人文主义裁判蜂胜蛛。1869年英国文学批评家阿诺德（Mathew Arnold）著《文化与无政府状态》（Culture And Anarchy），今译书中三行云：“对完美的追求便是对甜蜜与光明的追求。”“文化所能望见的比机械深远得多，文化憎恶仇恨；文化具备伟大的热情，就是甜蜜和光明的激情。它甚至还有更伟大的激情！——令甜蜜与光明在世间盛行。”“我们必须为甜蜜和光明而工作。”1940年暑期西南联大学生赵瑞蕻（今西南大学中文系教授）持英国大诗人Tennyson《丁尼生诗集》请恩师吴宓写纪念训词，雨僧抄录阿诺德该段。我在1985年重访哈佛时谛听文学批评课程，阿氏乃主角。他任牛津大学诗学教授十载，诃斥堕落的拜金主义（Phitistinism），批评辜鸿铭老师卡莱尔（Thomas Carlyle）的代表作《英雄与

英雄崇拜》，恪尊歌德及海涅为倡导文明且鼓吹解放人类的斗士。阿诺德界说诗乃对人生之批评。

七、文哲之间的美国怪杰洛堤（兼谈罗哀斯）

马克思倡人是社会关系总和，张岱年说：“一切感官之总和谓之身。”（《知实论·能知与所知·心与感官》）张氏大致正确，但是马氏们低估独立人格本身的价值而高估它与别人的社会关系。十多年前美国哲人洛堤（Richard Rorty，1931－2007）来中文大学（邵）逸夫书院大礼堂演讲，刘述先教授拉我去聆听。我问他对马克思那话的意见，今已忘记他的回答。6 月 8 日洛堤在加州家中亡于胰腺癌，这是最难治疗的癌症。他生于纽约，入耶鲁大学取博士学位，撰《语言学转向》而受聘于普林斯顿大学哲学系，1979 年他出版畅销书《哲学与自然之镜》（Philosophy And The Mirror Of Nature，有中译本），竟反对柏拉图哲学，强调哲学非反映客观实在的镜子，哲学家只比凡夫头脑清晰，较熟逻辑和辩论，“真理”一词冗赘多余。他认为哲学地位等同文史，乃一种论述或风格。1978－1979 年间我初任哈佛大学燕京学社访问学者，奥国研究生 Lee Linz 告诉我：普大教授洛堤从分析哲学转归文艺哲学，且改任职维珍尼亚理工大学。后来在中大关祖尧堂开会，偶识该校历史教授汪荣祖。2007 年春天，韩国一位学生在那所大学校园发狂枪杀两位教授和三十多名学生，不知洛堤的反应。他似倡相对主义，被捧为后现代主义台柱，能旁征博引撰《诠释与过度诠释》，又著《哲学与社会希望》。作为实用主义者，他隶属左派；又熟悉奎因（Quine）的高徒 Davidson 和

Kripke，又喜谈存在主义及解构主义（尤其是 Derrida）。他主张以行动爱国，像马克思非解释世界而是改变世界，又似苏格拉底式牛虻令人烦躁不安。他的偶像驳杂，包含尼采、林肯、惠特曼、海德格、奥维尔、杜威及昆德拉。

洛堤的哲学地位逊于美国实用主义者兼唯心论者及宗教哲学家罗哀斯（Josiah Royce，1855－1916），他受黑格尔陶冶，撰《忠之哲学》、《世界与个人》、《哲学之宗教面相》、《宗教洞察的根源》等书，出身柏克莱加州大学、约翰霍金斯大学又留学德国，罗哀斯从 1882 至谢世任教哈佛大学。他极重忠诚（Loyalty），贬抑自我限制（Self-Limitoan）和自我主义（Egoism）为障碍成功的两大罪恶。1913 年他在《耶教问题》（The Problem Of Christianity）提出克服个人主义（Individualism）与集体主义（Collectivism）对峙的社会学说，旨在融合个人与社会意志。他的优秀门生包括哈佛大学教授 C. I. Lewis、新黑格尔学派的 Ernest Hocking、Norbert Wiener，George Santayana（意大利人桑它耶拿，钱锺书译为山坦野衲）及《荒原》（The Wasteland）大诗人艾略特 T. S. Eliot。

1985 年我重访哈佛时，奎因告诉我：美国四个大学的哲学系最强：哈佛、普林斯顿、康乃尔、柏克莱加州大学。洛堤出身耶鲁，它强于欧陆哲学而弱于分析哲学，彷佛注定他不能在分析哲学大红大紫，迟早放弃普大而回归文艺哲学。难怪 Robert Audi 主编《剑桥哲学辞典》（1995）有罗哀斯专目而让洛堤散见于下列六条目：杜威、历史哲学、文艺哲学、后现代主义、相对主义、怀疑主义。后两目堪称孪生兄弟，人常因怀疑绝对真理的可能性而陷溺相对主义，容易极端化为虚无主义。寿命方面洛堤享年 76，罗哀斯只活了 61 年。新亚研究所的谢幼伟教授主张孝治又倡罗哀斯的忠道，在哈佛大学获硕士衔，由浙江大学和印尼来港开设罗素、怀特海、布烈德莱及罗哀斯四人哲学，兼成儒学“护法。”

畅览江门、开平两市及重访五邑大学

最近我在深圳市沙头角镇的邻居伤心欲绝，因为独生女儿单身旅游云南丽江时被劫匪杀害。我不敢自由行，参团才有安全感。2007 年 10 月 28 日，台山善士伍忠义先生率领 8 人团考察江门市台山县斗山镇、开平市碉楼及五邑大学。斗山慈善家陈策文先生在港营商，陪同我们由信德中心乘船到珠海市，转车往斗山请尝台山风味餐，镇长谓台山海岸线长达五百多公里，故产海鲜河鲜。江门乃珠江门户，不幸与肛门同音，令人联想医院。恰巧陈策文捐建了现代化的斗山医院，我们参观一小时，院长冯氏为中国科学院院士，专精内科。其他名医皆聘自广州。院内各科仪器追上时代，护士宿舍醒目。某垂危病人正在急救，徘徊于鬼门关。美国斯坦福大学研究教授陈明铼博士腰颈均患隐疾，趁此良机拍摄透视照片。策文先生再带我们观赏他捐建的桥、路和“提领中学”。后者拥有高树丛中的长方运动场，规定高班学生必须寄宿。团友林耀中君即席挥毫，题下“十年树木，百年树人”八巨字。随即转赴陈教授高祖父陈宜禧（1844—1930）先生故居，见农田包围六间相邻双层唐楼，就是他6位妻妾住宅。我们仔细浏览晚清文物，钦佩他创建华南最先的新宁（台山原名）铁路。明钵寻根成功，谦称祖居残旧如公厕。我戏言宜禧绝非儿嬉，利用粤语宜儿同音。然而陈博士聚精会神于中国近代史，著书11本，8本英语3本中文，仍为钻石王老五。其母出身中山大学与岭南大学战时合并的工学院，颇似吾父毕业于岭南大学土木工程系。先父、四叔、陈教授及哲学家吴森教授都是羊城培英中学校友。当晚江门梁市长请我团晚宴。

忆某夜观电视旅游节目，欣睹四川省甘孜藏族自治州东部的丹巴县，雅号千碉之乡，拥有一千七百多座碉楼竟分牝牡。雄楼用以防守，楼边突出一物似阳具，非僭建而是性征。遗憾在用作贮粮的雌楼缺乏乳房式性征。10月29日我们畅览开平市“世界自然文化遗产”碉楼与村落，方知晚明始建碉楼，多至三千余座，今存1833座，本用来防御土匪，可高至十层。底层外墙筑得丰厚平滑，防止强盗攀援或撞击，透光的门窗都添铁枝铁板，可想当年险峻残酷的非人生活。奇特的七层天禄楼由群众集资兴建，“碉民”（与刁民同音）傍晚住进后轮流24小时值班，登瞭望塔或村口“更楼”。这是男性权利兼义务，因为土匪专抓男丁充奴仆。所以天禄楼俗称男人楼。凄凉以外仍有欢乐。古典谓富贵不衣锦还乡就是愚笨，纵使锦衣夜行也无人目睹赞叹。在异邦打工的华侨汇款给家属筑安乐窝，难怪设计方面融合中西文化，例如地砖与墙壁用古罗马式风格。“自力村”导游带我们登六层“铭石楼”，我独登顶层只见观音菩萨神位，天台远眺才开心。清雍正十一年（1733），惠、潮两府贫民应召领钱迁居开平，同治年间客家人与土著械斗12年，由于地广人稀变成地狭人稠。道光七年（1827）张心泰《粤游小志》说广东“有诱愚民而贩卖出洋者谓之卖猪仔”。

劫掠所得猪仔运往澳门及广州黄埔，买卖经纪多为美、法、西、葡四国人。广东省处决“猪仔头”（如现代“蛇头”）56名，列强改以“招工局”，在羊城请贫民当苦力，签下卖身契。晚清留学耶鲁大学的容闳，在《西学东渐记》忆述：“当1855年，余初次归国，甫抵澳门时，第一遇见之事，即为无数华人以辫相连结成一串，牵往囚室……奴隶牛马之惨状。”容闳后裔包含已故中文大学副校长容启东博士，他是中山人而非客家人。客家民谣《莫过蕃》乃苦工心声：“至嘱亲友莫过来，海浪抛走高过山。晕船如同天地转，舱底相似下阴间。”舱底酷肖人间地狱，熬到加州或秘鲁时大约死去三分一。武旭峰《开平碉楼与村落》（广东旅游出版社2007年版）谓1970年加州政府拆建某建筑时，发现几百首哀诗，譬如：“噩耗传来实可哀，吊君何日裹尸回？无能瞑目凭谁诉？有识应知悔此来。千古怀愁千古恨，思乡空对望乡台。未酬壮志埋泥土，知你雄心死不灰。”作者自注：闻同胞自杀有感。生还者把血汗钱寄回家眷，所以堪称一楼成名万骨枯！“奉父楼”最悲怆，清初许龙之妻被虏，儿子许益要筹款赎回母亲，她托人告诉爱子将赎金筑高楼奉养许龙，当晚投崖自尽。我们团友苏州才女蒋芸向我说陈明銶教授很像“金山伯”。此词乃五邑人对成功人士的美称，对携带的籐篋亦称金山箱，江门民谣云：“喜鹊喜，贺新年。阿爸金山去赚钱，赚的金银千万两，返来起屋兼买田。”可惜“一个脚印三个贼”，即一位荣归故里的“金山伯”就招惹三个土匪。1922年12月匪帮抢劫开平中学时，鹰村民以碉楼探照灯射至无所遁形，华侨救出一批学生及校长。先父在广州培英小学宿舍不幸被土匪掳往顺德县，为匪首捕捉鱼塘中吃鱼的“生鱼”，十八个月后祖母始交赎金领回。先父追忆趣事：贼公单凭手掌辨别学生家境：幼嫩者家富，粗糙者家贫。父亲最憎做家务，居然因掌嫩滑而被误为纨袴子弟。他生于佛山镇，在九龙城曾于巴士巧遇“宝芝林”创办人黄飞鸿（关德兴饰演）的顽敌扮演者歹角石坚。我们在华侨史陈列馆见农具和家私外，照片包括杰出华侨关德兴、红线女（邝健廉）与电影界名人司徒慧敏。错过了第一的瑞石楼，方氏碉楼主人方润文令人联想香港富豪方润华。楼群之间平房以农家饭和“走地鸡”招徕顾客，木瓜树果实丰硕，小贩出售番石榴。仙人掌却不如贵州安顺天生桥风景区繁盛。

中午在河边吃鹅蛋和鱼蟹，该店竟有菜式“老猫两味”。饭后寻访李龙镳夫人甄素思女士远别四十八载的故乡台山县雁湖村，幸获老妪指点迷津，河边一旧屋勾起她的回忆，故居改作开会处。陈教授提出由雁湖姑爷李龙镳兄领各团友签名于门。离村途经一孤立碉楼，旁边七烈士雕塑纪念“二战”末年日寇渡河撤退时，在楼上尽力歼敌而遭虐杀的猛士。然后观赏没有战事破坏的西洋园林“立园”。武旭峰反对褒颂它为岭南四大园林之外的第五名园，因它有大观园的凄婉和圆明园的洋气。园主谢维立 1893 年生于开平，6 岁赴美国，大学毕业经商，26 岁创维立公司售服装、药材及手工艺品。1936 年立园落成，有他的文雅坐像。风水师说门外有虎为患，维立在德国订制两根 18 米高的钢质打虎棒号称神鞭。“鸟巢”四角有尖塔，采意大利式风格。“花藤亭”像鸟笼及英国女皇冠。他有 4 妻 21 子女。立园门口“赓华村”由谢维立祖先命名，曾为陶铸暂居，使立园避过炼钢的劫难。立园左侧有艺术长廊和人造溪河。忽闻少女呼叫“开饭了！”原来她喂锦鲤。

旅店赠送两份报刊。2007 年 10 月 29 日《广州日报》副刊《倾诉》载警世文章《独生子“断臂”，“前卫”妈妈淡定接受》，揭示国内首位公开支持儿子同性恋的 60 岁母亲的吴幼坚，8年前已接受爱子郑远涛“出柜”，这怪词指同性恋者公开自己身份。吴女士学懂电脑，半年内访客量超过10万，同性恋者凭借网络颂赞她的宽容和勇敢，甚至尊称她为“妈妈”。此文十分新潮或前卫，瑕疵仅在标题误写断背为“断臂”，半因国语背臂同音，半因巴黎罗浮宫迷人的爱神维纳斯雕塑断了一臂。李安导演的名片《断背山》将同名小说搬上银幕，两男主角不正常的关系赚人热泪，“断背”遂成同性恋的委婉语。我已发表短文反对把“同志”一词专指同性恋者。如果必须高雅的委婉语，我主张采取“彩虹男女”或“彩虹人士”，因为美国加州三藩市的同性恋社区在电灯柱悬挂坚硬的七色标志，影响香港南丫岛上同类社区。听说贫穷的外国人喜欢聚居南丫岛，租金与空气吸引游客，但是同性恋者未必孝顺。另一段新闻比较动人：《见父母开报摊太辛苦，8岁孝子凌晨去进货》，原来双亲以为儿子失踪，终于提货点找回。这位羊城孝子绝不比二十四孝主角逊色呢。旅舍另送《羊城晚报》，同日头版短文《寻根》令同胞兴奋：“巴拿马驻中国贸易代表莱昂纳多·甘·中巴文化中心董事长陈中强等华侨华裔，回到故乡广东中山寻根。他们找祖屋，看祠堂，与亲人相认，完成了父母未完成的心愿。瞧，给祖先上香，他们多么虔诚。”彩照中陈氏夫妇前面摆设烤猪、熟鱼及鸡。

明鋉对演讲《近代西方的华侨史研究》十分认真，当晚请龙镖、耀中和我进其房间讨论。我等从九楼俯瞰，见五邑大学旁边的公园电灯长明似开烛光晚会。翌晨“五大”党委书记王克女士招待，我赠贵州大学张新民教授主编《阳明学衡》和三本拙著给图书馆。参观校园时喜见庞大孔子塑雕屹立，由汤恩佳、岑才生等捐建。“十友楼”由十善士联合捐赠，若少一友则必被戏称“猪朋狗（粤音同九）友楼”。我团离校看两景点：

陈白沙祠堂，正门有精彩对联浓缩宋明理学，内展陈献章立像。7年前我刚退休即出席五邑大学主办白沙研讨会，顺便参访陈氏祖居及新会另一大儒梁启超故居，又赠三本拙作。重访“五大”前参观陈策文等五邑富豪捐建的华侨史展览馆，主要照片是毛泽东接见“七君子”之一沈钧儒、国民党降将张难先及侨领司徒丙鹤。加州“天使岛”上华工血泪史照片附粤语打油诗诉苦。孙中山对陈宜禧一张巨字委任状很夺目（粤语抢眼）。一副极原始的救火木车，远胜严新与张宝胜发功灭火。我团匆忙返校，胡校长请吃免费午餐。以钻研碉楼立功的张教授，却未闻开平土产大儒陈荣捷（1901—1994），他是哈佛大学博士，岭南大学训导长，夏威夷、达茅斯及哥伦比亚大学教授，撰书数十成为“中央”研究院院士，1971年评审我的博士论文。下午进圆形演讲室，明铼宣讲及答问105分钟，以江门天才黄陀留美成绩优异鼓励听众争取奖学金，甚至诺贝尔文理和平诸奖项。我团从江门码头回九龙中港城，停珠海市斗门镇站，故需三小时。船上阅《解读张学良的养生密码》，领悟同姓三分亲：晚年三张（群、大千、学良）频繁欢聚。但是他们信仰依次为儒、佛、耶。

贵州大学、惠水茶园、青岩古镇和天河潭

老友李智广曾安排我演讲尼采与沙特，要求内子和我带他及女友林氏游黔四天以广其智。2007 年国庆节我们从深圳飞贵阳，乘的士进贵大，喜见丛林中屹立着去年落成的中国文化书院。庄严的孔子铜像令人肃然起敬，照例由香港儒商汤恩佳捐建。1902 年废除的贵山书院尚存石碑。院长张新民教授请我们去膳堂吃晚饭，派研究生邹林珊女士帮吾等安顿于访问学者的两层宿舍。像五星级旅店，茶几放着奉客的石榴与香蕉，二楼是睡房兼书室。外面会客室挂着陈立夫等题字，供应文房四宝让客即席挥毫，智广兄尽情表演书法。图书馆尚待充实。大课室由内子姨丈、地方志专家陈福桐先生撰写前后两副楹联，浓缩古今儒学精粹。1993 年陈老赠我一诗："既读其书又见行，君真博雅迈群伦；乐安江上一尊酒，且待来年细论文。"在贵州文史研究馆演讲后，我携此诗返港裱妥。乐安江乃遵义县沙滩镇的优美小河，近黎庶昌故居及其墓。

翌晨内子一表弟驾车送我们赴惠水县约二百亩的茶园，亲友热情招待品尝新摘茶叶烹出的佳茗，饭后果是身旁采摘的绿

柑桔。园门两棵芙蓉花树和一只黑狗仿佛迎送宾客，遗憾在白鸟河畔的袖珍竹简群全遭拆除。当年这批竹简刻着香港名人简历，迥异于大屿山上饶宗颐老师写佛教《心经》的竹简林。谣传白鸟河为珠江根源，其实云南省曲靖县才是。黔中乃珠江流域与长江流域交会。飞机餐中一包牛肉粒，就在惠水县炮制。每天宰牛百余，牛粪充当肥料。牟晓莉姊弟等尽园主之谊。第三天畅览花溪区青岩古镇，原来9月29至10月7日此镇举办庙会，黄金周的民俗活动包含城门开启仪式、基督赞诗、斗鸡会、抛绣球招亲，石韵悠长，书院闻香，寿佛品茗赏川剧、二胡演奏、字葬活动（纪念明朝某宰相珍惜字纸）、先贤拜祭、喜鹊传情、万寿悟道、古刹音韵（古琴演奏）、明代歌舞及秀才小姐考嘉宾。妻和我曾访状元赵以炯故居，今次补观赵公专祠，可惜刚在上下午两场表演之间进祠，无缘欣赏赶高坡、欢乐苗家、牛角舞、荷苞情等节目，何况9月29日天主教堂主持的浪漫西式订婚仪式呢。我们参观迎祥寺，不料慈云寺关闭。文化广场有旅游商品展销会。艺品《老子出关图》不同凡响，频见陶潜诗与苏轼词。一副对联以“三桂”对“五经”，可能讽刺吴三桂反复忠于满汉两族，违背儒典教训。黄姑妈食坊主要出售黄家玫瑰糖，使我联想湘西凤凰县古镇凡姜糖必标榜某家炮制。康熙年间黄氏取麦芽、糯米、玫瑰花及泉水造糖成名。但有三事扫兴：交入场费后仍要五角入公厕一次，的士司机贪婪奸狡，某店“狐皮”实为爱斯基摩人拉雪车的白犬皮。李兄曾做汽车零件、中药及皮草生意，熟悉狐狸尖嘴、短身且粗尾，假狐皮割掉尾巴以防破绽。离开青岩镇，暂忘明清两代，我们顺便看花溪。水不算清，群童欢泳，裸者当然是男非女。无暇重探巴金、萧珊度蜜月的憩园旅舍，我们回市区一园林餐馆，张新民伉俪再请客，陪客包括林珊及其夫罗同兵副教授，他师从四川大学陈兵教授写博士论文研究高僧太虚。张夫人龚妮丽教授曾留学比利时，在中文系授美学，专长在音乐。我告诉诸友：饭局中偶识陈立夫媳妇、财团法人立夫医药研究文教基金会董事长兼执行长林颖曾女士，几年前其夫之长兄不幸病逝北京。其父乃台湾国立师大中文系教授林尹，感染她喜谈《易》经。我自称义理派而非象数派，她说本身也是。台北高僧印顺师从太虚，他俩的“人间佛教”令我推荐朱洪《赵朴初因缘人生》(湖北人民出版社 2005 年版)。安徽桐城人朱洪精研陈独秀与胡适。饭后全体返贵大张家聊天，上落七楼可减肥。新民两书斋收藏丰富，校园重要教授照片告示板展出其父张振佩肖像。他家学渊源，主编《阳明学刊》多辑质量俱上乘。

10 月 4 日带李、林赏花溪天河潭风景区。1966 年首届王守仁研讨会后，台北法官李志鹏参加游潭，数年后遽归道山。今次始窥该区全豹，首要景点是瀑布。两对青年扮演新婚在瀑布前留倩影，为婚纱店拍广告宣传。真实的青年夫妇在旁摆档替游客拍照烧于杯面，每张 40 元，须待 50 分钟，竟骗人说 5 分钟。乘舟入岩洞更开心，钟乳石和石笋缤纷怪态类似红枫湖的将军洞，远逊于织金洞。中午只吃零食，坐计程车回贵大拿行李，车直驶机场办手续且食米线，登机前循例看两书局，叹无收获。夜抵西贡住家，次日出席一连三天的东西方研究国际研讨会，萍逢台大郑芳雄教授、复旦大学邹振环教授、华东师大赵山林教授及哥本哈根大学中国史副教授 Denise Gimpel。

东北九天游心得五则

一、传说犬、鸦、虎三种动物救努尔哈赤一命

努尔哈赤十岁丧母，不堪后母虐待，与弟舒尔哈齐离家出走，寄居外祖父王杲（音稿）家中。明朝军队征伐王杲时，他俩成为俘虏。努尔哈赤抱住“辽东总兵”兼“宁远伯”李成梁的马腿，痛哭哀求一死。李成梁赏识努尔哈赤的父亲塔克世辅助明军讨伐王杲（建州右卫都指挥使），遂于军中抚养努尔哈赤兄弟，带他们打仗立功。万历五年（1577）努尔哈赤奉父命回家娶妻，婚后，父亲遗产微薄，继母迫他自立门户，他唯有登山采摘人参、松子、黑木耳等药材往来抚顺、宽甸、清河等地售卖。某日萍逢八兄弟（八兄弟后裔成为八旗子弟），九人联袂采药。不幸荒年找不到昂贵人参，一头猛虎突然出现。满族风俗要求遇虎群众向虎扔出自己的帽，虎衔谁的帽则谁愿跟虎走。那“山大王”恰巧衔了努尔哈赤的帽，岂料他非但不伤人，反而领他到遍布人参的洞天福地，九青年喜出望外。后来李成梁顿悟明朝心腹大患就是努尔哈赤，率兵围剿眼中钉。努

尔哈赤晕倒，将被野火烧死。爱犬不停奔跑河溪与主人之间，濡湿狗毛熄灭他身旁野草的烈火。努尔哈赤苏醒，见犬劳累牺牲，发誓戒吃狗肉。1616 年建国后满族恪守国父遗命主动不屠狗。真是造化弄人，长白山下的朝鲜族却是全世界最爱食狗的社群，满街招牌多“冷面狗肉城”，令我联想电影里的冷面杀手。冷麪一旦简化为冷面就像贬词，难怪东北服务员皆酷(Cool)。乌鸦救努尔哈赤故事更富戏剧性，他逃命时大群乌鸦铺天盖地，仿佛争吃腐肉。李成梁误信努尔哈赤沦为鸦餐，便不追究。项羽犯过同类错误，离远看见枯井口多鸽，竟让井底的刘邦逃出生天后尊鸽。

二、东北虎林园兽趣洋溢

2007 年 7 月 10 至 18 日，我参加高龄教育工作者联谊会主办的东北九天游团，第三日在哈尔滨进虎林园乘专车遍览各小园，目不暇接。有些老虎懒洋洋地睡觉、晒太阳或赖荫棚乘凉，有些饿得肚皮摇摆渴望访客投掷美食。妻以 10 元买一条半肥瘦牛肉饲虎，它似人站起来吃。像深圳动物园，虎林园贩售活生生动物作残酷表演，鸡、鸭、羊、牛依次每只 40，100，400，1500 元。车厢虎追羊照片使人怜悯羔羊，尽管它非代罪。狮虎（Liger）园住着雄狮雌虎混血儿，倘若雌狮雄虎混血就该称为虎狮（Tion）。狮豹可生混血兽 Lipard，但是虎豹不可能生混血兽 Tipard。成年“山君”每天须吃 15 公斤牛肉，况且厌恶猪肉。多头白虎尚存浅色斑纹。汉代东西南北依次以青龙、白虎、朱雀（凤）、玄武（龟）为四灵。中国传统喜爱白化动物，尤其是白猿白蛇白鹿白虎；德国人却视白化为堕落，猎杀白鹿而无内疚。虎林园兼养几头黑貂与猎豹。全园猫科动物近千，东北虎命运远胜西伯利亚虎。听说某管理员不慎，关押时未知虎越匣（柙），它竟咬断该员颈部大动脉，他流血过多丧命。报刊连续发表读者意见，一派将虎人格化，主张杀人填命宜枪决；反调指出人间法律对禽兽无效，它们饥饿就须猎食。折衷办法便是送“凶手”到长白山虎园改造半年，它返哈尔滨虎园后没有同类理睬，孤独成为杀人的惩罚。园中展览馆陈列虎史及虎骨。我认为猫科动物比犬科动物漂亮，狗胜在忠贞聪明。团友吴志雄、陈慧英伉俪虽养一猫而缅怀享年 18 的宠犬，曾让它上床同眠，陪伴它过最后一夜，使他们目睹冰箱电掣出事而立刻处理。

三、镜泊湖、天池、长白山瀑布、温泉群及王池

牡丹江市避暑胜地镜泊湖荣获美誉“北方的西湖”，湖边大批别墅和宾馆，令人不禁追忆杭州西湖中蒋介石、宋美龄的别墅。吊水楼瀑布落差约 20 米，宽约 40 米。湖中两岛酷肖两巨鳄用嘴对峙，人工彩虹桥连接双嘴，后面“毛公山”受附会为毛泽东卧像。第五天赴延吉市长白山，最高峰海拔 2749 米，几乎整年积雪故称长白。闻说观察天池仅有五分之一机会，我团十分幸运呢！天池极端平静，深而不广，虽无植物环绕而豁免污染，新疆天池则太多游客乘船赏玩。旅游车上纪录片显示天池怪兽轮廓，正如北疆喀纳斯湖亦闹水怪亮相。2100 米以下山区丛林以岳桦（全年只三个月生长）及白桦为主，松杉杨为辅，市区街道银杏树将结白果，除却哈尔滨溥仪故宫那银杏树开花而不结果，仿佛象征末代皇帝娶五妻而欠生殖能力。内子和我舍弃小天池，急忙费 90 分钟观谷底森林，“地下森林”一名误导人以为溶洞里的石笱和钟乳石。长白山瀑高 68 米而

狭隘，温泉群在黑风口，它煮熟的鸡卵每个售 2.5 元。距长白山核心景观区 34 公里的“二道白镇”号称美人松故乡，美人松唯一特色在树干高处才生枝叶。花比树美艳，如鸢（音冤）尾花园主角为紫色鸢尾花，令我想起荷兰苦命画家梵高所绘价值连城的一幅《鸢尾花》。温泉群与花园同有摄影师和艺员工作。高山花园嫣红姹紫，吸引狂蜂浪蝶；附近多养蜂箱。花园尽头是王池，据说努尔哈赤曾在此沐浴。锦江峡谷极深，长白山西坡的火山玄武岩形成鬼斧神工的怪石群。双梯子河很窄，猛兽追逐的小兽逃命时不慎于河边跌死，尸体不腐如受雪藏。

四、高句丽王陵与鸭绿江断桥

第七天由松江河乘车到集安，畅览古国高句（音勾）丽王城、王陵及贵族墓葬，它是中国第三十个世界遗产胜地。“丸都山城”壮伟，王陵被贬称为将军坟，因为中国境内不容许存有另一国家，意大利境内则容忍两小国梵蒂岗与圣马连诺。高句丽人祖先是《周书・王会解》的高夷，《汉书》作高句骊或省作句骊，《魏略》作槀离，不知何时建于辽宁新宾满族自治县东部（今在桓仁满族自治县），后来卫氏朝鲜吞并。高句骊又为古县名，汉武帝灭卫氏朝鲜后设置此县，昭帝时为玄菟郡治所，平帝时归属高句骊国。东汉又置县于今沈阳市东，仍属玄菟郡，五代十六国时期后燕时它为高句骊国夺取，高句骊绝非朝鲜的高丽，朝鲜李朝郑麟趾（1395—1468，此名出自《诗经・周南・麟之趾》）等编撰《高丽史》乃王氏高丽的历史，文化超越高句骊。后者第二十代帝王高句连享年九十八，在位七十八载，料为世界最长纪录。他的陵墓似立方体而向上倾斜，每边竖起三块巨岩，可惜一边缺失一块，总共仅十一块。

帝后合葬如印度泰姬陵，但是多一座妃嫔陪葬坟。陵旁杏林挂着红熟的杏果，却无孔子杏坛啊！

翌晨经五小时车程抵达虎山长城东端丹东市，遥望长城遗址，在鸭绿江畔饭后乘舟看朝鲜风情，最大建筑物是一旅店，有朝鲜文而无中英文，丹东市则并列中朝双语。河水高度污染，仍有汉子勇泳。1921年日本人修建两桥，一桥尚在通车，另一桥于1950年11月被美军炸毁近朝鲜之半，春季恐怕好像西湖呈现断桥残雪佳景。未见鸭绿江水坝，只登桥及小堡垒，与炸弹合照。抗美援朝时期彭德怀元帅从此桥进朝鲜，他的全身肖像后面雕塑群是持枪的中国人民志愿军。它们稍比台北市郊天才朱铭的军队雕塑硬朗。下桥漫步河边公园，团友书法家林耀中兄与我不约而同激赏园里一座雕塑：三位少女以不同姿势放和平鸽。一群乐迷谛听几个艺员演唱及伴奏。路上两小狗很可爱，政府鉴于大狗容易咬人或患疯犬症，鼓励豢养细犬。导游于宏斌女士热爱故乡哈尔滨及“土产”女作家萧红，记得她葬在香港浅水湾，却忘其原名张乃莹，幸亏读过萧红《呼兰河传》。东北姓于名人有文字学家于省吾，张学良不爱的元配于凤至，以及红透半边天与厦门大学教授易中天齐名的古典讲解员于丹。于宏斌初学汽车设计而转行，和另一导游陈小姐同爱小狗及“瞎拼”（Shopping）。我们访探不少俄罗斯商品店，欣赏哈尔滨索菲亚大教堂（改成市史陈列馆）的建筑，但是不受俄国土产吸引，惋惜美少女易变痴肥。

必须补谈两事。伪满皇宫博物院即溥仪故居虽有日本宪兵室（负责监视）及建国神社遗址，仍保中国文化传统，如“缉熙楼”名出自《诗经·大雅·文王》篇。奉先殿勤民殿外，“健行斋”名出自《易传》。宗教室供奉佛祖及观音等三菩萨、老子和关羽，有人讥为六“神”无主。江泽民先生题字“勿忘九一八”，御花园外有“东北沦陷史陈列馆”。“浑江”河名照旧，市名竟因似对江主席不敬而改为白山市。溥仪一生浑噩可怜，64岁亡于尿毒，死因恰同袁世凯。东北三宝（人参、貂皮、乌拉草）外最珍贵且平凡的动植物是梅花鹿和玉米。跳蹦蹦的幼鹿逗人喜爱，成鹿周身被人类用尽，每年锯角一次，牝鹿无茸可取。鹿皮造工具，韧筋治膝痛，心血泡酒，尾巴壮阳。

五、崇高抗日英雄杨靖宇、佟麟阁对照庸俗游客

在努尔哈赤发祥地白山市，导游谈到抗日烈士马尚德，笔名杨靖宇。沈阳市登机，喜见《沈阳日报》副刊《历史揭秘》载佟兵口述《我的父亲佟麟阁》，两图为佟麟阁《革命烈士证明书》和北京市佟麟阁路。他的照片面长、鼻巨而正气迫人。他原名佟凌阁，字捷三，1892年10月29日生于河北省高阳县满族农民家庭，七岁师从舅父胡氏习经史及书法，十六岁考入县衙作抄写员月薪十两银养家。四年后投奔冯玉祥军队，从哨长、排长升至师长、军长，二十五载戎马生涯中练兵严谨，像冯玉祥恪尊文天祥与岳飞，任职张家口时在馒头山建造岳飞庙，提倡以死报国。宋哲元任二十九军军长，佟（满族姓，音同）氏为副军长，撰歌《大刀向鬼子们的头上砍去》献给在喜峰口奋勇歼敌的国军。1937年卢沟桥事变后，他不再回家探视双亲，致母函表示“移孝作忠”。他命令副参谋长张克侠撤离北平，自己誓死保卫南苑。副官王守贤恐怕随时牺牲，把存折呈交佟氏。他笃信耶教，反将金质十字架交托王氏带给爱妻彭静智。7月28日寇十万以坦克车和飞机突袭南苑，三千国军尸横遍野，佟氏右腿中敌机枪弹，忍痛跃上马背指挥兵士突

围，一颗炸弹落于马下，他头部中弹，四十五岁成为抗日牺牲的首位将领。次子佟荣芳改名佟兵，在八十岁晚年回忆七十年前血肉模糊的父尸抬返家中，左臂失踪，身体长蛆，慈母立刻晕厥。遗憾的是许多俗不可耐的访客不懂国耻而沉湎吃喝玩乐。顺口溜讥为“上车睡觉，下车聊聊（天），见景点就拍照，回家什么都不知道”！他们辜负了捐躯的高贵烈士。

星座号邮轮西北欧十五天甜旅及英伦五日

（附录：叔本华与前辈歌德的关系）

一、晚餐饱尝甜品后观赏表演

2007年8月18日凌晨，我团十八人由大屿山直飞伦敦，乘大巴经两小时半车程抵多福（Dover）港，见老年人聚集钓鲽（Sole）鱼。十五天星座（Constellation）号邮轮斯坎的纳维亚半岛及俄罗斯之旅从多福登船开始。二千余游客以美国耆英为主，大半肥胖超重。华裔仅七十八位，多港民而少“国语人”。午饭后回房间等行李，忽闻播音号召齐集甲板穿救生衣演习，喜见救生艇新颖，密封翻转而不沉。三楼是行政中心，四楼乃活动重镇，包括膳堂、画廊、赌场、摄影部、电脑室和剧院。五楼为剧院二楼兼餐室，图书馆在八楼。十楼两翼乃自助餐厅，雪糕任吃，每日供应正常三餐、下午茶餐及夜宵。早餐少肉多菜，晚膳少菜多肉，西饼与巧克力颇丰盛，我遂戏称此行为甜旅，不宜糖尿病人。侍役有固定对象，可观小费从信用卡扣除。夜宴气氛亲切热闹，必有一两桌顾客庆祝某君生辰，三个宴会规定穿西装或礼服，女士争妍斗丽，当局晒出照片每张售二十元美金，幸亏自由主义不迫人购买。表演节目皆属欧美文化，尽管数十艺员有一黑汉负责歌舞，几个华人演出杂技时后面阔幕出现中文“爱”字。莎剧《罗密欧与朱丽叶》平民化为纽约歌舞电影《梦断城西》，萧伯纳《卖花女》（Pygmalion）改成美国影片《窈窕淑女》，主题曲配舞蹈活现舞台。两位艺员担任美式谐谈，甚至模仿总统姿态。英国首席歌剧演员咸美顿女士常介绍二十个月大的独女，胜在歌声嘹亮；波兰钢琴家和氏（Philip Wojciechowski）屡次在国际萧邦乐曲演奏比赛夺魁。船上展览的雕塑和绘画中，我偏爱十一楼甲板上那手持巨鱼的黑猩猩。

二、拥抱俄罗斯文化

俄国诗人普希金（Pushkin，1799—1837）说：“我爱你，彼得大帝的杰作，我爱你规整有序的格局，涅瓦河上汹涌澎湃的洪波，两岸花岗岩砌成的围堤，铁铸的围堤上精美的花纹。”我惋惜普希金享年仅三十八，但是眼前涅瓦河平静无波。全团尊崇彼得大帝（1672—1725）在位四十三年间的辉煌贡献，可怜彼得三世（1728—1762）在登基之年即遭悍妻加德林（1729—1796）篡位且谋杀，她在位三十四载，堪称俄国武则天，居然也被尊称大帝。彼得大帝雄才伟略，曾微服往荷兰学习造船。听闻他身高6呎8寸，虽无篮球可玩而马上英姿威风凛凛。他挑战恶劣的自然环境，在沼泽区建筑俄罗斯天堂，1703年5月27日成功，无奈三个世纪以来天灾人祸频繁。奇趣的是涅瓦河三度水患爆发于1724、1824、1924年，时距恰巧同为百年，2024年是否难逃劫数？当年全市只有中学无大学，彼得大帝设立科学院，从德国等邻邦敦聘专家当教授。外人迅速俄化融入新都社会，我们隔江眺望瓦西里岛上科学院，此岸的彼得保罗东正教堂高 122.5 米，镀金尖顶有天使雕塑。彼得保罗要塞改作政治犯监狱，1718 年叛变的皇太子阿列克谢在此受严刑拷问至死。教堂地下埋葬全部帝王及亲王，1998 年在教堂的圣加德琳（叶卡捷琳娜）副祭坛安葬 1918 年被枪毙的末代皇帝尼古拉二世一家。我们无暇参观俄罗斯科学院属下的俄国文学院（普希金楼），不用说彼得堡大学、珍宝馆和海军博物馆（交易所）了。游该市一天半，主要看三景点，错过美术学院。

彼得大帝一幢别墅规模不大，三层楼陈列油画与古董，园林花卉悦目，像冬夏两宫没有埃及文物，1834 年涅瓦河畔出现两座拥有埃及鼎盛时期法老皇阿缅霍捷普三世头像的狮身人面石像。俄国尖长石碑冠顶的动物雕塑多为单头鹰，其他建筑物却取双头鹰。游客最感兴趣的塑像，当然是 12 月党人广场的彼得大帝纪念像，它震撼普希金创作《青铜骑士》诗。广场改称彼得罗夫广场。巨岩上彼得大帝骑着前身跃起的骏马，它后脚踏蛇，尾巴夸张得比蛇粗壮。伊萨克教堂旁边另有广场名伊萨克，主要雕塑是骑马的尼古拉一世像。他把玛丽亚宫赠长女玛丽亚作结婚礼物，今成立法委员会办公楼。冬宫以巴洛克风格建设，奔放艳亮。1764 年加德琳二世向富商购获 225 幅西欧名画，冬宫（塔尔米塔博物馆）展品约三百万件，包括油画《彼得大帝与 Minerva 女神》，罗马神话中她原称雅典娜 Athena，司智慧、工艺及战争。我不喜欢镶嵌图（Mosaic）而极爱 18 世纪英国机械师制造的孔雀钟，它兼能装饰和娱乐，孔雀、猫头鹰、公鸡及松鼠皆可上弦（链）甚至开屏啼鸣。古希腊罗马珍品有断臂爱神石像、油罐画（女腊人 Artemis 和天鹅）以及古墓出土的蹲鹿身上金梳雕塑。不少俄国雕塑绘画藏于喀山教堂，我们缘悭一面。彼得大帝夏宫多肖像画和床等家具，庭园宽敞充满雕像，如 17 世纪的穀（不是谷）神石刻与 18 世纪雕塑群《和平与富庶》。荷兰式小楼是午膳堂，门前金黄色大力神参孙拉开怪兽（四周有金色龟）嘴巴的雕塑象征俄国击败瑞典。《圣经》描述 Samson 推倒圣殿，神力藏于头发，不幸被妖姬剪其发后遭敌方挖眼劳役。彼得大帝酷爱的彼得宫竟有三十多座楼阁、梯形瀑布及喷泉林荫路，裸体或穿衣雕像皆金色。梯形瀑布雕塑中心《拉开狮口的参孙》庆祝 1709 年波尔塔瓦战役克服瑞典军队，狮嘴喷出二十米高水柱。“上花园”有罗马海神 Neptune（即希腊 Poseidon）雕塑，他持三叉戟或骑骏马。彼得大帝将“皇村”赠爱妻，她成为加德琳一世。皇村宫中有 1717 年普鲁士国王馈赠的一批琥珀砖。加德琳园林拥有石洞阁、石柱桥及雕塑《卖牛奶的女童》或《女孩与瓦瓶》，瓶口涌出小喷泉。亚力山大园林的中国村屹立着拱形“随心所欲”桥。皇村中学出身的普希金有右手撑头的坐像在女皇园林，他十五岁就向前辈朗诵自己创作诗篇《皇村随想》。俄国首席文豪列夫·托尔斯泰的祖父，就是彼得大帝的陆军中将，曾抗击拿破仑。

圣彼德堡一广场出现普希金、莱蒙托夫与果戈里等作家雕塑像，我听俄国导游念出名字便知是谁，由于五十年前在中山大学读过一年俄文，回港自修俄国文学史，对医科毕业的契诃夫特感奇趣，研习存在主义接触陀斯妥耶夫斯基。久知德国悲观哲学家影响英国小说家、建筑学出身的哈代（Hardy），今阅俄国安德烈耶娃著、冯申译《他们发现了我——叔本华传》（人民出版社 2007 年版）第 13 章《叔本华和俄罗斯文化》，我方晓得 19 世纪俄人思想徘徊于德国唯心主义与浪漫主义，俄人访德谛听黑格尔及谢林授课，20 世纪俄人受美国实用主义吸引，关注实用主义根源中两位大师：叔本华与尼采。俄民深信拯救苦海难民，必须确认绝对的善，转向爱的世界，让创世主保证爱的功能。佛教感染的叔本华肯定悲悯助人解脱痛苦，但是陀氏僅发扬东正教传统，认为有恶与苦才有上帝，爱是存在的最高成就。博学的屠格涅夫结识德国诗人赫尔维格。从他得以熟悉叔本华哲学，1860 年屠氏热烈建议俄国作家赫尔岑注意叔本华思想。1852 年屠氏《奥伦堡省的猎人笔记》援引歌德箴言："唯有通过爱，才可接近自然界。"1868 年托尔斯泰对叔本华殷切，但是早已撰成《战争与和平》。《安娜卡列尼娜》始带叔氏代表作《世界乃意志与表象》的痕迹。托氏终于拒斥悲观主义。俄国安别雷自称叔本华的儿子，未知叔氏祖先是荷兰人。

三、丹麦、瑞典与芬兰

二十四年前游北欧四国时已进 Tivoli 游乐场和安徒生故居，今重访丹麦，在观光巴士露天的二楼，我向团友讲安徒生童话《中国皇帝与夜莺》。Andersen（1805—1875）卒年与清帝同治相同，大致与道光、咸丰两帝同时活跃。孤独的童话家构思中国某皇痴爱夜莺歌声，多年后对莺音厌倦，居然移情于机械夜莺的人工歌声，不幸患忧郁症。忠臣劝他再听鲜活的莺音，果然"良友"这夜莺重临王宫演唱，中国帝王的精神病痛立刻消失。这故事仿佛预告电脑不能代替人脑，难怪无人恋爱电脑了。丹麦光鸡被潮流淘汰，曲奇（Cooky 意为饼干）仍是可口礼物，美人鱼雕塑堪比新加坡那头鱼尾狮。我们在洗脚少年石像旁拍照，此小巫附近的大巫却为英雄挥鞭驱策四牛拉车的庞硕雕塑组合，左右两侧雕刻两蛇。

超卓的化学家诺贝尔不比安徒生幸福，他单恋奥地利籍秘书，她嫁祖国贵族。诺贝尔在瑞、法、意三国享受豪宅别墅，终于在意大利撒手尘寰，如果复活也许羡慕娶得女秘书的意国男高音帕伐洛堤（1934—2007）。我们只访瑞典两市。首都Stockholm多运河及游河小艇。王宫无公厕，我和妻好不容易寻觅仍须排队幸亏免费的公厕，旁边不久表演军操兼演奏，公车站有人工瀑布。步行街出现国际“健力士大全”分部，门前矗立世界至高人士模型，他超过8呎而寿命短于三十岁。海行尾站是瑞典港口Helsingborg，圣玛利大教堂魅力远逊于14世纪所建古堡。山上此堡仅数十尺高，登顶楼却需20欧元，即港币220元。远眺全市，尽是红顶房屋。接驳船接我们返星座号。

往昔芬兰给我印象最劣，如今芬兰经济腾跃，我们只访奥运会场遗址，在场中餐室吃鲑鱼又喝罗宋汤。顺便说波罗的海滨两小国。8月12日抵达爱沙尼亚（Estonia）首都拖林（Tallinn，译意则为高旅店），纪念品店乏善足陈，唯独大运动场旁该国某娱乐界钜子坐像引人照相。1894年修成的教堂涅夫斯基（Nevski）模仿莫斯科教堂风格。另一小国拉脱维亚（Latvia）更穷，公厕每次收半欧元，厕门阿婶不老实。首都里加（Riga）出现几个乞丐，纪念品多取动物为题材。我团不闯比较宽裕的立陶宛（Lithuania），首都称维尔纳（Vilna）。

四、德国与英伦

1979年我独探东柏林半日后，在西柏林围墙附近观逃亡博物馆，11年后东西德合并，围墙沦为涂鸦癖发泄处。李龙镳兄与我两对夫妇参加极昂贵的五一火车巴士游，火车单程两小时半，沿途草地牛羊均美，看围墙后在 Hannaharendt 街下车，见悼念二战犹太人浩劫的艺术品黑色石棺群。这路纪念最卓越的女性哲学家鄂兰（1906—1975），她师从祖国两位存在主义哲人：海德格与雅斯培，1933 年逃奔法国，八年后移民至美国。她撰六书：《极权主义根源》（1951）、《人类条件》（1958）、《往昔与将来之间》（1961）、《论革命》（1963）、《共和国的危机》（1972）及《心灵的生命》（1978）。中午在旅舍吃便饭，下午看别处围墙和空军纪念馆。原来战时空军大批阵亡外，平时不少因飞机失事而丧命。馆里最妙展品是一节檄逃走运用的隧道，摆设着日用品。里根总统下令拆掉围墙，好像丘吉尔号召英国海军击沉德国俾斯麦号潜艇。最近里根元配珍惠雯随前夫而逝，享年九十，幸免老人痴呆症。途中屡见 Potsdam 字，波茨坦市在柏林西南。龙镳心血来潮，欲观希特勒故居，导游说必须乘计程车自找。无人误解李兄为新纳粹党。火车上他坐邻室，我室有苏联裔纽约移民一家三口，中年丈夫问我："中国大陆只许生一孩，若生双胞胎怎办?"我答 No Problem（无问题）。其胖妻生两子，带较胖一子游欧，父子分当工程师和会计。他们欣赏成龙谐趣功夫片，不知周润发与吴宇森，何况李安！

9 月 1 日乘大巴由多福港往伦敦维多利亚车站，妻不慎扭伤一足。中大电脑系主任梁广锡教授的小舅黄辉宏（国音似黄飞鸿）不懂中国功夫而酷嗜英国足球，提早接我俩到湾水（Bayswater）区某实惠旅店，三楼窗外高耸着橡树，房间竟有四床，两床安置衣物。早餐比二十八年前退步，住客均为青年学生。黄君殷勤招待，送地图带我俩到唐人街用膳买水果，顺手拿《大纪元时报》，惊读珍闻《大学生夫妻携 80 万元深山当农民》，因为向往田园生活。我们逛雾都中心，偶见戏剧家欧文（Henry Irving）立像，他是文学博士。后面有肖像博物馆，展出近代千余名人画像，例如文学批评家兼政治家西德尼（Sidney，1554—1586）和亨利八世所诛第二位皇后安波琳及其女儿伊利莎白一世。广场新立南非曼德拉雕塑，演讲神态十分逼真。翌晨赴泰晤士河拍照，星期日西敏寺不开，苏豪区颇拥挤，海德公园群众簇聚听自由讲演，圣占士公园松鼠和水鸟都不畏惧人类。9月3日黄氏儿女飞回伦敦，我俩乘地车往大英博物馆。亚洲展品有亚述猎狮浮雕，骆驼双峰可爱。日本肖像包含作家三岛由纪夫，军国主义驱使他四十五岁就切腹自杀，小说《蔷薇刑》作者绘画这狂人。中国佛道造像令外国人叹为观止，如观音菩萨、罗汉、布袋和尚（未来佛弥勒化身）、地狱十判官、欢喜佛配偶 Para、刘海戏金蟾（故事出自《淮南子》）及马可·勃罗笔下的中国建筑。印度神话金翅鸟（Garuda）可用人面，创造神与毁灭神亮相。入场免费，故售书刊及饮食帮补。次日黄辉宏偕我俩尝泰国菜后参访自然史博物馆，方知上古犀牛毛似羊毛。巨熊骨高十呎，竟像恐龙。可怜象鸟绝种，其卵大如橄榄球。袖珍蜂鸟嗜花蜜，杜杜鸟灭绝。维多利亚与阿尔拔博物馆简称 V&A，有香港“徐展堂中国艺术馆”，展出禅宗达摩祖师雕塑，意大利千年前某战役凯旋纪念两铜柱外表复杂，包含二千五百细人造像，以及文艺复兴时代拉斐尔巨幅《柏拉图与亚里士多德》仿制品，9月5日我们用面包喂肯星顿公园池塘天鹅、鸭、鸽及麻雀，戴安娜王妃在肯星顿宫生长，今恰纪念她车祸谢世十周年。本地“粉丝”送来大批鲜花，外国爱慕者寄来短信。肯宫展览古代礼服，昂贵入场费吓跑九成游客，正如她婚礼举行所用圣保罗大教堂的地下室。当年免费，我有幸亲睹纳尔逊、威灵顿、诗人布莱克及化学家波义耳等坟墓。阿尔拔音乐厅前他的金黄雕塑坐像屹立于小丘顶端，四面造像代表四洲文化，亚洲角落是留辫华人、印度人、阿拉伯人及大象，非洲角落乃黑人及骆驼，欧洲角落为希腊罗马白人及耕牛，美洲角落竟出野牛。实业方面四角象征农商和轻重工业。下午乘“白牌车”往机场，会合游法国四天的16位团友，他们似已熟识英伦。

美女在伦敦街头派新书宣传卡：L·Ron Hubbard著《戴安学》(Dianetics)，每本售18英磅，通过“科学学”(Scientology)网络购买，宣称探索奴役人心的潜意识，治疗缺乏自信和过度紧张。我推测这书名巧妙利用英人对戴安娜王妃的爱慕。中国人偏喜强调她鼻梁太高、患产后忧郁症以及对夫不忠。戴妃最后的埃及男友是富豪，我在伦敦看见他家的商厦。有人怀疑她令皇室蒙羞，遂遭特务营造车祸谋杀。须知英国历史充满血案，电影《深宫怨》和《龙楼凤血》均写实，亨利八世诛众妻，女儿患婚姻恐惧症。《中外》第79卷第6期载喻舲居《断头女王与处女王爱丁堡城垒下的历史游思》，处女王伊利莎伯一世扶植玛丽史都华成为苏格兰女王，玛是伊的表姐，伊处决阴谋夺位的未婚夫艾塞克斯伯爵，囚禁政敌玛二十年后断其头，命运安排玛之后裔作英伦帝王，但是伊有三项丰功伟绩：开启宗教自由，令英国升为海上霸主，以及促进文化教育。美国维珍尼亚州名纪念伟烈的处女王。

附录：叔本华与前辈歌德的关系

歌德回忆当代说：“由于激情白热化，作为下蛋的母鸡，他要弄清光暗及其混合物。”叔本华的母亲在德国名城魏玛举办文化沙龙，贵宾包括歌德。仰慕大诗人的叔本华将附献词的学位论文寄给歌德，他读后赞赏叔本华强调智的直觉(Intellectual Intuition)，用它对抗侧重理性反应的时代精神。歌德一向主张："感觉不会骗人，推理才会骗人。""思索比认识有意思，但是直觉更有意思。"原来1813年11月10日歌德委派秘书邀请叔本华莅临作客。24日歌德描述叔氏首次来访道："我觉得年青的叔本华是不平凡的有趣的……你同他找不出更多的接触点，但是仍当与他认识……他是天才。"叔本华函告歌德好友古典生理学家说："我们伟大的歌德情况很好，他很快乐，平易近人，亲切友善，愿他的名字永垂青史！"歌德把握良机邀请叔本华每周出席私家晚会，然而1814年2至4月期间就较少请他。歌对叔的兴趣由于叔对宇宙和人类的悲观主义。叔曾向歌说："客体所以存在，只因它们能作认识主体的对象。如果我们看不见太阳，太阳就可能不存在。"歌喊道："光的存在也仅因您目睹它吗？不！倘若无光，您亦不存在了！"叔遂批判歌为高级现实主义者。在纪念册上歌向叔临别赠言："你想令自己得到快乐，就要承认世界的价值。"(1814年1月8日）歌又曾劝告叔云："你鄙视人类而追求荣誉，荣誉恰为对别人的特殊尊重。"俄罗斯安德烈耶娃《他们发现了我——叔本华传》(冯申译，人民出版社2007年版，第85页）维护叔本华说："研究哲理在他的理解中并非追求荣誉……它是对人类的使命和责任……不排除对最高意识的崇高敬意……他的悲观主义不是绝对的。"最高意识非神。叔本华宗教观似是而非泛神论，他等同"意志"、柏拉图"理型"及康德"物自身"，深信意志从一生命转到另一生命，却像婆罗门教的灵魂转生说。他视哲学为艺术或梦想之实体化。

漫评汉娜·阿伦特的奴隶观、平等说与极权主义论

阿伦特《极权主义的起源》尖锐诃斥奴隶制度云：

> 奴隶制的反人性罪并非始于一伙人打败敌人且奴役他们的时候……而是始于奴隶制度成为一种制度之时。这时有些人“生来”就是自由的，而有些人“生来”就是奴隶；始于人们忘记了正是人剥夺了他的同类自由的时候和通过归因于自然进而认可这种罪行的时候。（加拿大人Philip Hansen著《汉娜·阿伦特：历史、政治与公民身份》，刘佳林译，江苏人民出版社2007年版，第154页注1引）

汉娜像儒家、卢梭及康德倾向性善论，故抨击奴隶为反人性的罪恶。“人性”指良知或善端。倘若站在荀况与霍布斯的性恶论视角，奴隶制正是人性必定建立的政制。它违背善性而顺从恶性，但无关耶教所言“原罪”和佛教所谓“无明”。动

物本能的恶果就是强凌弱，广东童谣无奈渴望惩罚强人说："大虾（动词指欺负）细，俾屎喂；细虾大，俾尿濑。"但是谁有权惩罚权贵？唯有上帝或天道吧。古希腊认可奴隶制，因为不杀战俘已算仁慈即"网开一面"，留下生路。马其顿帝王菲利普派三千奴隶为亚里士多德采集标本，辅助亚氏成为多科始祖。罗素《赞闲》小书指出奴隶苦工让国家精英享受闲暇专心思维或研究。我认为奴隶乃促进文化的牺牲品，文明社会始豁免如此残酷的代价。剥夺同类自由，尚有非政治方式，如古代皇帝强抢大批民女充实后宫，阉割男童成为太监昵称小 x 子。许多草根阶层"生来"就缺乏自由民应当拥有的权利。譬如倾倒"夜香"（市民夜晚的粪便）之类厌恶性行业往往由子孙继承，虽非奴隶而近似了。唯独太监贱业不能由儿孙继承，因为根本没有后代。从宋至清朝，汉族妇女受恶劣风俗压迫自幼缠足，堪称沦为半奴隶。三步不离闺房，自由便大打折扣。权贵狡猾证成（Justify）奴隶制度，出于人类根本恶（Radical E-vil）。罗马奴隶稍比希腊奴隶幸福，如在斗兽场击败顽敌或饥兽，就可能升格为自由民。阿伦特不谙东方历史，可曾知晓印度四种姓或阶级的严苛制度：教士、贵族、工农商及不可接触的贱民？"生来"只有生存权利的贱民略比奴隶幸福，因可结婚繁殖。汉娜大约未懂 19 世纪华工在美洲的辛酸血泪史，"卖猪仔"赴美加的华裔劳工不准结婚生子。日本侵华时期，大批华工惨遭虐杀，妇女沦为不见天日的性奴隶"慰安妇"。他们都是有实无名的奴隶。德国籍犹太裔阿伦特过度聚焦于"二战"中以色列六百万人民的奴隶式浩劫，未尝反省一般人均"乐意"凭权势奴役同类，何况奴役禽兽呢！尼采盛倡的权力意志，比叔本华的"生存意志"既狭隘且深刻，因为打中人类死穴。文明社会首要的道德教育，就是儒家和康德所倡自律道德，尊重一切同类的人格尊严，勿贬他人为纯粹工具甚至奴隶。利欲熏心的强人何以发动战争？答案就是充分利用异邦人力、物力及地力。官吏和职员何以特别关注升级？因为权力滋味优于海鲜。君子为人民服务，遗憾在小人仅为人民币服务。奴隶主必需财势，然而“奴隶制时代”（郭沫若一书名）一去不复返，文明官吏皆应培养高贵的“公仆意识”。1956年冬我在羊城中山大学运动场观名片《夜半歌声》，犹记主角唱道：“谁愿做奴隶？谁愿做马牛？人道的烽火，传遍了整个欧洲……”卢梭主张“人类天生平等，却常受桎梏”，遂撰文论不平等的起源。他启迪的康德较能正视人性根本恶。我既不信人类复兴奴隶制，也不信人类大同社会迟早出现。正如汉娜，我执著悲观主义与乐观主义之间的中道。

汉森《阿伦特》谈到民族国家自身确立社会平等的企图云：“在阿伦特看来，这倒未必是件憾事。按照她的理解，这种企图是启蒙时代以后的现代公民理论中应有之意……社会平等并不牵涉到经济平等，后者由资本主义经济内部的分配不公来负责。但追求平等（按：恰似“小康”世界）并非空想，它具有实在的结果。因为对平等的追求常常伴随着对起中介作用的制度及共同世界的破坏，平等只有在成为政治组织的基本原则时才会发挥作用。……人们虽然别的方面不平等，却拥有平等的权利。”（中译本第155页）汉森援引汉娜该书道：“平等的条件越多，实际存在于人们之间的差别的理由就越少，人们因此变得更加不平等。”冯玉祥幻想社会平等蕴涵经济平等，请看拙著《儒将冯玉祥日记选评》（香港国际学术文化资讯出版公司2007年版）。经济平等就是分配公平，“各尽所能，各取所值。”但是谁够资格制订客观公平的分配标准？难怪青少年一窝蜂地憧憬当官享受非法贿赂。罗素《西洋哲学史》洞察卢梭过度追求公平，竟付出自由的高昂代价。香港无此严重问题，市民拥有进公立医院的平等权利，不必送红包给医护人员。任何人可考试成为公务员。男女同工同酬，退休年龄无差别。平等的条件不算太多。香港老弱残障可申请综援、伤残津贴及生果金。试观19世纪末至20世纪初欧洲犹太人的悲怆命运好比美洲华工：

> 不仅被剥夺了权利，甚至被剥夺了拥有权利的权利。……名义上受法津承认为国家公民，但却失去真正的共同世界。……彻底地成为官僚制绝对权力的统治对象……不断地被去政治化（Depoliticized），虽不会像失去国家的人那样面临灭顶之灾，但……被逐出人类共同体外……陷入落寞孤独的悲惨境地，极权主义因此得以滋生："人们成为极权主义统治的驯顺工具……因为孤独原是老人才经常遭受的……生活体验，现在成了我们这个世纪不断壮大的群众的日常体验。极权主义迫使并组织群众投身于其中的那个冷酷无情的过程，就是自杀性的逃避这种现实的过程。"（同上书，第158—159页，下半征引汉娜《极权主义的起源》）

我认为汉森不慎颠倒了因果关系，误解孤寂犹太人令极权主义滋长。其实权力欲酝酿的极权主义迫使犹太裔孤独且驯顺。犹太人在纳粹党魔掌中丧失权利甚至生命，助长希魔的极权专制。被逐离共同体的"去政治化"惨剧，远比陈水扁实施"去中国化"的闹剧凄厉。汉森指出极权主义近代三源：资本主义危机、帝国主义兴起、种族主义（和反犹太主义）蔓延。阿伦特侧重后者外，指出庸众缺乏鉴赏力与判断力的手段和机会。可怜群众像绵羊步调一致接受社会规定的角色，沦为极权主义“灭绝机器”的恐怖帮凶！

极权主义必定产生政治而非物理的运动（英文同为 Movement），汉森看出党派与运动的关系类比权力与暴力的关系。“事物随着运动高速运转，永盛不衰的全民运动起则依托于运动，继则无需运动仍在展开（按：似牛顿力学三定律中“动者常动”）。……一旦极权主义运动占有国家……就毁坏了国家。……党派与国家的融合保证极权国家仍能适应不断扩张、运动的机器。……宣传（以及暗中勾结的意识形态）和恐怖……是极权主义最突出的成分。……不单是……统治的副产品。阿伦特揭示极权主义“建立一个世界……抗衡真实世界，后者的不足（缺陷）主要在于非逻辑、不连贯和无组织。而连贯的虚构和周密的组织使归纳与概括在更多的谎言被揭穿后最终仍能成立。”（第 162 页引）科技辅助恐怖手段维护虚假世界。其中占压倒性优势的意识形态，乃种族主义或阶级斗争。意识形态命令渗透现实机构，欲飞黄腾达则须对它绝对服从。投身运动者摆脱外界压力，被拉下水者自嘲为运动员“不志在胜利而志在参加”。群众政治操纵才营造假象：希特勒不仅驾驭国家而且驾驭历史。汉娜中肯道：“领袖的真正神秘性存在于组织形式，使他能够对运动上层所犯一切罪行承担全部责任，同时要求最天真的同路人给予真诚的拥戴。”（第 164 页引）她将此组织比拟洋葱，层层剥皮后空荡得似无核心。领袖是发动者兼执行者，却如洋葱中心仿佛缺席得无足轻重。Paul Piccone 狠批她低估当代领导的重要作用，尽管她指出极端极权主义变成极端虚无主义，否定功利主义。极权主义把虚无主义制度化，例如集中营企图改造人类本性，乃操纵灵魂的实验室。她敏锐批判资本主义动力学摧残将群众联系在一起的现实纽带，加添原子化即孤独的程度。

阿伦特《耶路撒冷的艾希曼：平庸的罪恶报告》（Eichmann In Jerusalem：A Report Of The Banality Of Evil）引起争辩：她是否为艾希曼开脱责任？例如 Aones Heller 赞成“大共和”作理想政权形式，其中法律制度保证公正程序，凭借谈判或协商解决任何冲突。大共和概念可溯源于康德调节自由与正义的学说，直至汉娜批判性的怀疑主义。她在《艾希曼》洞见极权主义政府使人成为行政机器的一颗螺丝钉，从而令他丧失人性即非人化。她比老师兼情人海德格尔更重视良知（Conscience）。艾克曼的良知驱策他坚决执行元首意志，尤其是精心策划匈牙利大规模的屠犹活动。不少犹太人以全部财产与纳粹国家机器交换性命。艾氏狡辩宣称要做守法公民，参加国家法定的罪行，即实践他理解康德道德哲学的定然律令（Categorical Imperative）。阿伦特捍卫康德豁免艾克曼歪曲成愚忠。他“真诚”得愚笨。她谴责同胞拒绝判断的倾向根深蒂固，在纳粹垮台后拒绝承认曾作帮凶。我反对她说艾氏既非愚蠢也非不道德，只是平庸无思想。在《论革命》她指出“非一切政治突变皆为革命，只有出现新奇的悲伤（Pathos），只当新奇与自由观念相连，我们才有谈革命的必要。”（第 197 页引）我认为“新奇”含义模糊，可分正邪善恶。她所谓自由，局限于参与公共事务或允许进入公共领域。对霍布斯珍惜的消极自由，她改称“解放”，即自由之条件。

在她心中，法国大革命乃最成功的革命，罗伯斯比尔是大公无私的革命楷模。法国革命家追求的非公共领域组织原则的权力，而为绝对的善。他们十分同情苦难贫民，憎恨为富不仁的富豪。但是同情属于移情（Empathy），取消了距离，欠缺保持距离始能呈现的品质。同情近似爱，同为隐私的体验，最强劲的表现非语言而为体态和眼神（身体语言）。她留意绝对的善与绝对的恶同为私密的基本动力，对任何政治组织有害。同情极易扭曲成怜悯，因为把受苦个体变为抽象的范畴功能，例如“受苦的群众”。作为感伤（Sentiment）的怜悯，足以恢复同情取消的心理距离，可惜此恢复乃虚伪的。她的老师雅斯培指出病态怜悯以居高临下姿态保持苦主的对象身份，期望苦主继续受难。罗伯斯比尔遂美化贫民，赞颂受苦乃美德泉源。一般革命家对苦难麻木不仁，随时准备为了权势而牺牲苦主。志在下一个目标，革命家不惜牺牲至亲至爱。阿伦特肯定伪君子为革命大敌。内心深处酝酿的动机一旦公开就被怀疑，终于引起革命恐怖。由于革命家不信任亲密战友，唯恐他们另起炉灶或夺权。她责备美国人忘却祖国建基于建立自由领域的审慎尝试，混淆“自由”与“自由经营”，盲目拥护国内、国际事务现状。她强调政治自由就是参与管理的权利。康德诡谲云：“甚至一帮魔鬼，只要足够精明，也能解决政治问题。”她像康德分别智性与理性，但是较能领略沉思的生活与行动的生活非井水不犯河水。1971年她发表文章《思考与道德关切》，强调思考对象乃可爱事物如美、智慧、正义，故无关政治及丑恶。

庄禅憧憬摆脱语文的超言意境，希腊罗马直至英美却过度注重语言。高宣扬《德国哲学通史》第16章第4节“现象学”的多样化指出汉娜·阿伦特（1906—1975）师从海德格及其师胡塞尔后，进海德堡大学师事雅斯培，1928年以论文《奥古斯丁的爱之概念：对哲学诠释的探索》得博士衔。在1935—1938年，她担任《犹太通讯社》的秘书，首段婚姻维持8载（1929—1937），1940年再嫁。她认为政治高于经济，激赏亚里士多德所谓政治性的两项活动乃行动和语言。高氏说：“文明的希腊人开始相信，行动和语言这两种人类能力是齐头并进的……甚至认为同语言相比，思想是次要的。……行动是指在恰当的时候说出恰当的言辞……希腊人把暴力活动……排除在政治活动之外。……汉娜试图引导现代人，特别是现代政治家发扬希腊人的政治传统。……英国哲学家波普（尔）在《开放社会及其敌人》……也强调……民主制的实质不在于主权在民，而在于能在任何情况下，都坚信靠民主平等的争论而不诉诸暴力。阿伦特指出：古希腊即使越来越重视军事斗争……仍然强调兵法和演讲术以及修辞术的内在紧密关系。……要充分理解亚氏关于人是政治动物的伟大论断，还须追加他另一句话：人是会说话的动物。……罗马人翻译……竟将“人是政治动物”译成“人是社会动物”、“人是会说话的动物”译成“人是理性动物。”……无意中更深刻地表达了亚氏和希腊人的原义。……她指出：……自由意味着不受制于生活的必然性或他人的命令，也不对他人发号施令，它既不意味着统治，也不意味着被统治。（第 886—888 页）可惜第 12 章仅用第 3 节解释 Jaspers。

读萨弗兰斯基《海德格尔传》札记

值得阅览靳希平译、萨弗兰斯基（Rudiger Safranski）著《海德格尔传》（北京：商务印书馆 1999 年版），我的感想如下（先引原文）：

一、“当时明星存在着两种有力的势力的对立：深刻的文化对抗肤浅的文明、有机共同体对抗机械式的社会、英雄对抗商人、激情对抗伤感、道德对抗计算式的思维。”（第 85－86 页）“有力”宜作“强劲”，因为“势力”包含“有力”而未必强劲。深刻对照肤浅，正如有机对反机械。激情（Passion）与柔情而非伤感对立，因为伤感可激烈亦可柔弱，尽管 Sentimental 偏于温柔的感伤。小说结局常为“英雄美人终成眷属”大团圆，我首次看见英雄与商人对峙。唯利是图的商贾既可沦为奸商，亦可升为英雄。海德格尔提出两种互相排斥或不相容的思维形态：计较式（Calculative）与创造式（Originative）。但是前者未必违反道德，例如数学乃非道德的（Amoral）而非反道德（Immoral）；后者由作家或哲人表现，大致不反道德，除却粤俗比拟“状元才”的“贼公计”可用于盗窃珍宝。

二、“教职论文完成以后，军方再让他入伍服役。可是他的心脏病又复发，1915 年秋，他被送到慕尼黑——巴登野战医院；此后作为预备军人被派往弗赖堡，做邮政监检站的工作……对来往信函进行检查。有疑点的信件，特别是同敌方和中立国的通信均被拆开检查。在这里工作的都是在役的妇女和无力直接参战的男人。海德格尔……不是自愿到这里工作的。不过在战时，他对这个工作不会有什么反感。这是一个十分舒适的工作，他一直干到1918年……使他有充足的时间从事他的科研工作。”（第98—99页）人权包含私隐（Privacy），先进的文明国家甚至尊重儿童的私隐，父母不拆子女所接书信。国家愈野蛮狭隘，愈随便践踏人权，譬如用蒸笼对付黏贴信函的浆糊，拆阅任何庶民的函件。纵使寄信到邻市，竟需七八日才让对方收取。和平时期的政治道德要维护别人私隐，除非警方调查罪犯或国防部针对间谍。战争时期检查书函未可厚非，却易冤枉良民。英国作家奥维尔（Orwell）杰作《1984》讽刺专制政府令平民不敢发开口梦，唯恐讲错话被误为敌国特务。言论自由应该包括书面的和口头的。海氏享受检查信件的优差，总算立功而非立德立言。

三、“1916年……海德格尔认识……佩特里（Petri），后来她成了……夫人。当时他在弗赖堡学习国民经济学。这时海……同海关低级官员的女儿，一个斯特拉斯堡的女孩解除婚约已经半年。这个女孩有很重的肺病。他的朋友拉斯罗威斯基把海……看作尼采式的超人……把……解除婚约一事看作……重大事件。”（第100页）当年肺结核是绝症，比癌症更厉害的头号杀手。叔本华曾使一位既无文化又滥交的女佣怀孕产子，主要嫌她肺痨而不娶她，可怜无辜男孩三岁就夭折。海氏虽非尼采式超人，但是具备“实践智慧”不娶严重肺病人，否则染上肺病不免殉妻，世间便少了一位存在主义大师，德国哲学也失色。

四、“佩特里家里的人对这位来自下层的海……嗤之以鼻，……（他）没有找到正当的职业。……私人讲师……同国民经济学的女生……在明斯特的大学教堂举行结婚仪式，双方父母均未到场。……战时婚礼没有管风琴伴奏，没有婚礼服，没有花环和面纱，没有花车和马，也没有婚宴和客人，带着双方父母的书面祝福。……她……要改信天主教……没有真的这样做。半年以后……第一个儿子问世时，（他们）宣布……不能按照结婚时的承诺，让孩子接受天主教的教育。”（第106页）海氏申请天主教哲学教席失败，权威人士嫌他27岁太年轻且不可靠，尽管他24岁便获博士衔。我怀疑他虽出身神学院而感旧教过度保守。他的恩师胡塞尔忆述他成为自由即非教条的新教徒。关于海氏婚礼，我钦佩他欠固定体面职业而勇敢娶爱人，相反地太多青年仅因事业未稳固或欠房产而不敢结婚生子。反讽的是婚礼愈低调，往往婚姻愈成功。2007年9月中秋节前夕，我参加书法家群雅集聚餐，虽非书法家而欣赏邻席罗氏伉俪顺便庆祝金婚，料想他们半世纪前不会富裕高调，难怪罗君似某诗人慨叹“吵吵闹闹五十年”。海德格尔婚姻成功，婚外情对象乃世界首席女哲学家鄂兰（Hannah Arendt），2007年8月29日，我和妻游柏林市围墙古迹后，喜见一街道纪念海氏女生兼情妇鄂兰，她的代表作是《专制主义原理根源》。鄂兰街广场遍布漆黑棺状石阵，悼念犹太人在“二战”的浩劫。海氏对犹太教无兴趣，却由天主教转归基督教，破坏让儿子接受旧教的承诺。康德强调任何境况不许作伪承诺，幸亏婚礼誓辞无“勿搞婚外情”。

五、“现象学被传说为最有希望的哲学。许多人像伽达默尔（Gadamer）……纷纷来到弗赖堡，聆听……大师和那些跟他学习魔术的徒弟们的演讲。……时代的脉搏在没落的情绪和新开端的兴奋快乐之间摇摆波动。现象学头上戴的新开端的光环……1916 年以前，哥廷根是现象学的大本营。胡塞尔从 1901 年到 1905 年在这里执教。慕尼黑是另外一个现象学的中心。……他们觉得现象学不应该只是一个学派……称自己为运动。这不仅涉及重建哲学的科学性问题——这是……半官方的自我评估，还涉及以知识分子的真诚为口号的生活方式改革问题。人们想克服错误的激情在意识形态上的自欺，在思想和感想上的无原则性。……从学派的风格上看，哲学中的现象学运动，相当于艺术中的……格奥尔格学派，……都强调严格性、训练有素和纯粹性。"（第 103－104 页）胡塞尔幻想哲学能像自然科学般严谨（Rigorous），也许影响胡适高足傅斯年一度希冀哲学系归属理学院。我曾于中山大学与香港大学攻读数学两年，记得维也纳大学有数学家 Weierstrass，原来胡塞尔正是他的门生及助教。理象学兼为学派和运动，学派可能暮气沉沉闷死人，但是运动必须充满活力（Vigorous）。哥廷根乃现象学重镇，又以美学驰誉欧洲，由于美学基于评审现象。我曾居慕尼黑一周，看尽博物馆和艺术馆，渐悟它是德国文化中心，尤其是科技与艺术。奥国犹太裔维根斯坦后期聚焦于私家语言和生活风格，亦注意真诚即不自欺欺人。唯美主义兼象征主义的主要代表 H·von Hofmannthal，1874－1929，正是奥地利诗人。德国唯美主义思潮的首席代表乃同时的格奥尔格（Stehpen·George，1868－1933）。1979 年我曾在哈佛大学宗教学院参加伽达默尔《真理与方法》研讨会一学期，听他演讲《柏拉图论死亡》。美学家堪称广义现象学家朱光潜在法国 Strassburg 撰博士论文《悲剧心理学》，该市曾属德国。宗白华却在柏林大学攻哲学。台北神甫李贵良译 Spieelbrug《现象学运动》成中文，可惜太不流畅，不如看原文吧。文理两学院之间究竟有楚河汉界。

六、“现象学家的谦逊却表现为极端不谦逊。它们到处遣责其他哲学家，说他们建立的体系根本没有基础。……现象学家提倡谦卑、禁欲、真诚、纯粹的精神……称之为贞洁性。……有些现象学家变得对宗教十分虔诚时，就不会认为是完全出于偶然了。……上帝的殉职者爱蒂特·施泰恩，是最典型的例子。……早期的哥廷根年代里，她就开始……效力于现象学了。1916 年 1918 年间，她是胡塞尔在弗赖堡的私人助教。20 年代转信天主教，最后进入修道院。……纳粹把她……抓走，因为她有犹太血统，被……处死于奥斯维辛集中营。”（第 105—106 页）恰似雅斯培的贤内助，胡塞尔夫妇是犹太裔。1969 年夏季我出席夏威夷大学主办六周的第五届东西哲人会议，认识宣称救胡氏伉俪逃奔比利时的神甫冯布瑞达（Von · Breda），六年后在鲁文大学出席第二届世界宗教和平会议后参观胡塞尔档案馆，顿悟天主教严肃主义与现象学千丝万缕的联系。80 年代畅览奥国首都维也纳大学及最美城市沙尔斯堡，想起影片《仙乐飘飘处处闻》（The Sound Of Music）也富天主教及修道院色彩，男主角家教颇严。1970—1972 两年每星期六，我兼教中国哲学于香港仔圣神修院（Holy Spirit Seminary），惊觉厕所无一镜，仿佛唤醒修士：内省比外表要紧。相反地，1919 年巴黎和会召开于凡尔塞宫的镜殿，它全殿皆镜宛若教导开会人员注意外表。天主教徒马相伯创办复旦大学，至今它重视现象学及理学。须知胡塞尔慢工出细活，迥异于马克斯。舍勒（Scheler）同时写三本书。“他的著作在手里揉来揉去，直至变成大捆的手稿为止。1938 年一位弗朗西斯克修道士把这些大捆的手稿传奇般从纳粹手中抢救出来，偷运到比利时的卢汶（鲁文）。”（第 107 页）中国也有重庆师范大学数学系毕业的贾顺先先生，成为四川大学哲学系教授，但是无关现象学及存在主义。

七、“胡塞尔是……慈父式的……满腹经纶的绅士……追求最后的基础和确定性，甚至企图寻找上帝的确定性。……弗赖堡大学的……学生称呼胡氏为发疯了的钟表匠，因为他在课堂上不断深入地独白时……右手的中指在左手的掌心不断地划着小圈……。在课堂上常深深沉入自己的意识流……。有一次……伽达默尔提出不同意见，胡氏课后对助教……海德格说：今天可真是一次令人兴奋的讨论。……对他的私人助教施泰恩……说：她应该一直在他这儿工作，……至结婚为止。……在他的学生圈子里找个男人，这个男人也可以当他的助教。也许他们的孩子也会是现学家。……胡氏把先验自我理解为某种实体……同上帝精神有……可疑的相似性。在传统中，上帝精神是一切世界内容的不可变化的基础。……像……费希特……胡……实现了他向自我的转变，整个世界都是来自自我，意识不再只是一种具有魔力的东西。……他在与日本人的谈话中说：哲学与诗从它们最内在的源泉来看，是紧密相连的，它们在灵魂中有……神秘的亲缘关系。……如果现象学应该是整个近代哲学的神秘欲望，普鲁斯特（Marcel Proust）就应该是现象学的神秘欲望。”（第113－116页）作为慈父型哲人，胡塞尔关怀女助教的终身大事，憧憬她与同学或同志所生子女亦成现象学家。康有为不懂现象学，却让女儿嫁给主张妇女天足的男门生，未尝希望外孙继承衣钵跃为国学大师。作为“意识流”概念祖师，胡氏深切濡染近代文学，尤其是心仪柏格森的法国文豪普氏，请看王煜《哲海钩沉》（2004）第22篇《普鲁斯特洞察妇女心且怀蓝色情结》。中国成语“满肚密圈”形容工于心计，胡氏上课却用中指打“显圈”象征复杂的循环。他免除宗教狂热，却似笛卡儿热心确定上帝存在。“先验自我”像良知属形上实体，只欠道德创造性。普氏最后十二年在隔音室醉心现象学练习，以胡塞尔为精神偶像，恰似英国吴尔芙（Virginia Woolf）崇拜摩尔。

八、“布伦塔诺《关于存在的多样性》……给海德格尔极大的启发。他把……现象学看作一种可以揭示存在的多样性的哲学。后来在他1925年夏，马堡大学的讲稿《时间概念史》中回忆……现象学观察事物的角度使他走上了自己的道路。在书中还明确表示为了前进，他必须超越胡塞尔现象学的界限。……‘现象学要求的无偏袒的纯事情性是最难达到的，因为矫揉造作、谎言和他人的议论构成了人类生存的基本要素。’（《海德格尔全集》第20卷，第37页）对海氏来说，被现象学克服的……造作之一，就是关于两个领域区别的顽固教条，即本质和现象……。用海……话说，现象学给现象，给显现的世界恢复了名誉。”（第117页）奥国哲人Brentano启迪胡氏侧重意向性（Intentionality），现象学确实揭露存在的多姿多彩，承接尼采否定超级本质如柏拉图理型（理式、理念）和康德“物自身”。借取中国政治术语，可谓尼采与海德格尔替显而不隐的现象界作出“平反”即使恢复名誉。叔本华走另一思路，竟等同理型、物自身与生存意志。现象学及存在主义克服本质现象的顽固二元论，堪称哲学革命。胡、海师徒齐倡放弃成见偏见，切勿过度尊重别人议论。庄周《齐物论》首先提出这高见，《徐无鬼》篇更劝人勿盲从一师。1961年刘百闵老师也曾勉励我读经典不必恪守古人注疏，可先自作阐释以免受注家误导。马一浮门人刘师不幸恒遭低估甚至忽略，我尊他为一流《周易》专家。可惜西哲除莱布尼兹外，留意老庄也罕阅“三玄”另一项的《易》。中国传统欣赏而不鄙薄现象，西洋传统尊崇现象背后的实体。难怪西谚指出“熟悉产生轻蔑”(Familiarity Breeds Contempt)，容易熟悉现象而不可能熟识隐而非显的实体，形上学家多信宗教。

九、“胡塞尔到弗赖堡之后，海氏一直寻求接近这位大师。开始胡……表现十分冷淡。在胡氏看来，海……属于教会哲学阵营……影响（降低）了他对海氏的兴趣。海……用了几乎一年的时间，经过多次徒劳的努力……才获得和胡……交谈的机会。1917 年 9 月 24 日胡氏向海氏写道：十分乐意就我之所能支持你的研究。”（第 119 页）八年后海德格尔演讲批评胡氏的局限性，但是初期胡海的师徒关系，颇肖黄石公与张良、达摩与慧可、爱因斯坦与杨振宁。胡岂料海青出于蓝或冰寒于水？大师级天才时常高估自身而低估优异门生对己“望尘莫及”。

十、“胡……的私人助教施泰恩放弃了她在胡……处的工作，胡……让她把手稿加工成供发表的书稿，但是胡……总是提出新的草案和笔记交给她，直至把她已加工好的书稿彻底推翻为止。她实在忍受不了……另外，胡氏只知道让她工作，没有帮助她实现完成高校大学教职论文的愿望，她终于一走了之。”（第 119 页）人多知冯友兰曾因政治压力而频繁自我否定，字面上似陶潜“觉今是而昨非”。人罕知胡沉湎自我修订以致疏忽对私人助教的导师责任，即以她为纯粹工具。反观中国诸哲，唐君毅老师也有此毛病，约 1963 年他在牟宗三老师家中举行的东方人文学会聚谈演讲，吩咐我笔记后给他修改。原来唐师删除我稿全文，另写新文于每行旁边。我不禁想道：难道会中演讲一切不妥？何不撰另文发表？牟师恰巧相反，很少修补手稿，初稿就像一锤定音了。罗素、维根斯坦师徒对初稿亦然。

十一、“海氏在军队中……被派到前线气象站值勤，二十年后……萨特也担任过同样工作。……海氏被派往柏林进行气象学培训，继续同胡氏频繁通信。……更推心置腹……充满信任。1918 年 9 月 10 日的信中，胡氏赞扬还没有学坏的年轻的海氏有清楚的灵魂之眼睛、清净的心、清楚定向的生活风格。”（第 120 页）胡塞尔在柏林诸生包含萨特，海、萨成为师兄弟，两次世界大战时期，存在主义难兄难弟刚巧短暂服务于气象站。胡视海亲切如继子，因为 1916 年初他的幼子战死沙场，秋季另一子头部中弹躺在野战医院。私人助教施泰恩正在胡家担任护士兼女佣，由于胡氏夫妇患重感冒。她辞职后不会堕落，却难如师兄海氏具备定向的生活风格。

十二、“在慕尼黑的苏维埃共和国……充满激情，煞费苦心炮制出来的政府公告宣布：世界将变形为一片开满鲜花的绿草，每个人都可以……摘取他那部分的花朵。经宣布取消任何剥削、取消一切等级制和法律，命令在报纸头版颁布革命政令的旁边刊登荷尔德林和席勒的诗……无论在政治上还是经济上，人们都不愿意接受一个失去魔法的现代世界。”（第 129 页）政治革命通常起于贫富悬殊，平均主义压倒精英主义，法律维护的等级制被贬为剥削苦众的工具。苏联十月革命成功，波及德国，连国民党将领冯玉祥亦向往苏维埃。慕尼黑市民不会憧憬西方净土，因为现实的香花绿茵更可爱，正如荷、席两位的诗歌魔术般震撼民心。韦伯（Max Weber）呼吁节制世界，无人听得入耳。

十三、“讲台世界着，就是说我体验着讲台的蕴义……功能，它在空间中的地位、它的光亮，它起着作用的小段历史。……它从时间和空间上凝聚了一个世界……当我们回忆这个讲台体验时，就会注意到在普鲁斯特之后，我们已经看得很清楚，实际上是对整个生活处境的回忆。把讲台挤到面前时，整个世界都到了面前。当普鲁斯特把玛德莱娜（Madeleine）的小蛋糕泡在茶里时，展现出来的是贡布雷（Combray）的整个世界……小蛋糕世界……遇到一件东西比如讲台时，我们是如何接近它的：这种亲临过程总是一种经历。他特别要弄清，当我们进入一种理论的，通常称为科学的态度中看待世界时，到底发生了什么事情。”（第133—134页）海氏术语中“世界”兼作名词与动词，哲学家中他独重讲台的深邃涵义，尤其是我上台前可能在前排座位因听不懂别人演讲而生气。我在哈佛大学做两年访问学人，谛听约四十个课程及百余演讲，对讲台也有近似体验。海氏却用登台隐喻了解具体世界兼抽象理论，最通俗的例是普氏笔下小蛋糕象征法国贡布雷一地。世界以外，“事物”亦充动词，可说猫在猫着（The Cat Cats）。缺乏玄思的英国分析哲学家只能利用猫席音近而说猫在席上（The Cat Is On The Mat），却不懂以猫字充动词。中国人概括及抽象能力较弱，不能将世界或事物用作动作，仅能把猫字充当状（形容）词及副词，如“猫冬”指像猫般在冬天常睡，“猫腻”谓似猫纠缠主人双脚求食乞援。英语“犬”而非“猫”可作动词，Dog可指像狗跟随主人不离弃。

十四、“雅斯贝尔斯在他的连续记录了二十年、直至去世时还放在身边的工作台上随时准备续写的海……笔记中，对海……的思想作了十分精辟的表述：海……是在同时代人当中最令人激动的思想家，精彩、有说服力、深奥莫测。但是最后空无结果。”（第140页）自然科学讲究结论，哲学却可视怀疑、批判和诊断为结果，借庄子口吻可谓无果之果。Jaspers（又译雅斯培）比较重视理性，曾以白昼理性对照黑夜激情。放开胸襟说，成为哲学家就是有结果，何况独占哲学史一章呢！

十五、“俄耳甫斯（Orpheus）要想把欧吕狄克（Eurydike）从黄泉地府之中救出来，他自己就不能转身。他转了身，欧氏就会永远消失在冥府之中。海……想让活生生的生活自己转过身来；它应该从根本上对生活的意义加以把握。它应该发现生活的基础，生活从这基础来，又消逝于其中。……这个回归如此艰难，因为生活意识到，在它的心中自己一无所是。它是一种虚空，对空无的恐惧推动它不断向外寻求充实。为了生计难道我们不应该在那推动我们到世界中去忧人忧事的东西面前躲避我们自己吗？海氏鼓励人们去看一眼日常生活中，认真与严肃所处理的事情。……海……使日常之事和习惯之事突然变得十分亲近的了咒语就是操心（Sorge）。……操心这个概念后来成了《存在与时间》的中心。……操心与筹措（Besorgen）正好与行为完全同一。……从事关照活动时，我已经先于自己。……计划……总意味着我在空间……或时间……担忧着或完成的什么事。……任何行为都是两面神。一个面孔冲着未来，另一个面孔冲着过去。人们为将来筹措，以便不使过去中有任何延误。”（第157－158页）作者援引《海德格尔全集》第61卷说：“生活就是操心，而且在使自己轻松的倾向中，生活就是逃避。”操心使人紧张，可谓精神压力。逃避操心志在减压，但是逃避自由亦可减压。法兰克福学派的弗洛姆（Erich Fromm，1900－1980）在《逃避自由》侧重负面的批判。道家旅行不会参团以免沦为跟从母鸭式导游的丑小鸭。然而旅行社享受机票与旅店大打折扣，倘若节目恰当且丰富，参团虽逃避选择自由而较不参团的自由行聪明，因为豁免为选择操心筹措。海氏擅长利用希腊神话，例如太阳神阿玻罗之子俄耳甫斯乃音乐家兼诗人，跟随亡妻欧吕狄克赴阴间，演奏音乐感动冥王哈德斯（Hades）。这希腊阎罗允诺他带走爱妻，条件就是不许回顾，直至抵达阳间。无奈功亏一篑，他一回头便永远丧妻。海氏想到现实生活的回顾也会人体验一片虚无，比乏善足陈更差劣。世人愈对往昔不满，愈追求补偿，遂拚命操心筹措。人类本能为己为家忧虑，忧国忧民才是超越本能的高尚情操，周朝圣贤已富于忧患，诗圣杜甫代表唐代文豪的忧患。海氏剖析为己为家的狭隘忧患，忽略为国为民的高贵忧患。《大学》教人修身齐家治国平天下，这四项的难度递增，难怪贪官污吏连一项都做不到，大陆学者"齐治平"被取笑为"无修"即欠基本功。海氏欣赏老庄而非儒家，博物館里双面神像启迪他用神脸象征往昔和将来。庄子的理想人格不忧不谋不忆不悔，豁免了 Sorge。

十六、"1920 年初两个人（海德格尔与雅斯培）在胡寨尔家的一次友人聚会上相识。经过半年多的小心接触，到 1922 年夏天，双方终于觉得相互在一种罕见的独立战斗的团体意识中联系在一起。……在两人第一次单独会面中，洽谈了如何组成联合战线，以反对学院的仪规。"（第 161 页）作者征引雅氏自传，阐释学院仪规指谓胡氏研讨班接纳学生的规矩，将雅氏优秀女生 Afra Geiger 拒诸门外。雅氏惋惜她得不到良师，胡氏又收不到这高徒。当时海氏插嘴激烈为雅斯培辩护，流露强劲的正义感，凸显胡师教条主义不懂破格录取阿芙拉小姐。相反地，清华大学破格录取数学积分很低的考生钱钟书与吴晗。中文大学哲学系毕业女生吴海雅名字切合德国存在主义，可惜她不研究海、雅关系而改入香港大学社会系攻硕士衔。德国早已出版《海雅通信集》，我曾阅英文书《海、雅的尼采研究之比较》。他俩惺惺相惜成双璧。雅斯培《哲学自传》慧眼识英雄道："两个青年人（指海、雅）结成联盟，反对秩序的抽象权威联盟。……这个下午气氛不好。我觉得那里有点小市民气……过于狭隘，缺乏人与人间自由的关联，缺乏精神的闪光。

在我眼里只有海德格尔不同。后来我去拜访他，和他单独坐在他的小屋里，看到了他对路德的研究，看到了他工作的紧张，对他的言简意赅的说话方式很有好感。”小市民气就是狭隘小心眼，遗憾的是伟大市民胡塞尔未能冲出抽象权威，坚持不收阿芙拉。2000 年中文大学哲学系选收研究生的会议中，主任石元康教授反对录取博士生王耀航，因为不能保证他获博士衔后找到合适职业。我不禁发言：“录取研究生不须保证觅得职位。我曾教过他，深感他有潜力。录取学生恰似做媒不必保证新娘顺利生子。”石博士不像胡塞尔执著，全体通过收王生，我多口帮他绝非由于同姓三分亲。

十七、雅斯贝尔斯……1913 年出版《心理病理学》一举成名，……退出医学专业。……以心理学为基础，吸收狄尔泰关于理解的方法及现象学在对意识现象的描述中的谨慎周到。使他走向哲学的是韦伯和基尔凯郭尔（祈克果）对他的冲击。……韦伯把哲学从精密科学的文献中剔除出去，因此哲学获得……自由；基……则把生存的激情退赔给哲学。这是雅……的看法。……向生存澄清的过渡性著作，是 1919 年问世的《世界观的心理学》。……关心的问题是自身之存在到底以什么方式发展自己的，它是如何耽误、如何失败的。首先感兴趣的是行为和思想方式的边缘状态（死亡、痛苦、偶然、过失、战斗）。……这本书……使哲学带上新腔调。……反应如此强烈，以致並非哲学博士的雅……于 1922 年在海德堡大学获得哲学教授的席位……在严守教规的科学家看来，他是科学的叛逆，从事不精确的工作……；在哲学家看来，他是具有强烈宣传鼓动倾向的心理学家。雅……对二者均不承认。他觉得自己正走向广阔的天地。”（第 163 页）韦伯严谨区别事实研究与价值决定，雅氏运施韦伯对理念类型的构造方法探索世界图景与看法，注意自由、责难及死亡诸基本问题。”边缘状态（Boundary Situation）及痛苦得濒临死亡的绝（Ultimate）境，往往激出一套哲学或一门宗教。文学院一切学科不可能精确，较频参考统计数字的社会科学精确一点，自然科学始能精确。雅氏从心理学走向哲学，略似郭沫若由医学转归文史哲，或复旦大学博士高汝远由西医变为心学家。人文学科不能倚靠彻底量化的统计数目，统计学隶属数学。先父曾称一只观赏鹦鹉体重，算出每斤值多少钱，就是滥用（Abuse）科技于人文学科，尤其是美学。印度文化感染三国时代出现天才曹冲称大笨象的佳话，却属物理学中利用比重计算体重的妙法，无关哲学中的美学。人类学统计少数民族或原始部落的生活资料，雅、海等哲人贬为贫贱（德文 Erbarmlichkeit），意谓欠缺深邃的哲理。

十八、“他们之间的友谊的开始阶段这样振奋人心，以致雅……建议创办一个刊物……只发表他们两个人的文章，使之成为哲学的火炬。人们应该在当时哲学的不毛之地上高扬反教授哲学的声音：‘我们并不漫骂，但讨论必须是毫无顾忌的。’……雅……想到海氏连教授还不是，没有主持教席。所以创办刊物的事不得不等待一段时期，推迟到海当上教授之后。……当时拜倒在这位私人讲师脚下的……知名人物……有伽达默尔……马尔库塞（马库色）……。历史上哲学除了研究人的此在（Dasein）之外，的确还做过别的研究。正是有鉴于此，苏格拉底才认为有必要向哲学发起抗议，以便将哲学重新拉回来关心人事，为人而忧虑操心。”（第166－167页）1922年9月雅邀海赴海德堡住几天，各住一房而随便清谈，八日内他俩几乎形影不离，海氏赞为不可思议。职称悬殊之外，另一因素防碍“两言堂”刊物问世：他俩都未知究竟想做什么。崇拜者尊海氏为秘密哲学之王或无冕帝王（不指记者），他的魅力远超雅氏，不用说现代“钢琴王子”李云迪了。他像苏格拉底反对倾向自然科学的哲学，而专注人生。科学与哲学之间的紧张关系，类比中古时代哲学与神学之间的紧张。文艺复兴所倡人文主义，也将哲学拉回人生。作为存在主义前奏，祈克果与尼采亦专注人生。

十九、“海……很快就成为神秘的明星。他的课总是一清早就开始。但这里然仍不够残酷，因为两个学期之后，他上课的教室里挤进了一百五十人。在海没有马堡之前，伽达默尔一直是哈特曼的学生。他曾经描述逮哈……的学生如何成群地跑到海……这边来。波罗的海的贵族哈……是一个夜游神。他中午十二点起床，晚上十二点精神正旺。他周围也有一个圈子，大家讨论问题有到东方发亮。伽……写道：海……来到马堡之后把课定在早上七点就开始。……矛盾（冲突）就不可避免了：下午去参加哈……持续到深夜的讨论几无可能。”（第170页）海德格尔受聘为马堡大学教授，三十四岁一朝得意几乎语无伦次，竟把自身野心投射于往昔老师胡氏，讥讽他要去柏林解救世界，事实上胡未尝应聘往柏林主持 Troeetsch 讲座。奇趣的是德国高等学府放任教授任意安排上课时间，否则 Nicolai Hartmann 教授与海氏共同的门生可兼顾两位大师的授课。我推测富战斗性即好胜逞强的海氏刻意攻击哈氏猫头鹰式生活风格的死穴，当然诱来哈氏多半学生。相反地，叔本华也曾将上课时间安排得全同黑格尔的，结果惨败，由于诸生欣赏黑格尔那套唯心辩证法而非叔本华饶于印度色彩的意志主义。熊十力在北京作讲师，任性得要学生不进课堂而入他家上课，牟宗三老师在中文大学不在空间而在时间上任性。部分学生选修一周三节的课程，竟只听单独一节的短课而放弃连续两节的长课。牟氏想出妙计，把三节时间总和分成两半，每次上课长度相同。他艺高人胆大，无任何同事斗胆如此。

二十、“1924 年初一位十八岁的年轻犹太女大学生来到马堡，因为她想师从布尔特曼和海……她就是汉娜·阿伦特（台湾译作鄂兰）。她出身于寇尼斯堡一个已被同化的犹太人家庭，十四岁时对哲学的兴趣日益浓厚，读康德《纯粹理性批判》，熟练地掌握了希腊语和拉丁语。十六岁时她组织研读希腊罗马古曲文学的小组。她以最优异的成绩在寇城高中毕业。……之前便在柏林听过古阿迪尼的讲课，并且开始读……基……（祈克果）。哲学成了她冒险的乐土。……在马堡……阿伦特留着短发，衣着时髦，引来不少青睐……经常穿着……精美雅致的绿色服装，学生们都称她为‘一片绿’。在食堂谈话时……邻桌都安静下来……她使你觉得非听听不可。她身上透出……自知、自信与羞怯的混合，为参加布尔特曼讨论班而举行的正式预选谈话中，她反客为主，提出要她参加必须满足……的条件……班上不得有排犹的暗示。……学生们把阿伦特看作例外现象……在她身上看到一种张力……对目标的坚定追求。……她住在大学附近阁楼上一间小屋子里……和他们（朋友）讨论哲学……为朋友准备了一幕娓娓动人的话剧：从墙角的小洞里叫出和她同屋的小朋友，一只小老鼠，给它喂食。……1924 年 2 月起在这小阁楼极为秘密地接待了……海德格尔长达两个学期之久。……第一封信……他赞许她的灵魂和精神素质极高，鼓励她忠实于自己……海……比汉娜大 17 岁，是两个儿子的父亲，有一位虚荣好胜的夫人……谨守着家庭与名誉与尊严，满腹狐疑地注视海……的女学生们围着她的丈夫献殷勤。”（第 187—191 页）早熟的阿伦特对神学家老师布氏很不客气。另一老师竟成为两个学期的情夫，依赖密码和暗号保持秘密。对小鼠的关爱，表示她可能热爱小动物不忍杀戮。难怪海氏盛赞她的心灵素质。命运作弄他，夫人激烈反犹，情人偏偏是犹太裔。后来与阿伦特做了几年夫妻的 Guenter Stern 追忆海夫人在宴会问他是否愿意参加马堡的纳粹青年组，一旦自称犹太人时她颇震惊。海氏信函坦承汉娜最理解他的哲学，她为海氏哲理填补了世界性，譬如对海氏批判凡夫沉沦，她补以世界之爱。无奈傲慢海氏不读汉娜著作，充其量随便翻翻。但是他向汉娜承认，无她就写不出《存在与时间》。他们终生间歇幽会，她另有雾水情人及短期丈夫。寇尼斯堡出产两位哲学大师，康德死后约百年再出最杰出女哲学家犹太人阿伦特。

二十一、“畏惧…… 是处在阴影中的情绪的女王。必须把它同害怕区别。害怕总是针对某种具体东西的，是小打小闹不成气候。畏惧针对……不确定的无边无际的东西，如世界……在……畏惧面前……一切都赤裸裸地降到地上，暴露了它们的意谓。畏惧是最高统治者……无缘无缘地就在我们内部发挥强力作用。它真正的对手不过是虚无，所以无需诱因便起作用……畏惧不容忍其他神灵在它身旁存在。它的具体表现为两方面：它撕裂了同邻人的纽带，使个人从世界的信赖关怀中脱落出来。它用世界赤裸的具体内容（Dass）和本真的自己同人生此在对质……人生此在经过冷酷的畏惧之火焚烧之后非一无所获。被畏惧……烧掉的东西，在人生此在的红炭中显示出来……同时是……对世界的畏惧和对自由的畏惧。”（第 207－208 页）祈克果洞察对自由的畏惧等于对过失的畏惧。古谚云：“男怕入错行，女怕嫁错郎。”此两谬误抉择令人痛苦足以致命。孔子说君子畏天命，我认为此畏侧重敬而非惧。恪尊上天给我的神圣使命，我始能发奋完成它。理学之前敬有对象，例如天命；宋代开始敬指严肃不需固定对象。祈克果轻敬重畏，强调 Fear 有对象而 Dread（德文 Angst）无对象，启迪海氏辨别两种畏惧对象：世界和自由，洞察畏惧为最厉害的情绪。世俗最怕死，孔子“勇者不惧”，应指不畏死亡。近代精神分析裨益心理治疗，例如自闭症和忧郁症多因撕裂与邻里的纽带，丧失世人的信赖关怀。人罕于黑夜行走坟场或下海游泳，由于畏惧虚无。海陆之外还有太空，浪漫透顶的李商隐说：“嫦娥应悔偷灵药，碧海青天夜夜心。”运用存在主义和心理分析，可谓嫦娥虽享长生不老之乐，更苦于毫无生物的月亮和浩瀚无际的太空导致忧郁症。祈克果熟读《圣经》而不谙希腊罗马神话；倘若海德格尔懂得嫦娥奔月的中国神话，必定乐意用于它例证畏惧虚无与自由，偷药就是错误的自由选择。西谚“无人是孤岛”表示人皆畏寂寞，即需亲情友谊的关爱。鲁宾孙不幸漂流到孤岛，也要土人“星期五”及宠犬的伴随。阿兰特喜穿绿衣，因为葱绿代表生命或青春；不穿蓝衣，由于蔚蓝象征无限的汪洋与星空。丧事采取蓝白两色而忌红绿。法国萨（沙）特竟厌恶海洋动物及绿林，不如阿兰特健康。祈克果以“跃至信仰”克服恐惧，海、阿师徒虽信新教而不用宗教对付畏惧。后者必受 20 世纪 20 年代盛行的危机情绪濡染。

二十二、“他引用晚期古典时代的希吉努斯的操心之忧的寓言：有一次女神‘操心’过河后，看见一片陶土之国。她一边思索一边从中取了一团陶土，开始动手塑造。……思索创造的作品时，朱庇特出现在她面前……操心请朱庇特赋予塑造的陶形以精神。……朱……和操心为（其）名字争执不休时，土地女神 Tellus 突然站起来，也要求这个造型叫她的名字……认为自己为造型奉献了身躯。三个争论者最后请农神 Saturn 作法官判断。Saturn 作出很公正的评断：朱庇特，因为你给这造型以精神，那么它死后的精神给你。土地女神，因为你赠……身躯，那么它的身体就给你。但是操心是先创造这实体，那么只要它还活着，就应归你所有。”约1974年中文大学始创“学生为本，课程，我负责崇基学院四个学生的讨论课，采取海氏《存在与时间》英译本。最积极的一位女生恰巧叫做张爱玲，他们特别喜欢第198页女神“操心”(Care)、战神Jupiter与土神台鲁斯的纠纷由农神解决。作者将万物之灵的爱名性格投射于神。陶土造身、忧虑操心属精神。严谨看来，朱庇特可涵盖操心女神。但是一旦信仰精神或灵魂不朽，操、朱即分生前与死后，因为忧患随生命消逝而灵魂始能不灭。婆罗门教首创投胎转世的信仰，佛教改造为轮回。轮回主体似灵魂不朽，但是此生的忧虑操心不会传到来生。借用亚里士多德形上学“四因说”考察三神争名的神话，可说操心女神提供陶型的形式因，土地女神供献物质因，战神似供效力因。终成因仅为“操心”要满足创造冲动，绝无工匠式实用目标。古人说泥菩萨过河自身难保，泥改成陶土就可自保。孔子说仁者不忧，庄周谓真人无忧，操心女神不受欢迎了。逻辑上生存不函蕴忧患，事实上生存难免忧患。农民焦虑水火虫三灾，渔民忧虑海难和红潮，矿工唯恐矿难。忧虑是普遍的情绪而非理性，海氏认为非理性主义如意志主义只能偷窥理性主义茫然忽视的事物，例如倦怠和无聊。

二十三、“1929年春；海……和卡西尔都参加达斡斯高校周的活动。……高潮是两个人的辩论。……海……的声誉如日中天，卡西尔也是学界明星……代表作《符号性形式的哲学》成了文化哲学中的一块丰碑。卡西尔出身新康德主义，但已经从新康德主义的科学认知理论的狭窄提问方式中解放出来，发展出关于人类创造性精神的庞大体系……被看作是人文主义传统和追求最大普遍性的文化唯心主义的主要代表。……他是第一位被选为德国大学校长的犹大人。……受汉堡市政府邀请在市议会大厦举行的宪法庆祝会上发表祝祠。……德国教授们的主流倾向认为，共和制议会制的宪法是一舶来品。卡西尔针对这种偏见，指出共和主义民主制早就由莱布尔茨和沃尔夫在哲学上制定出来了，并在康德论和平的文章中得到十分清楚的表达。”（第 251 页）莱、沃师徒启导康德及卡西尔提倡共和制定宪法。可是一般德国教授不谙哲学史，怎会阅览康德小书《论永久和平》呢？1929 年犹太人仍可当选大学校长，因为纳粹党未得势。后来卡西尔奔赴美国耶鲁大学，女生苏珊朗格成为美学家。

二十四、“海氏希望人们将他看成在哲学的巨大采石场上的严肃工作者、对幽雅世界的蔑视者、运动员和一个野小子、险峰的冲击者、勇敢大胆从事游历的男人。参加这次魔山高原上的哲学最高级会晤的人们对他的印象与此相仿。一位与会者写道：海氏与卡氏之间的争论，使我们……得到不可想象的丰富收获……一方是身材矮小的棕黑色皮肤的男人……很出色的滑雪者和运动员，他经历充沛，果敢坚毅，表情严肃拒人于千里之外，有时过于严肃。他带着令人尊敬的果断性和极为深沉的伦理庄严，生活在他自己提出的问题中，且献身于这些问题。另一方是满头银发，不仅外表庄重，内在也庄严崇高。他的思想天地广阔，提问题的视野全面，性格开朗、和善、殷勤热情、生气勃勃、充满灵活性，还有贵族式的高尚。”（第 253—254 页）比较两位哲人的与会者施内贝尔格撰《海德格尔拾遗》。他笔下海氏骄矜、自我中心而不可爱，卡西尔比较懂得做人的可爱。海氏轻蔑社交规矩，卡氏从俗如流。

二十五、“卡西尔关心的是文化中居住的艺术，海……想把基地做成无底深渊。卡……通过文化对意义进行奠基……主张依靠作品内在的必然性和持久性来战胜人类生存的偶然性和短暂性。……海……以激昂的一挥弃之一边，剩下的只是伟大努力中为数不多的眼下瞬间。……在博伊隆修道院教堂参加的晚祷就是这样的瞬间，使他意识到黑夜神秘的、形上学的原始力量，必须不断冲破它，以便真实地生存。……他童年的一幕也是这类瞬间。后来海……多次对朋友讲起此事。一个后半夜五更天，作为教堂的敲钟童在漆黑的走廊里他从母亲的手里接过点燃的蜡烛，一只手……护住……火焰，穿过小广场走向教堂。站在教堂的祭坛前，用手指尖把流下的白蜡重新往上拔起，他想证实蜡点得时间长一点。但是最后蜡烛还是燃尽了……尽管推迟了（熄灭）。如果人生此在（Dasein）由两幕组成，一幕是黑夜，它从其中发源；一幕是白昼，它克服了黑夜。那么卡西尔把注意力放在第二幕上，即文化的白昼。海……关心的是第一幕，盯着我们从中走出来的那个黑夜。他的思想使黑夜稳固了，以便某种东西被它衬托出来。一个面向发生、一个面向渊源；一个涉及人类创造的居所，一个顽固地津津乐道于 Creator Ex Nihilo（拉丁文，指无中生有）的无底奥秘。”（256－257 页）上节比较海卡外貌，此节比较他俩内心。卡西尔以符号为文化奠基，至尊符号就是语言文学。三国时代曹丕《典论·论文》指出人寿有限而文章不朽，像儒家肯定立言的永恒价值。老庄却贬抑书文为糟粕刍狗，只有工具价值而欠本身价值。儒道两家的差异亦在侧重发生（创造）或渊源（天道）。但是海氏少年时代对敲钟燃烛的宗教体验与中国儒道大异其趣。我国打更具备双重实用意义：报时及警惕防火。天主教敲钟除可报时，亦似佛教暮鼓晨钟有警惕或唤醒的社会功能。卡西尔聚精会神于人生积极正面，海氏却关注消极负面，譬如拢蜡延长烛寿，宛若中国人用人参鹿茸推迟垂危病号的死亡。庄子同作者以日夜代表生死，也象征卡海二哲的“终极关怀”。铸造此词的德国神学家 Paul Tillich（1886—1965）的代表作是《生存的勇气》（The Courage To Be）。汤显祖以爱情超克死亡，代表中国作家的生存勇气。1997 年英国戴妃在花都车祸丧命，Elton John 作曲《风中蜡烛》哀悼她像教堂蜡烛不堪风吹。戴安娜（Diana）究竟是偏阴的月亮女神而非偏阳的太阳男神阿坡罗（Apollo）。成语“风烛残年”显示古人晓得以风烛比拟脆弱的耆英，正如巴斯高将人类比作能思想的芦苇。

二十六、“当本真本已哲学被看作解放的工作时，哲学就不可避免地同政治发生联系。拍拉图《理想图》描述的灵魂上升最后也走向了政治……真正的哲学家在共同体中成为国王时，共同体才会建立真正的秩序。拍拉图曾在叙拉古（Syracuse）的狄奥尼斯（Dionys）王国内尝试，结果……被当作奴隶赤裸裸的拉到市场去卖，出于偶然机会才重获自由。灵魂分为三层：欲望能力同手工艺人阶级相应，情绪同战士和卫士阶级相应，智慧则同哲学首脑相应……约在中世纪被表现为农民、骑士、牧士（师）。在海……的校长致辞中，作劳动工作者、保卫工作者和科学工作者这三位一体起誓时，他仍喷吐着同样的思想。《理想国》无疑是哲学伦理著作。令人吃惊的是他仍声称在柏那里关于善的理念讲的不是伦理或道德问题。我们必须与‘所有……多愁善感的看法保持距离。’（《全集》第三十四卷）……在洞穴比喻中，被解放者看到光明之后，可以达到理论的生活为满足……为什么必要去（山洞）从事解放工作？”（第 302－304 页）我认为柏氏洞穴比喻兼为形上学、知识论及价值论，价值论包括伦理学、政治学和美学。海德格侧重知识论而疏忽伦理学。自私的奴隶一旦被解放欣睹阳光中的真理，必定享受智慧优越感而不再入洞解放亲友。高贵情操驱策出洞的奴隶回洞救人，让难友分享真理和欢乐。这看法绝非多愁善感，而是颂赞民族救星大公无私。另一方面，相当于金银铜的智情欲三层对应头胸腹（及生殖器），启发弗洛依德肯定超我、自我、原我三层次。

二十七、“讲授柏拉图的时候，即1931－1932年冬季，海德格尔正式参加了国家社会主义统一德国党。……这个党是反对共产主义颠覆危险的堡垒。……对他来说，纳粹革命是人生此在的强大事件……渗到了他的哲学内部，把哲学家从他的哲学界限里推了出来。……后来在为自己参加纳粹行动辩解时，海……强调……时代的艰难处境，使得决断性的政治行动成为不可避免的。高失业率、经济危机、一直没有解决的巨额战争赔款问题、城市里的内战、共产主义颠覆的危险等，魏玛的政治体系对这一切都无能为力。它的政绩只表现在内部党派的争斗、行贿受贿、推诿塞责的无责任感……希特勒象征着新时代开始……海氏在给亨普尔（门生 Hempel）的信中为自己开脱……拉出黑格尔和荷尔德林，认为应以理解这二位相似的方式来理解自己。……1933年3月17日希特勒……宣布对自己民族无限的爱与忠诚……胡塞……解释道：国家社会主义革命是德国人试图实现荷尔德林梦想的尝试。……对政治的厌恶情绪不能容忍多元化的现实，它寻求伟大的单一性。”（第309－313页）希特勒焚烧国会大厦，嫁祸给德国共产党。急切渴望祖国复兴的德国人寄望于口甜舌滑的魅力领袖，希特勒甚至夸称尊重外国主权。二十年前我的前任岳丈介绍我认识荷兰某前任镇长，“二战”时他憎恨犹太人控制德国经济，遂亲近占领荷兰的纳粹党，战后以荷奸罪名入狱，妻子要求离婚。希魔魅力逼近害死德国 Diesden 二十万市民的拿破仑，海氏竟说：

“黑格尔在拿破仑身上看到了世界精神，荷尔德林则把作当作节庆的王侯，众神与基督与他同在。”黑、荷是神学院同窗，不约而同崇拜征服者拿翁。我认为凡征服者（Conqueror）令大批无辜异邦庶民家破人亡，连亚力山大、恺撒、成吉思汗及拿破仑均为不同程度的魔头，严重破坏世界和平。希魔无限的爱与忠诚，只留给纳粹党。德国哲学世界最强，超越英、法、美；然而发动两次世界大战，却属意识形态或意底牢结（Ideology）的灾难。与尼采闹翻的歌剧家瓦格纳厌恶政治云：“搞政治的人令我恶心。”但是政治单一性迎合头脑简单的愚民，丧失多元化政治互相制衡的优越性甚至必要性。

二十八、“汉娜·阿伦特在《专制统治的原理与起源》……把这里发生的事刻画为贱民同精英的联盟。……在法西斯运动掌握了政权的时刻……精英用身体焚烧了身后的桥梁。……海……说过在哲学的旋涡中，我们同现实的自明关系没落了。现在正好相反，海氏的哲学把自己全部交给了政治现实的旋涡。……克劳斯说……海氏对希特勒想入非非。正如他在1945年在弗赖堡大学清查纳粹委员会面前……讲的，他当时相信了希特勒。……在回顾中海……把自己描画为出于清醒的现实政治考虑并且按照社会责任感行事的人。事实上海……完全被希特勒迷住 了。……1933年11月3日……海……《向德国大学生的呼吁书》……结语说：‘你们的存在规则既不是什么原理，……理念，唯有领袖本人是今天和未来的德国现实和它的法律。’……希特勒自称……德国命运的化身，海氏确实对他有这样体验。”（第314－316页）首位女哲学家是新柏拉图派的Hypatia（370－415），她活跃于埃及名城Alexandria，1853年英国小说家Charles Kingsley《Hypatia Or New Foes With An Old Face》（有旧面孔的新仇敌）是她的传记。后世凡女哲人被尊称她的女儿，如L·L·Maclister《Hypatia's Daughters：1500 Years Of Women Philosophers》（Bloomington，Indiana Unnershypress，1996）简介一千五百年来女性哲学家，包含于Joanne Cuttinggray《Hannan Arendt，Feminism，And The Polity Of Alterity》（鄂兰、女权主义及变易国体，第280—295页），1973年鄂兰《The Origins Of Totalitarianism》成为政治哲学经典。她不曾受希魔迷惑，海德格尔吹捧他为德国法律兼命运，仿佛郭沫若推崇斯大林。瓦格纳远比海氏清醒和高尚。

二十九、“当初他的哲学在寻找一位政治英雄，现在他努力同这个领域区分了。……1936年海……讲授谢林的课上。……说：拿破仑曾对歌德说：政治就是命运。这话的荒谬很快就会显示在光天化日之下。不对，精神思想才是命运。……但精神思想的本质是自由。”（《全集》第42卷）“1934年夏天……他已经宣布从政治转向精神思想。这个课公布的题目为‘国有与科学’。第一堂课上，社会名流会集，党的高级领导、绅士、同事坐了一教室，真正的学生反而占少数。人们极想知道辞退校长职务之后的海氏想说什么。……海氏严肃宣布：‘课题更换了：我现在讲逻辑。Logic一词来自Logos，Heraclitus说过……。’……海准备重新潜入他的深刻之中去。尽管他没有对政治有任何微词，但……要保持过去同政治的距离。……第二堂课上教室只剩对哲学本身感兴趣的听众了。……给他提供帮助的另一英雄荷尔德林。1934至35年冬季学期，海氏讲授荷尔德林。……他用奇怪的来信形式写小说《希波里翁》，属于当时名噪一时的德国古希腊学者群。狄尔泰和尼采都极力强调荷尔德林的意义。但是使德国公众重新关注他的是Norbert Vonhellingrath及其团体，他们发现从荷……作品发现一位象征主义的天才先行者。……后来荷氏精神失常反而使他的诗更有可靠性：他疯了，是否因他比别人更深入那生活的危险神秘的领域？……海……的荷……注释工作有三重点。首先……诗、思想、政治这三者关系如何？……诗人、思想家和政治活动家成为他人的命运，因为他们是创造性的。”（第 378—383 页）海德格尔的政治理想幻灭，雅斯培表面上赞扬他就职弗赖堡大学校长的演讲，背面却像意大利哲学家克罗齐将该讲辞痛贬。借王阳明的箴言，可说海氏接受短期的事上磨炼。犹太裔教授和学生的身份问题令他头昏脑胀。他毅然把精神偶像从希魔转到荷氏，改造拿翁“政治是命运的主词为精神思想或哲学，考虑诗、思、政的关系，近似文、哲、政的关系。作家和哲人皆可参政，但是容易论为政客工具，类似政治和尚。海德格急流勇退后第一课因不敢开罪政客党棍而临急改讲理则学，显然要回归纯粹哲学，寄情于像尼采晚年疯狂的诗人，原来海氏青年时代也写诗。恰巧荷尔德林诗歌洋溢着深邃激情，升格为哲学系课程，宛若英国浪漫诗人拜仑竟占罗素《西方哲学史》一章。海氏暮年撰书《诗歌·语言·思想》，却非《诗·思·政》。政治方面，红颜知己鄂兰代他写了。他懂得与政治保持距离，中国两位外交家蒋廷黻、叶公超出身文史而不懂。爱尔兰意识流派作家乔伊斯（James Joyce，1882—1941）主张作家应有三种禀赋：沉默、流亡、狡狯。荷尔德林三种皆无，弗洛依德三种皆有。胡塞尔具备前两项，海德格与沙特狡狯，雅斯培在必要时缄默。

三十、“诗人使一个民族获得同一性。就像荷马和赫希俄德（Hesiod，生于公元前 8 世纪），他们给民族提供了诸神，……道德规范和习俗。诗人就是民族文化的真正发明者，荷氏把诗的力量作为题目，所以海……称荷……为诗的诗人。……

海氏把诗所作的文化奠基活动……同哲学上世界的展开和国家的建立联合在一起。……人们常把诗理解为经历和想象的表达，它有娱乐价值，对拓展思想界限有好处。或者把诗看作意识形态的上层建筑，看作现实关系的美化或粉饰。或者认为（海氏引用纳粹意识形态）诗有民族生物学上的必然功能。海氏讽刺说消化也是民族的必然功能。……荷氏说今天的人尽管经验丰富多样，即有多方面的科学知识，但我们丧失感爱自然、感受人类关系的丰富性、生动性的能力。我们丧失了神性……精神离开了世界。我们屈服于自然，望远镜挤人到万有的幽深冥远中。……自然与人的爱之联系被我们做成绳索，我们嘲笑人与自然之间的界限。……再看不到土地，听不到鸟鸣，人间语言也变得枯燥无味。……按荷……的理解，诗人要使已经没落的世界整个活生生的内容重新在语言中突现。……赋有神性的东西不是彼岸的领域，而是改变了人与人之间、人与自然关系的现实。这是向世界开放的、不断上升的、充满冒险精神的、紧张的、清醒的生活。……在 20 年代，荷氏赋有神性的东西，被海……称为本真本元性。”（第 382－385 页）古希腊诗人荷马笔下某英雄离乡三十年，回乡时唯独旧时宠犬认得他。周策纵教授忆犬诗谓狗不得如此长寿，我查出狗最长寿纪录是 39 岁而猫 33 岁，遂肯定荷马正确描述动人的主犬关系非黑格尔《精神现象学》的主奴关系。海德格尔《科技问题及其他》（The Question Concerning Technology And Other Essays，New York：Harper&Row，1977）反对黑格尔说机器自动，因为它由人类创造和操纵。海氏抨击纳粹党贬抑诗歌为民族生物学或人类学工具，讥讽科技挂帅则只懂工具理性而非价值理性。科技家整天在实验室埋头苦干，全身与大自然隔阂疏离，令我联想某温州市同胞偷渡至巴黎唐人餐馆打工，抱怨疲倦至几年未尝抬头望月亮。但是海德格尔非否定工具理性，《科技》一书指出希腊字真理（Aletheia）即罗马字 Veritas，乃一种揭示（Revealing，unconcealment）。第二部《尼采的世界：上帝已死》批判尼采无神论，诃斥他笔下诸疯子放弃思维，正如庸众舍离信仰。在 1935 年《形上学导论》海氏对照“自在物”（Eject）与“对象”（Object），前者自动冒出（Emerge）而后者始与主体相对（字首 Ob 即 Oppose）。儒道两家同倡天人合一，恰巧符契海德格尔“诗意地栖居”的憧憬。换句话说，诗哲如程颢的价值理性肯定自然界“万物静观皆自得（自在）”，科技家的工具理性仅能肯定“万物动观皆他得”。他得意谓在因果连锁中不可能自在自得。难怪海德格尔激赏庄周与荷尔德林盛倡精神绝对自由或逍遥，尽管上帝未死则人心自由仍受局限。人类冒险精神建筑巴比塔，上帝不能宽容它过高表示僭越。人文主义的诗哲方能珍惜此岸而非彼岸。2007 年 10 月 6 日丹麦女汉学家 Denise Gimpel 在香港大学主办“东西方研究国际研讨会”宣读〈Chen Hengzhe And The Uses Of History：Some Brief Comments On《A Short History Of The EuropeanRenaissance》〉，洞察中国女作家陈衡哲《欧洲文艺复兴简史》提倡人文主义凌驾神道设教。我认为她迥异于天主教徒苏雪林。

三十一、“吃人的莫洛赫狂暴之神，这个使海德格尔政治和哲学的希望化为泡影，迫使他回到孤独的思想中寻求避难的近代到底是什么？海氏在《世界图像的时代》中把近代描画为总动员。……机械技术，科学和研究联合……构成强大体系，一个工作与供求的体系。技术性的思维不仅统治着狭义的研究与生产，而且（统治）人对自身的态度。……人同自然的态度与关系，也成可作技术处理的东西。……艺术……被视为艺术产品，被嵌入生产性的大世界。文化成为有价的存在物，可加以管理、计算、估价和计划。属于这类文化有价值的还有宗教的体验与传统，它们降落为对整体的存在物的保险手段。通过对超越物的工具化，我们达到完全脱神状态。（《林中路》1953年版）对海……来说，近代意味着机械技术、工具性科学、文化产业、脱神化。但这些只是对人发生威胁的可见征兆。……海……把这种基本立场定义为：人转变为主体；与其对应的世界转变为客体的总和，可被统治、使用、消耗、驱赶、消灭。人类主动定向，不再让自己与世界为伍，而是让世界与自己相对峙。人把世界钉死、固着在世界图像之上。人成为整个实存关系的中心。”（第395—396页）古代腓尼基人崇拜火神Moloch，狂热信徒把儿童作祭品供奉他。作者借此神象征暴力。海德格尔撰《林中路》云：“在古希腊……实存是蓬勃中、开放展开的东西……不是通过人的观察或人的表象活动……相反（地）人是被实存所直觉者……附着于实存……由实存承载，受实存……折磨，为实存所分割。”古希腊人似视世界为超巨舞台，人在台上既观察且要受观察，如非显示自身则躲在洞穴沦为贫困白痴。希腊人发明的话剧实为巨剧中诸小剧，恰似现象界诸影是柏拉图理想界的影中影。海氏将历史分三期：古希腊人在开放超巨舞台上表演悲剧和喜剧，存在的绝对优势充满整个意识。……保持玄妙和隐秘。在基督教时代，存在隐秘于人们敬畏的上帝中。但此时人……已怀好奇心，期待创世主和被创物之间有相似和对应性，终于堕入野心不能自拔。……近代人……展开全面进攻，在以技术方式组织的星际帝国主义中，人类主体达到顶峰。海氏像尼采主张回归希腊人文精神，勿贬抑身外物为工具。上述三期堪称直线堕落，毫无黑格尔辩证法的正反合关系。作为新教徒，海氏谴责尼采遗忘上帝，又诃斥近代人狂妄。

三十二、"海……接受了韦伯关于近代是失去魔力的世界的思想，但将其倒转过来，提出近代是通过技术对世界魔化的过程。……1933 年海……曾相信纳粹的集体暴动冲出这铜墙铁壁……五年后提出相反的看法：彻底转变的机遇尚未到来，……他把纳粹革命运动和它的结果，看作尚完全陶醉在全面动员的狂热，没有自我批判式的反思活动。……他的结论是：近代进入彼此对立世界强力观念最激烈的斗争阶段，即美国主义、共产主义和国家社会主义之间相互斗争的阶段……各自为自己辩护……都在被技术魔化的十分接近的共同基础上进行的。……'人类使用无节制的暴力对一切东西进行计算、计划和培植饲养。'计算指美国主义，计划指共产主义，培植饲养指国家社会主义。海……在关于尼采的讲课中将这种关系称为发展完善的无意义性时代。"（第 398—399 页）海氏几乎责备科技为魔术。他对了一半，近现代人一窝蜂地进大学修读电脑电子诸科系而轻蔑人文学科，沉湎于全体总动员的科技活动，无能深刻反省。斗争从意识形态泛滥到军事，美国过度热心担当世界警察，竟被伊斯兰教狂徒炮制"9·11"惨案。南北越与东西德之间的铜墙铁壁被和谐主义冲毁。国家社会主义残余新纳粹党如赤军派恐怖分子不成气候。幸亏社会主义国家都想和平而免战争，奥运、球赛及选美裨益世界和平。英国小说家威尔斯（H·G·Wells）和美国制片家史匹堡（Stephen Spielberg）构思的星球大战不可能实现。海氏对此的计算式思维与创造性思维应该并行不悖，即理工医与文史哲共荣互补。

三十三、在 1935 年第一次就《艺术品的起源》作的演讲中，海……说明思想同艺术的近邻关系。海……以梵高描述穿破了的鞋的名画为例（海……误以为一双农鞋），说明艺术如何展示事物，以便使其失去它的无足轻重性和习以为常性。艺术没有刻画什么，而使不可见者变为可见。艺术在作品中就突出的东西、自身形成它自己的特殊世界。……这特殊世界是透明的，构造这个艺术世界的活动又是可体验的。艺术作品使自己表现为能赋予其他东西以意义的力量。它使实存更实存些。它世界着（Worlds）。海……说：艺术的本质是在'实存中打开一片片阔地……其中一切与平时不同。'……我们要向令人神往的大自然的封闭性和土地性开放。艺术就是这种自身开放的尝试。我们可以确定一块石头的重量，把五颜六色的光分析为波长。但在这种规定中重量的重压和颜色的光彩没有被揭示出来……艺术……引起惊叹、恐惧、欢呼。比如古希腊的神庙。对我们来说，它只具有艺术史纪念碑的意义。但在古希腊却是社会生活的中心。……'神庙的建筑把生与死、不幸与恩赐、胜利与失败、坚韧与没落的道路和关系集中一起赋予统一性。'……他从观点出发，他在荷尔德林讲课中，把艺术、思辨和国家的建立活动并列。……是任何建构活动都服从衰老和习惯化的规律：开放的东西又会封闭起来。这一点海氏在纳粹革命中体会尤深。"（第400—402页）一般人瞧不起一双破鞋，贫困多病的梵高刻意要世人注意它，虽非农鞋也具备实用价值，修补后可再发挥功能，穷人心中它非无足轻重。艺术家独具慧眼，发掘俗眼看不出的异象。油画不可能透明，画的象征深层义蕴却透明，彷佛比实存更加实存。海氏玩文字游戏，将世界、意志、事物等名词兼作动词，似于实存中打开宽敞地盘。画家绘出石头及光线，科学家只能测出重量和分析波长。实物常引不起惊叹、恐惧及欢呼，经过艺术加工却能激发纷纭情绪。希腊神庙非纪念碑那般简单，它凝聚乡市居民进行社会活动，近似中国祠堂。祠庙对多元社交给予统一性，海德格尔却统一艺术、思辨及建国，惋惜一度开放的美好事物如鲜花、宗教和社国迟早打回原形，沦为柏格森名著贬抑的封闭宗教与封闭社会。

三十四、“上帝死了，但是人们自卑的姿态还在。这是尼采对时代作出的诊断。他所说的巨大神秘力量，就存在对这种自卑姿态的克服中……冲破一切，走向狄奥尼索斯（酒神）式对生活的陶醉和快乐的肯定中。尼采关切的是此岸世界即人间的康复。他想到，此同纯粹的冷静与虚无主义划清界限。近代的虚无主义使人们失去的是神的彼岸世界，但也没有使人们得到人间的此岸世界。尼采要在艺术中教人如何在丢失中有所赢得；所有忘我的狂热，所有愉悦，升入天堂的感情，都应该聚集到此岸的人间来。应该保护超越的力量，不过把它导向人的内部而已。要越界，但又‘保持对大地的忠诚’，这就是尼采对他的超人（未来的人）提出的要求。按尼采的设计，超人完全从宗教下解放出来……把宗教纳入自己内部。所以尼采关于同一事物的永恒轮回思想，并不具有断绝欲念的厌世情绪。……他的指令是：你应该……活你的每个瞬间，以使这瞬间不带恐怖地重新归来。……海……追随尼采对唯心主义的批判及保持对大地的忠诚。但又恰在这点展开对尼采的批判。他谴责尼采的趋向权力的意志没有保持对大地的忠诚。……人每天打交道的东西就是本身的存在，完全被看成价值。存在错误地表现为不同情况下的不同价值。尼采想让人有做人的勇气，自己站起来。海氏说……不仅站起来，而且是起义，是大众和技术的起义……大众由于技术的统治而成为尼采所说最后的人，惬意地眯着眼睛，建筑安乐窝和甜蜜幸福，以最大的野蛮性对待任何妨碍他们安全及现状的倾向和影响力。……世界变成对象，……大地只能作为进攻对象显示自己。……存在只被看作美学的……理论的……实践的价值，……世界只剩下自我保存、不断提高的条件总和。”（第407—409页）耶佛两教同贬酒神代表的情欲和感性欢乐，尼采充分发挥荷尔德林理想，肯定此岸而否定彼岸，彻底替酒神平反，呼吁返归古希腊的人文主义，将文艺复兴精神推到极端。口头上尼采鼓吹保存对大地的忠诚，可惜他像 Heraclitus 崇火且信战争促进文化，未悟战争摧残大地，老子早已指出战争助长荆棘而非花果。技术专家政治或技术主义亦摧残大地，1932年美国首倡工艺时代经济资源与社会制度应由科学家与工程师管辖。海德格尔痛感 Technocracy 颠倒价值轻重，“起义”所犯严重谬误就在将世界贬为对象而非自在物，大地沦为武器的攻击对象，人本身只具备“价值”等于商品化。趋向权力的意志可造福也可惹祸，尤其是酝酿“二战”。敌对的意识形态彼此贴上“虚无主义”的标签，例如耶教徒与尼采之间的紧张关系。门外汉误解存在主义为虚无主义，由于海德格尔与沙特两代表作均含阐释 Nothingness 的长篇大论。事实上道家思想、禅学和存在主义皆为关于虚无的哲学。

三十五、“对海氏来说，尼采仍然是一个建立世界图式的哲学家。通过他关于同一事物的永恒回归的原则，尼采的思维确像被特别图式封闭起来了……把时间这一强度给删去了。时间……成为一个循环的圆圈。……这恰是海……尼思想对立处。尼采在趋向权力的意志的运动中思考时间，使它在永恒返回到存在的理论中找到归宿。海氏则坚持……存在的意义就是时间。尼采从时间中得出存在，海氏从存在中得出时间。宗教、文化、意义的追求与给定……都是人在汪洋大海上扎起来的、容易破碎的木筏，人们在上面可以挨过一段时间，这个形象的想法是日本哲学家西田几多郎提出的。海氏认为尼采陶醉于……创造性的工作，陶醉于木筏完工之胜利喜悦之中，而忘记了潮汐与大海。这就是对存在的遗忘。……对尼采来说，袭来的酒神式生活并不具有承担的基础，而是无底深渊，对我们的太阳神式自我稳定……的企图……是一种威胁。如果尼采在天有灵，他会谴责海德格尔在克服对安全的需要的过程中缺乏彻底性。他会把海氏的存在看作柏拉图的底下世界：它仍在为我们提供保护和遮蔽。讨论永恒轮回时，海……曾说尼采没有把最杰出的思想公诸于众，因……尚不存在发展的场所。海德格对尼采的隐瞒与沉默的评价充满同情与理解，……他自己正在写一部手稿……未予公布的遗稿……就是《哲学论文集》，副题是关于事变的发生。”（第 410－412 页）海德格尔反对僵化的世界图式，尤其是改造佛教轮回观而成的永恒回归说。时间乃线性直流，尼采竟扭曲为圈环，仿佛删除时空四维度中最重要的时间一维。尼采心中时间比存在优先，海氏眼里存在比时间优先。时间与存在之间的紧张关系，略似中国哲学的理气关系。东洋哲人西田强调文化脆弱似汪洋中一木筏，可知他免除儒家的人类中心主义。海氏批评尼采沉湎于造筏而忽视沧海，即见树不见林。尼采憧憬酒神生活，海氏苛责感性生活缺乏责任感，危害太阳神式理性享受。尼、海同感时辰未到，而不公开最后遗稿，非如中国师傅格言‘鸳鸯绣出任君看，莫把金针渡与人’。师傅忧虑叛徒以怨报德，哲学家免此焦虑，正如陆游说‘死去原知万事空’。周民锋《走向大智慧：与海德格尔对话》（四川人民出版社 2002 年版）堪阅，《与当代学术大师对话丛书》欠雅斯贝尔斯与萨特。巴黎大学博士高宣扬《德国哲学通史》（上海：同济大学出版社 2007 年版）第 12 章《现象学之滥觞与存在主义》可读。

三十六、“海氏已十分清楚，国家社会主义无力改变……

本质困境。相反，它仍属于人味（情）性，属于近代的全面动员。它可能提供的只是最平庸的伤感和发酒疯式的体验。但这个批判是针对整个时代的。国家社会主义反对的思想精神，也受到来自存在的批判。这个整体就是不真的。不管这不同的世界观是以自我……还是我们为基础，以无产阶级还是以人民为基础。不管它是把启蒙运动的人道主义还是传统的基督教来保护，也不管它们把自己视为民族主义者，还是国际主义者，革命者还是保守派。这些差异都是无所谓的，因为它们都把主体人作为实存中心来宣扬。海德格把这种人对自身的设定称为自由主义。所以他可把流行的生物主义和种族主义称为生物自由主义。在存在思想的黑夜里所有的猫都是灰的。只有海氏周围有一片光亮。海氏与世界其余部分相对立。……他自视为有最高勇气进入孤独，以便对亲身存在的高尚加以思考。海德格梦想他的哲学家像山脉之中的高山挺立……使本质性的东西立足，以便低地居民能以哲学的高塔为自己定向。……一切表明海思维没有完全从权力的陶醉中清醒。”（第419－421页）人味性即群众性如羊群效应。羊群受牧羊犬或牧童控制，当然不真（Inauthentic）。无产阶级非全民。人道（文）主义以人为终极关注，耶教以神为终极关怀。民族主义或国家主义不免陕隘，国际主义始能维持世界和平。保守派主张以改良代替革命。人类中心主义就是以人为实存中心。海德格尔对自由主义的界说十分怪诞，正如用亲在（Seyn）代替存在（Sein），幻想全部同胞尊他为精神灯塔或国师。他的权力欲不在政治经济而在文化，像苏轼褒赞韩愈臻致的精神巅峰：匹夫而成百世师，一言而为天下法。

三十七、“1945年以后汉娜·阿伦特同雅斯贝尔斯的通信中取得了一致意见：海德格尔思维的热情中没有生长出道德的敏感性。雅斯贝尔斯写道：作为一个不纯净的灵魂……对自己的不洁净毫无知觉，不加以清除的灵魂，而毫不在意地在肮脏中继续活下去的灵魂……在不坦诚中看到最纯净的东西吗?（《阿伦特与雅斯贝尔斯通信集》1949年9月1日）阿伦特回答说：您所说的不纯净性，我宁愿称其为没性格。但总在下述意义上没性格，的确不具有性格，所以也无坏性格。他毕竟生活在深刻中，充满激情，使人不易忘怀。（1949年9月29日）缺乏道德反思……也是哲学问题，因为思维所缺乏的恰是慎思顾忌，恰为严肃对待海德格发誓捍卫的有完结性。……《论文集》没有为对自身思考和检查留有余地……本真本已生存的理想便破灭。对自身失去清晰的看法，海德格尔著名的沉默是内在的隐瞒，反对自己的冥顽不化，也属于对存在的遗忘。（第423页）作者从情妇和畏友两个侧面通信狠批海德格尔的缺陷就是他常诊断的不真，激情有余而反省欠奉。雅斯贝尔斯把“投机”委婉化为不纯洁，“清除灵魂”即《管子》所倡洁宫，非妇科手术刮宫（子宫）。曾子“三省吾身”即每天净化心灵，清除精神垃圾。《中庸》和荀子同倡诚意即反肮脏。阿伦特妙说海氏无性格，志在豁免坏性格之坏字。具备睿智则生活于深刻（Profundity）似龙在深渊。西方哲学家包括罗素、萨特常富激情，东方哲人比较冷静。道德反省必须用理智代替热情。

三十八、“1940年夏天法国战败。在……讲授尼采的课上，他讲解欧洲的虚无主义时，讲到法国投降得出的结论令人吃惊……我们成为神秘的历史规律的见证人。一个形上学发源的民族，有一天变得对形上学来说不够成熟、不再适合……只有坦克车、飞机和新闻通讯工具是不够的，只有能驾驶和使用它们的人也是不够的。……它需要一个从根本上……特别适应这种近代技术和形上学的整个人群，以一个让技术的本质来统治自己，以便对技术过程……加以操纵。只有尼采形上学意义上的超人才适合这种无条件的机械的经济学，反过来，超人也需要这种经济学以建立对地球的无条件统治。（海氏《尼采》第2卷）……德国证明自己笛卡儿式的法兰西民族更加笛卡儿主义。德国更成功实现笛氏统治整个‘广延存在’，即对自然实行技术控制的梦想。……近代形上学在这里结出丰硕成果。存在只是被表象性和被生产性。德国获胜了，因为近代的胡作非为在德国得到彻底的‘超人’的发展。法国人只是魔术学徒。……在极权主义的德国养成……适应近代技术的人群。……人本身变成导弹……后来海怀着恐怖和兴奋的双重心情，谈到他的日本学生之一报名参加神风飞行队。”（第438－439页）海氏“形上学发源仅指理性主义首位大师笛卡儿的心物二元论。心能反省‘自明真理’如上帝存在，物以广延为特色。尼采心中超人必为至优的日耳曼“金发野兽”，最宜操纵近代技术。笛氏同胞只配充当学徒。黑格尔、菲希特、尼采、海德格尔均怀浓烈的民族主义，感染日本某留学生投身神风突击队。尼采构思的超人通过海德格尔危害世界和平！

三十九、“海氏的儿子约格和赫尔曼参军入伍，从1941年起赴东部战线。年轻的伤残军人、休假的战士、老龄学生坐满了讲堂和课室。女学生……不断增加。从前线来的死亡和失踪的人数与日俱增。海德格尔在一封给他阵亡学生母亲的信中写道：‘对我们留在后方的人来说，十分难以理解，许多德国青年出于真正的精神和一颗敬畏的心，这些人到底怎样经历到那最好的命运的？’阵亡者最好的命运是什么？是他的思想吗？大多数阵亡者没有几个可信赖的朋友，但他们被哲学家的记忆保存。用海氏的话说，以便他们在后代人那里，重新唤醒德国人的精神和忠诚之心。这场战争获得什么意义吗？海氏在关于尼采的课上不是说过：它是遗忘了存在的、趋向于权力的意志的表达吗？……战争的结果使德国人认为：对诗人和思想家，民族的从属已经被超越了。为这类战争作出的牺牲还能有什么意义吗？……1942 年夏季讲授荷尔德林的课上他说：今天我们知道：美国主义的盎格鲁萨克逊已经作出决断，要毁灭欧洲，即毁灭故乡，即毁灭西方的起源。”（第 440—441 页）法国存在主义哲人马塞尔（Marcel）在战后体验的苦差，就是访问阵亡战士家属报告恶耗。海德格尔两子投军虽怀真正精神与敬畏的心，类似日本神风队员，但是幸免“国殇”的最佳命运。醉心权力意志的海氏，不管希特勒犯滔天罪恶，竟颂赞阵亡兵卒唤醒同胞的精神及忠诚，不懂谴责德、意、日三个“轴心国”里幼稚军人的愚忠盲诚和冤枉牺牲。诗哲不可能超越国籍，牺牲的唯一意义在警惕世俗切勿重蹈侵略覆辙。珍珠港事件触怒美国，海德格尔怀抱种族偏见，竟推测美国将摧残西方文化根源欧洲，特别是希腊，因为古希腊语言独能保存哲学精神。1943 年在关于 Heraclitus 的课中，他谓：“行星在燃烧，人的本质四分五裂，只有德国人能够从事世界历史的思考，前提是他们能发现那德国性的东西，将它保护起来。”（《全集》第 55 卷）他忘记两次大战同由祖国点起战火制造硝烟。黑格尔《历史哲学》以日耳曼精神为登峰造极，助长海氏的民族自豪感甚至自大狂。1941 年他讲课始用“世界游戏”一词，最恐怖的游戏就是冒险发动世界大战。

四十、“他在 1943 年讲授荷尔德林的课上说：如果从一个现代人那里把借以娱乐和吸引的一切，如电影、收音机、报纸、剧院、音乐会、拳击、旅行统统拿掉，那么他就会空虚致死，因为简单的东西已经不再和他打招呼。但在深沉的思绪中，空虚恰可称为‘回忆存在’的契机。战火正旺时……海德格尔已转到战后的题目：泰然任之。……归功于对紧迫现实的无视。（第443页）物质文明与精神文化令近现代人不能再过原始素朴的简单生活，奢侈品逐渐变成必需品，犬儒（Cynic）式圣哲方能安于渔樵耕读及沉思静坐。1943年尚未流行水厕、彩色电影、电视机、电脑、手机、冰箱、地铁及光纤。拳击如斗鸡、牛、蟋蟀迎合人性根本恶，环保护生活动起于人性根本善。海德格尔对惨烈“二战”熟视无睹，在某种程度上自欺欺人。相反地，萨特勇毅投入抗击纳粹的正义活动，虽鄙薄报章传媒而像尼采从旅游汲取灵感。

四十一、“当人民冲锋队撤回来后，大学放了海氏的假，让他回家去整理手稿，把它带到麦氏教堂镇附近保险的地方。离开已被炸为废墟的、同盟军队的占领指日可待的弗赖堡前，他还去拜访哲学家皮希特（Georg Picht）……想请其妻再弹奏。她弹了舒伯特的遗作B大调奏鸣曲。海氏注视皮希特说我们用哲学做不到这一点。1944年12月这晚，海在皮家来访留言簿上写：‘沉沦不是死亡，每个沉沦都隐蔽在开端之中。’海氏要逃避的一切，到底是死亡还是沉沦？……1945年7月20日，海氏在给施蒂尔曼（他在科学家营地日子的侍从，如今已是图宾根大学哲学系主任）的信中给以回答：‘现在所有的人都在思考沉沦。为此我们德国人不能沉沦，因为我们还没升起呢，我们刚度过黑夜。’……半年里他过着惊恐的田园生活。……哲学系……搬进山里。……5月底是牧草收割季节，教授与学生帮助收割，为此他们得到食品……在山岩过去强盗的巢穴，成为研读康德《纯粹理性批判》，中世纪历史和荷尔德林的场所。……荷……成为海氏家族谱系中不可缺少的部分。……6月在麦宁根王子的别墅……海氏的讲演以一段钢琴小协奏曲作引导，报告是对荷……一句话的讲解：在我们这里一切都围绕精神思想性的东西协调在一起。我们变得贫穷了，为的是成为巨富。”（第446—448页）胞弟辅助他整理手稿后，他有雅兴欣赏皮夫人弹奏舒伯特遗曲，顿悟哲学不能达到音乐妙境，可曾想到战争炸毁的建筑物原为叔本华所谓冷凝的音乐？郁达夫小说《沉沦》根于个人性欲，德国沉沦却始于集体权力欲。顽强的日耳曼民族果然像太阳升起，遗憾在付出惨痛代价。弗大师生参加体力劳动的动机义利参半，既因良知同情农民又因缺粮。海德格避过死亡及沉沦，期望祖国从贫转富。战后他致函市长企图闪避审判带来的屈辱云：

> 我向对我个人和我的工作进行的贬低提出最严重的抗议。为什么恰恰我受到征用住房、完全剥夺工作场所这种处罚？我向世界公开讲：为什么在全城父老面前对我诽谤？我在党内从来未担任公职……从事什么工作。如果有人把我的校长就职演说看成我的政治问题，那么我不得不要求，给我提供可能，对所有……谴责和指控进行辩护。（第449页引奥托《海德格尔》）

事实上海氏在校长任期，某些犹太教授被免职，一批图书遭焚烧，难怪曾参加谋杀希魔的经济学家兰帕对海氏毫无内疚的表现极表愤概。海氏未能正视跟前政治错误的深渊，只忧虑丧失公民权甚至像罗曼语文学家胡果弗里德里希被法国政府逮捕入狱。无人诽谤海氏，他却擅长狡辩。

四十二、“他想保留教职员享有的权力和义务。……为了获得军方管制方面的信任，校方显然想拿他的案子作样给法国人看。……他急忙表示愿意接受退休的处分，只想为……退休金而争斗一下。他建议让雅斯贝尔斯给他作鉴定，指望……减缓他的罪名。1945 年圣诞，雅……为他写了……但起的作用完全相反。……他正在讲授清理罪责的必要性课程……在课上说：许多 1933 年参与了、并力争充当领袖为新权力提供世界观服务的知识分子，他们后来受排挤，因此十分不满。他们感觉在纳粹时期受了罪，所以现在准备作教授的继承者。他们把自己看作反对纳粹的人。但是当年有这样一种纳粹分子意识形态，在精神事物上毫不遮掩地宣布真理：他们保卫的是承传下来的德意志精神，他们为破坏提供保护……1933 年一个成年人的内在信念，如不出于政治迷误，而是出于通过国家社会主义进一步加强此在生存的感觉，那么这种知识分子的意识形态如果不经重新熔炼是不会变纯的。他们也许比他人须要更深地浸入这熔炼。”（第 453 页）雅斯贝尔斯本来婉拒撰写鉴定，终于悟到责无旁贷、义不容辞。上引讲辞显然针对海德格尔等亲纳粹的高级知识分子，要求他们再受熔炼即受教育。“德意志精神”含义模糊，我理解为尼采所言骆驼与狮子般坚毅勇猛。然而西方不少强国崇拜雄狮及双头鹰，亚洲新加坡以鱼尾狮为景点，南亚多国古来尊狮。黄金贵纯，99％金已杂。但是知识分子的意识形态未必愈纯愈精，譬如宋明理学绝非纯粹儒学，显然混融道佛成素。杂字常带贬义，尤其是“杂牌军”，繁体字从衣从集可免贬义而带褒义“集大成”，如赞朱子集理学大成、阳明集心学大成。“杂锦”优于“杂感”，尽管异质难比。“新亚精神”侧重坚毅而非勇猛。唐君毅老师曾经梦想新亚书院哲学系教师皆出身新亚，是否由于传统贵纯贱杂的情意结？相反地，西方大学乐意聘请外校毕业生，又鼓励本院毕业生向外校求职或应聘。

四十三、“雅……同海德格尔的联系……最后一封信是 1936 年 5 月 16 日写的，海德格尔不再作答。信中雅……对海德格尔寄来荷尔德林的文章作回复：‘请您理解并允许我沉默，我的灵魂残废了。因为在这世界上，我非如您所写没有尊严（而）只有哲学，而是变得哑口无言。’……1937 年雅斯贝尔斯被开除公职，禁止他讲课和发表任何东西。海德格尔对此无任何反应。从 1938 年起，犹太裔雅夫人天天面临被驱逐的现实可能性。……雅……夫妇总是随身带着剧毒胶囊。雅……谴责自己，在纳粹统治的最初几年，面对海德格尔不够公开直率，没有直接质问海德格尔的卷入政治活动。……1948 年 3 月 1 日一封雅斯贝尔斯未发出给海德格尔的信……说明……在暴力统治下我没有看到某些人有任何一点友谊的表示。我学着斯宾诺沙的样子，遵循柏拉图的建议，采取了预先防范措施……像蚯蚓一样隐蔽起来。……从 1933 年起，您就成为对我的威胁，直到……由于 30 年代许多更可怕的事情压力不断增长，您对我的威胁几乎消失，只留下淡淡的回忆，和偶然但不断重新出现对比的惊奇。”（第 454 页）谦词“灵魂残废”即精神萎缩倦怠。海氏侮辱雅斯贝尔斯以哲学代替尊严。事实上他兼备两者，否则不会随身带毒丸甘愿与妻共闯鬼门关。一般夫妻宛若同林鸟，“大难临头各自飞”。纵使雅氏质问海德格尔卷入的政治旋涡，也不可能影响海氏我行我素的抉择，只会提早绝交。犹太血统沦为原罪，恰似某些革命钦定资本家或地主身份为原罪。暴力摧残生命，何况友谊？罗马教廷将斯宾诺沙逐出教会，他逃奔荷兰海牙成为城市一景，不必模仿“地龙”匿身泥土。比较幸运的海、雅仅在精神上受煎熬，不须如弗洛依德客死异邦。1945 年底海氏探访雅斯贝尔斯而无忏悔式交待，秋季雅氏把一份他参与主编的《转变》杂志寄赠海德格尔，后者至今仍无反应。雅对海的鉴定，感染大学评议会判定海氏思维拘谨、专制及封闭，不宜推荐他教导几乎全无抵抗力的青年，应让青年学会独立思考。1946年1月19日该会建议法国军事政府取消海氏教师资格，保留部分退休金。

四十四、“海……在法国的影响开始于（20世纪）30年代初20年代末，让瓦尔（Jean Wahl）和马塞尔（Gabriel Marcel）就把这思潮称为生存主义。1929年基尔凯郭尔（祈克果）著作的新译本在法国出版。瓦尔和马塞尔对生存作定义：‘生存意味着选择、充满激情、变化生成、个性化、无限地操心自己、对自己的罪恶有知地面对上帝。’法国30年代这种新思维有两个核心观念同笛卡儿主义形成尖锐对立：一个是生存观念。在这里生存被理解为肉体的、有限的、破碎的、被从有承担能力的基础撕开去的一种存在。不论笛氏理性主义还是柏格森的直觉，都未能开辟通向伟大安全保险的道路。现实性已失去坚实稳定的意义。人被置于可能性中必须作出选择，因此才会犯罪。关于生存的观念，彻底结束了泛逻辑世界的幻想。（另一个是）偶然确定观念。具体的个人把自己体验为严格意义上意外碰巧的发生事件。……碰巧有这样一个肉体……空间位置和时间位置。他对此无能为力……已有的东西总可再变成没有。人已无更高的确定目标。如果他非相信这目标的存在不可，就必须跳过基尔凯郭尔的无底深渊。……从基督教理解的生存出发，自由就意味着存在于人内部的、面对神和绝对自我作出决定的可能性。……由非基督教对生存的理解，自由意味着被驱入空无。……不可小视的影响还有现象学。早在20年代，法国人就发现了胡塞尔和舍勒。生存主义怀疑人类生活和文化中存在先定的、有保障的、有意义的和谐。现象学为此提供补充的方法……在法国被视为艺术技巧，用它可从关注中抽出享乐……在荒唐世界中找到认识的幸福。加缪（卡妙）把对现象学的狂热和荒唐世界中所受的苦难之间的联系表达为Sisyphos 的神话。……Raymond Aron 在 30 年代向萨（沙）特讲述对现象学的体验，萨特像触电。……1933 年冬天来到柏林以便研究胡塞尔。后来他谈现象学云：几百年来哲学中从未见过这样现实主义的思潮，现象学家把人重新浸泡到世界中，重新赋予人恐惧和痛苦，以及他的反抗以重要地位。”（第 457—459 页）马塞尔晚年皈依天主教，虽重主体性而反对极端个性主义。他与海德格尔同生于 1889 年，以日记和戏剧表达存在主义，1950 年发表代表作《存在的奥秘》（The Mystery Of Being）。原为英语世界中新黑格尔学派传人，他的博士论文研究英国诗人 Coleridge 与德国哲人谢林的关系，曾撰文批判沙特。他私淑英国 Bradley、美国 Royce 及法国柏格森，强调在群众社会中人始能勇敢忍受苦难。丹麦祈克果较早主张从深渊跃至对上帝的信仰，以牺牲为人生最高阶段。尼采助长沙特的无神论。胡塞尔影响沙特，不在宗教信仰而在方法论。“荒唐世界”指卡妙强调的荒谬。

四十五、“海氏成为巴黎知识分子的秘密武器，与其说由于少得可怜的翻译，不如说归功于俄国流亡者考叶维（Kojeve），他于 1934—1938 年讲授黑格尔一事早已成为传奇。考叶维……是名门显贵后人，十月革命后于 1920 年流亡德国，靠贩卖走私入境的祖传财宝为生。……在海德堡就学于雅……门下，获得博士学位，写下哲学日记《非实存哲学》。他的朋友库亚雷（Koyre）也是一位俄国流亡者，在 30 年代将他接往巴黎。……考叶维与库亚雷的弟媳发生恋爱，将这位年轻女人诱拐出走，而库亚雷受亲戚委托，从诱拐者抢回爱情的战利品。库亚雷正在履行此任务时结识考叶维。但库见考后留下印象深刻，使他不得不承认：这位女孩有道理，考叶维比我弟弟强得多。（里拉《哲学的终结》）是考叶维的金钱危机——他购入的奶酪市场股票由于交易所破产而一文不值，他投入的财产荡然无存——使他接受聘请于法国高等实验学院讲授黑格尔。考叶维是欧洲哲学中的纳波科夫。他所讲授的黑格尔……与海德格尔长得像双胞胎。……考叶维把海氏‘操心忧虑’嫁接到黑格尔上面，成为对承认的操心忧虑。”（第459－461页）俄裔小说家纳波科夫（Nabokov，1899－1977）著《洛莉塔》与《艾达》，因在法国走红而令作者联想考叶维，后者似“帮理不帮亲”，觉得自己有充分理由诱拐朋友的弟妇。库亚雷也帮理不帮亲，叹惜弟弟条件太差无力维持妻室。投资失败的悲愤居然化为改造黑格尔的力量。黑格尔界说历史为绝对精神在时间的显现、自然界乃绝对精神在空间的呈现。所以凡现实皆合理，绝对精神就是绝对理性啊！考叶维认为黑格尔揭示理性为了争取承认，成为非理性斗争的根源。人性为追求别人承认而操心忧虑，不惜以生命为昂贵又滑稽的赌注。考叶维模仿海德格肯定存在的意义在时间。海氏陶冶沙特主张人不能像鱼简单地活在时间，而须实施时间，即时间着时间。兼作动词与名词的时间就是虚无，它潜入整体成为瓦解整体的酵素。时间着时间即指导自己的生活。倘若世界是最巨舞台，自身便是唯一导演。

四十六、“1945年底海氏寄望于雅……的鉴定以减轻他的政治负担时，还求助于另一早年知己：弗赖堡的大主教，年轻时的宗教导师格勒伯尔。他曾是‘民族觉醒’的积极支持者，在纳粹政府同罗马教庭的合作条约草拟签订中起了决定性作用。后来改变政治路线……反对教会在政治和意识形态上服从专制制度的立场。所以1945年后他可以权威身份出入法国军事政府。海氏于12月到官邸探访他……但格勒伯尔的努力无法对大学的反对者产生影响。……海氏的来访意味着严重赔罪。1946年3月8日在他给教皇……助手写的……报告中说：‘我的同乡、我以前的学生、哲学家海氏已经退休……住在……巴登屋进行反省。……态度举止十分虔诚，对我是极大的安慰。我对他讲了真话，他掉着眼泪接受了。……我希望他精神上彻底回心转意。’……海……在身体和精神上崩溃，主动到格布斯塔尔那里进行心理治疗。该人是医生兼心理学家，是宾斯旺格‘人生此在分析学派’的成员。这是受海……启发出来的精神分析学派。……海……健壮了，还得忍受一段时期的孤独。有些不愿在政治上受指责的人认为最好避免同海……接触。……海斯，一位对海……友善的哲学系同事，于1946年7月给雅……的信中说：海……过上流放生活，……尝到自己种下的苦果。”（第468－470页）命运玩弄海德格尔，疏离教会亲近纳粹后反要向家乡大主教求情，志在恢复杏坛教职。眼泪感动“启蒙”老师亦无济于事，竟须向自身启发迪的精神分析学派求助，连同情他的旧同事也说他自食苦果。身心沦陷低谷期间，他酷似“文革”中的牛鬼蛇神或毒草，甚至“生人勿近”的定时炸弹。他比朱熹幸运在政府无小人判其著作为伪学。在顺境他轻视沙特，处逆境阅其《存在与虚无》即改态度云：“我第一次遇到一位独立思考的思想家。……您的著作充满对我思想直接的理解，这是我……未遇过的。”海氏接受沙特对“相互共在”的强调，但是沙特批评他抹煞死亡的荒谬性。海德格渴望沙特赴黑森林作滑雪旅行且合作。海氏《康德与形上学问题》说自己对沙特的影响有决定性意义，从此《存在与时间》才被理解。签证和火车票两难令沙特未能造访，1952年海、沙始于弗赖堡相会。在《人道主义的信》海已批评沙《存在主义乃人道（文）主义》。大约1965年，港大同学黄继持报答牟宗三老师推荐他任中文大学中文系讲师，赠他一本《康德与形上学问题》英译本。牟师尽量运用它去译解康德，如将主题或主旋律的（Thematic）译为“对题的”。

四十七、“在《关于人道主义的信》中，海……讲述从亚里士多德传下来的赫拉克利特（Heraclitus）佚事：一群陌生人想到赫氏面前去看一个思想家如何生活。当他思维时是什么样子。……只见他在面包炉前烤火取暖。他们吃惊地站住，更让他们吃惊的是，他还向踌躇不前的人们大胆说话让他们进来，他说这里也有神灵在场。……海……把这佚事解释为对思维问题的答复。这是一件毫不起眼的平常事：有人受了冷，来炉边取暖。……神灵不仅在特殊地方和特殊活动中出现，在日常生活也在场。但是它只出现在对日常生活本己本真地加以思维之处。对某事思考，就是还给某事应有的尊严。只要赫氏使这面包房见诸语言，神灵就在面包房中在场。使见诸语言就是思维。实存在封闭性中给取出，在开放的语言空间中成为存有。……赫氏暖和着自己，又通过语词……暖和了陌生人。……思维的第二个视野是分布传达，旨在与他人分享语词开放的环境。……这一传说映出海氏生活处境……贫困苦难。可供取暖的烤面包炉，正是他现在求之不得的。……弗赖堡的住房由于法军的驻扎变得十分拥挤，在黑森林山上比较容易找到食品，附近的农民经常提供帮助。……感到压抑的事情太多：远离大学，牵挂在俄国战俘营的两个儿子。”（第 472－473 页）唯物辩证法始祖 Heraclitus 所谓神灵非犹太教与基督教中严厉的上帝，亦非老庄哲学中没有人性的天道，而似斯宾诺沙及黑格尔所言上帝，或俗谚“举头三尺有神灵”的神灵。海德格尔引述“神灵在场”以设备面包炉的寒舍为例证，教诲庸众切勿轻视日常生活。禅宗六祖慧能肯定净土在心中，好比耶稣指出圣殿在心里。“及时雨”宋江未受神化，“及时暖”面包炉却像被赫氏神化，恰似语言几乎被海氏神化。思维必需语言，“形象思维实为相象。海德格尔既写《到语言之路》、《论思维》(Discourse On Thinking) 及《诗、言、思》，撰文《思维的虔敬》(The Fiety Of Thinking)，又著《什么叫做思维?》(What Is Called Thinking) 后书 Glenn Gray 英译本 (New York：Harper & Row，1968 年版，原著 1954 年版) 第 77 页云：“唯独康德已创造地转化柏拉图的理型学说”，康德将理型改造为物自身，叔本华将物自身改造为生存意志，尼采把生存意志缩窄为权力意志。唯独海德格尔尊思维及其工具语言。相反地，庄周感染禅宗轻视语文。维根斯坦对语言的态度，恰在海氏与庄禅之间的中点。但是忧虑操心牵挂皆不需语言，除非写信慰问两子。海德格尔对赫拉克里特情有独钟，例如在《早期希腊思维》全部四篇论文中，两篇阐释赫氏遗文，其他两篇诠解 Anaximander 与唯心辩证法始祖 Parmenides。海氏抨击尼采遗忘实有 (Oblivion Of Being)，Being 就是实有或神灵。赫氏弹诃庸众疏离统治世界的 Logos，又察觉驴子选择稻草而放弃黄金。如果黄金象征天道 (逻各斯) 且稻草代表食物，后者确较实惠可救急。文天祥舍弃元朝提供的食物和爵禄，因信天道是忠孝仁义。

四十八、“1945 年 12 月就已经流传着生存主义的通俗提要：……负起责任，跟着人性，不断创造你自己，但只用你的行动。……1946 年底……科特勒从战俘营被放出来，回到被夷为平地的德累斯顿时认识到……大多数东西都变得无足轻重。……人道主义会有什么命运？萨特在 1945 年 10 月 29 日的传奇式报告……作出回答。……生存主义并非逃避现实……悲观主义的哲学，也非消极寂静主义或者个人主义、绝望哲学。它是一种负责哲学。……生存主义通行人的行为来定义人……希望只存在行为中，唯一使人得以生存的就是干。……流行的偏见是……萨特让个人来决定什么是道德规范以及它的有效范围。……萨特的回答是：既然我们已经拒绝了上帝，就必要有人来发明价值。……启蒙运动把一切朴质性东西铲除，……我们从梦中醒来……对社会共同体也不能加以信赖。因此我们……必须用个人行动将价值植入世界，为其有效性而斗争，而不带上苍的恩赐，不带过分热情的信仰，不带民族精神或者关于人类的普遍概念。每人必须发明人性……人生不具有任何先验意义。生活意义取决于每人在行动中选择的价值。这种选择奠定人类共同体的可能性。这类选择都是设计规划或'超越'。……人总想超出自身，不断发展自己。……但不应把超越理解为彼岸的东西，而应理解为人……各种可能性的总和……除了他自己，没有其他立法人。……正在追求解放和实现目标的活动中，人才实现人的本质。"（第476－478页）Dresden市炸成废墟，容易激发悲观梦幻感。但是保命离开战俘营，远比瘐死集中营的犹太人幸福。海德格尔重言轻行，萨特重行轻言，却不约而同拒绝寄望于虚无飘渺的彼岸他界，且实现作为不类本质的可能性。道家提倡知足常乐，生存主义洞察唯独死亡令人知足，知足是褒词，自满乃贬词；正如自爱是褒词，自恋乃贬词。康德哲学的哥白尼式革命，便为改"自然界为人类立法"为"人类为自然界立法"。萨特岂敢为大自然立法？只能安于为自己立法。价值论包含三支：伦理学、政治学、美学，必须精英或圣贤制定规范。超越自身就是修订甚至改革规范，实践规范转移，如科学哲学家孔因（Thomas Kuhn）《科学革命》所谓"规范转移"（Paradigm Shift）。科学、政治、伦理及美学同有侧重量变的改良和侧重质变的革命。成功的革命自我增值，否则自我贬值。有史以来最劣的"文革"

令中国文化疯狂贬值成“唯钱论”。萨特呼吁将价值植入世界，宛若眼医治白内障时将晶体植入病目。人民有恒产始有恒心，晶体象征物质财富兼精神财富。

四十九、“阿伦特于1950年在战后首次访德后的观察……最有启发性。她描述道：人们活动于废墟，但又开始相互寄送印有教堂和市场、公共建设和桥梁的风景明信片，尽管这些风景早已荡然无存了。……人们的情绪在麻木不仁和不加思索的熟练忙碌之间摇摆。在具体琐事上勤奋努力，对社会共同的政治命运则漠不关心。……阿伦特把某种德国式的深刻也算在愚蠢之内：他们不是在纳粹独裁的罪恶行径去寻找战争的原因和催毁德国、屠杀犹太人的原因，而是到亚当、夏娃被逐出伊甸园这事件中寻找。……‘二战’后海氏《关于人道主义的信》就像流行的不知所措情绪的证据。当然其中包含着阿伦特观察到的被本质化的愚蠢。尽管海氏不把罪恶最终的开端舍给阿当夏娃，也未像阿道尔诺和霍克海默尔的《启蒙辩证法》那样将其归于奥德赛，但他毕竟将其原因归于遥远的古代，即柏拉图及其后继者。”（第484－485页）1979年8月我访法兰克福市一周，在小型废墟见一疯汉像泼妇骂街不停诃斥盟军轰炸该市，他比阿伦特笔下的同胞更胡涂，彷佛不知纳粹首先狂炸英国种下祸根。政治方面，她和雅斯贝尔斯都比海德格尔清醒。德国人互赠印着典型建筑物即日本人所称“文化财”的明信片，表示怀旧忆往，未必麻木不仁或不加思索。也许精英始关注祖国政治命运吧。她应该指出人易犯舍近求远的谬误，譬如欧人将残酷的侵略和屠杀归咎于耶教所谓原罪、印度人将罪恶追溯至“无始以来”的“无明”。美国伦理学家洛尔斯（John Rawls）在代表作《一个公正学说》（A Theory Of Justice，哈佛大学1971年初版）把印度“无明”现代化为“无知的面纱”，（Veil Of Ignorance）。但是最好诉诸尼采哲学核心“权力意志”。1929年一群文化批评家和社会科学家在法兰克福组织学派，Max Horkheimer（1895—1973）与Theodor Adorno（1903—1969）在《启蒙辩证法》（Dialectic Of Enlightenment，1941）揭示科技主宰大自然导致“非人化”（Dehumanization）。此派的马库色（Herbert Marcuse，1898—1979）在《单向度的人》（One Dimensional Man，1964）亦责科技挂帅使人心聚焦于当代物质。“二战”后两位犹太裔阿道尔诺与霍克海默尔更加悲观，只见受彻底控御的社会及商品文化。前者原为匈牙利美学家，谴责工具理性令现代社会沦为虚伪整体。最新领袖哈巴玛斯比较乐观。阿伦特说法兰克福学派将“二战”归咎于奥德赛，因为古希腊城邦Ithaca王子Odysseus（即罗马Ulysses）勇敢且狡猾。荷马史诗《奥德修纪》（Odyssey）叙述他酷爱喜险，惨受海神折磨。意大利文艺复兴时期油画常以他为主题。他和欧洲传说的浮士德博士均可代表科技精神，向外追求而非向内省察。

五十、“1945年深秋，阿伦特……与雅氏建立了联系。……阿氏写道：她仍是无国籍，没有任何名气。……她有点贬低自己，因……已是十分有名气的政治女作家……每月给雅氏夫妇寄三个托转包裹。……雅氏……在纳粹期间被唾弃，使他一夜之间变成民族良心。他开始觉得这非分之得讨厌，看作假仁假义的亲近。……1948年夏天他接受瑞士巴塞尔大学的聘请。……1946年初阿伦特在《党人评论》发表《什么是存在主义?》……冬天存在主义时髦也蔓延到美国。萨特也在美国，阿与他会面。她要为读者提供……纯正的哲学背景。……萨特在美国讲演总是强调……社会参与精神。阿伦特则相反：法国式存在主义始于谢林，经过尼采直到海氏，越来愈强调个人是真理之处所，形成与虚假的社会整体的对立。雅斯贝尔斯才开始克服这倾向。海氏著述达到存在主义唯我论巅峰。在海氏，本真本己继承上帝的遗产。……她还暗示海氏使人们对野蛮的罪恶无任何抵抗力。……1949 年初雅氏给弗大校长的信中说：海氏在哲学中的工作成绩斐然，是当今世界最重要的哲学家之一，在德国没有人能超过他。……3 月在清除纳粹运动中，海氏获得评定结论是：胁从分子，免于制裁。……1951－1952 冬季学期开始，海氏又可以在大学讲课了。”（第 494－497 页）阿伦特对雅斯贝尔斯敬多于爱，对海氏爱多于敬。雅氏同意她对海氏的负面批评，但是忠厚得尽力采取解除对老友的教学禁令。海氏欲与妻子、情人结成“三国联盟”，邀请阿伦特到家里用膳。海妻极贤淑，获丈夫感恩不弃，可是妒忌阿伦特又憎恨其犹太血统。背后阿氏责骂她到处扯谎把丈夫投入人间地狱。海德格尔对此女生终生爱慕，曾寄情意绵绵的信到美国，非因感谢她在美国代劳商谈出版及翻译恩师的著作。1952 年 5 月汉娜单独访问海氏数小时，共读《何谓思维?》，再被迷醉后确切感受到他根本的善良值得信任，但是忧虑他患阴郁症。她想象自己充当海氏的守护天使，维护其创造性。1960 年她出版《常规生活》德文版；在赠书附函云：如果年青时未曾跟您学习，就不会诞生此书。它直接诞生在马堡的时期，几乎全部归功于您。”事实上她跟随老师与哲学传统进行革命性决裂。

五十一、“真理问题上汉娜也从海氏学到不少东西，且比他更进一步。她接受海氏把真理解释为去蔽性的看法。但海氏指的是真理的发生过程是人同物本身的关系，而汉娜则在人同人之间的关系中，发现此真理性：……只有在人类共同生活的悲剧和喜剧中，才有它真正的用场。真理最根本的过程，是在社会的大竞技场上演的。……可以登台表演自己，他们才觉得自己同大自然的关系也是这样。自然界亦想表演自己，即使柏拉图向理念世界的攀升，也是同表现自己登台亮相的社会游戏分不开。理念是应被观赏的东西，自然是在哲学界的内在舞台上。……劳作只是人在生物学上维护生命的活动……人对他与自然界的物质材料的交换活动进行了组织……既无始也无终，就像人的种族繁衍过程即生与死的交替进行。……生产活动则不同……产品不是手工就是艺术性的……超出纯粹服务于维护生命的范围。它产生的是一些不可直接用于消费的对象：器皿、建筑、家具、艺术作品，是能代代相传的东西。对象保存时间越长久，生产它的活动便越具世界性。”（第 508－509 页）人与物的关系可包括环保伦理，不及人与人关系那般复杂有用。人采取亮相，志在获得社会公认地位或成就。汉娜将人类名位欲投射于柏拉图虚构的理型界，连理型也像未红明星急于走红了。至于“劳作”与“生产活动”的差异，前者永无产品，只能重复单调的动作，例如厌恶性行业。后者的结构可能不朽，尤其是世界十大奇迹之类。旅游事业又名无烟工业，参观的景点如非天然则为生产活动的成果。

五十二、“在二人的关系中，海氏是冷谈的。雅氏感受到海氏身上哲学的魅力，不断受到迷惑。海氏在雅氏身上没有这类体验。……但是几乎谁也没有读对方的著作。海氏为了写书评，唯一认真读过的雅氏书就是《关于世界观的心理学》。雅氏对他的书评未作任何反应。同海氏谈话比读海氏书更使他感兴趣。他经常在笔记中从海氏文章作如下纪录：‘我看不懂它’。在 50 年代雅氏以赞成的态度把勒维特的一句话抄下：‘事实上无人能够声称，他懂得了海氏所谈那个存在，那个秘密是什么。雅氏在 1932 年自己的主要著作《哲学》中，以与海氏类似的方式把存在作为哲学的重要任务提出。但是……他以另外完全不同的方式寻找存在。对雅氏来讲，存在是不可直接把捉的……只能在自由的运作中、超越的行动中才能被把握。……在1936—1937年冬季讲授尼采课上，海氏作了表达：雅氏哲学只是对人的个性道德上明朗化之目标的描述，雅氏不再严肃地对待哲学之认识，哲学在他那里成为从事道德化工作的关于人类生存的心理学。（《全集》第43卷）雅氏猜测海氏对思想估计过高，由于他实际上没有完全摆脱科学哲学的观念，尽管他对科学作出激烈的批评。他过度死（板）地咬着概念的严格性不放，过死地抓住思维出来的、人为构造的思维大厦不放。雅氏感到《存在与时间》就是这类作品。后来他注意到海氏同科学性的彻底决裂，但是他在其中又看到另一极端，即使语言独立化……变成杂耍，或者语言把自己装扮为存在的启示录，于是又变成巫术。在雅氏看来，语言非存在之房屋。因为作为不可把握者，存在根本不适于……居室，语言根本不适合空间性。在给海氏一信里，雅氏写道：语言必须……通过传递信息扬弃自己。通过干……通过忧使自己得到扬弃。”（第516—518页）存在主义者中，海德格尔魅力最强，也最自我中心。另一方面，哲人相轻，彼此几乎不阅对方作品，除非被迫撰书评。一般人喜欢用耳甚于用眼，例如学生爱听书多过读书，记者虽积极采访名人而消极购阅其书。海德格尔著作以难读著名，连雅斯贝尔斯培亦要兴叹。我认为雅氏道德哲学近似康德，不过侧重心理分析；海氏哲学略近道家，却将语言和思维捧到无以复加的地位，甚至充当存在的住宅。雅看出海初期执著语言概念的科学性或严谨性，我认为出身数学的胡塞尔濡染继承人海氏如此。三十岁他叛离天主教和部分现象学而独树一帜，美国罗蒂（Rorty）遂选他代表存在主义思潮，取维根斯坦代表分析哲学与杜威代表实用主义。有趣的是这三大思潮中维氏也极重语言。所以哲学与文学的关系比史学亲密。独立化的语言既可升为圣典，又可降为巫术或杂技。

五十三、“50 年代……有一种情绪……提出海氏是否时髦哲学家……是否江湖骗子诸问题。……他在大学讲堂尚未向他开放期间，的确向另外的公众社会寻求支持。早在 30 年代初他就同不莱梅建立联系。不莱梅的一个大资本家的儿子、后来的文化史学家佩茨特，开始是海氏学生，后来一直是他的崇拜者。……海氏在不莱梅俱乐部的半私人圈子里作了《真理的本质》的报告……同佩家建立了友谊。佩氏父亲乃腰缠万贯的轮船掮客。海氏曾去他在巴伐利亚地区的夏季别墅作过几次客。“二战”末期他将部分手稿存放那里。……商业城市同盟的商贾被他敢于大胆妄为的自豪感情激发。……阔佬们……让他在自由城市自由讲话。……有名气的思想家不啻是寓言中的人物或半个上帝。……这些商贾……多数受的是人文主义教育。……他们觉得战后的阴郁伤感中人们需要哲学。……另一个讲坛在疗养院‘比勒高地’。它位于黑森林北部山上俯瞰巴登。……以前是赌场。……施特鲁曼医师认为……同创造性英才交往会有治疗效果。恰巧创造性英雄不仅应邀来此，还有作为……病人到此疗养的。……1949 年他设立‘星期三之夜’报告会……举行到 1957 年。……来作报告的有科学家、艺术家、政治家。……海氏多次来比勒高地作报告，每次引起罕见的轰动。……（1953 年）海氏对慕尼黑报告题目是《对技术的追问》，……用他的名言‘因为追问是思维的虔诚’结束时……出现的是……全场起立与掌声。人们把他的登台看作西洋美声咏叹调的演唱。……为之欢呼，因为他的口吻迎合了 50 年代人们渴望听到的高调。”（第 520－526 页）中国古人说“礼失求诸野”，当全国高等学府不欢迎才子海德格尔时，他唯有争取大学门墙外的听众，稍似温州人南怀瑾吸引将军与富豪。群众视存在主义为世界性宗教音乐，喜见海氏把“打破砂锅纹（问）到底”式追问尊称为思维之虔敬。学问愈浅愈难追问和答问，令人失望的演讲草率收场。

五十四、“面对一棵鲜花盛开的树，只有用没有科学监督的、没有实用功利的眼光，才有可能真正体验到鲜花盛开这一事件。在哲学视野，对鲜花的体验被当作天真幼稚的东西置之不顾。海氏说最重要的是……任它立于它站立的地方。……我们不是任自然界产生发展出来，而是向自然界挑战，要战胜它、克服它，逼它在可计算、实证的形式中就范，使其作为信息的系统可以随时随订。预订是挑战之后第二个中心概念。被预订的东西就变成可供分配的存货。一座桥梁把两岸联在一起，拱形线条向急流作出致敬的姿势。但是在水电站，激流被调动、转向或调直，它把激流变成存货。水电站不是被建在激流中，而是激流被建在水电站里。为了对这可怕事件进行估量，海氏求助于被阻隔构建在水电站里的莱因河同荷尔德林同名的赞歌中的莱因河的对立。……（前者）是由……旅行工业的旅行社组织的、可以预订的参观对象而已。……挑战、存货……保险，整个过程被海氏称为托架。这是他对技术文明的称呼。……工业社会生存的基础，是将自身禁锢在……自己的制作品中。……人在托架失去自由，托架成为我的命运。……生活有变成单向度、无选择余地的危险。它使生活遗忘与世界另外一种交往邂逅的方式。”（第 531—532 页）萨特厌恶花树，海德格尔对植物的态度却甚健康，如以玫瑰花自由怒放解释真理乃去蔽。朱光潜《我们对一棵古松的三个态度》指科学的、商业的及艺术（美学）的。海氏采取第三个态度，嘲讽另两态度俗不可耐，例如桥梁、水库和水电站可能戕贼大自然，扭曲万物本性。他倾向庄子与卢梭的自然主义，必定反对英国摩尔所贬“自然主义的谬误”，甚至否定葛州坝的效益。禅偈“桥流水不流”必受他激赏。他曾笑游客拍照留念而不体验实物，如对花树麻木不仁。“托架”升为命运，精神萎缩且堕落。他对动物冷淡，未尝讽刺现化人只关心动物的科学价值和商业价值。旅行希腊哲学圣地 Delphi 市时，他悲见游客非参加思维庆典而只频照相，即丧失“纪念”的能力。我和前妻在希腊雅典某夜投入“光与声”节目，遥望高城听历史。毫无历史文化意识的同胞对古希腊不感兴趣，似饿鬼投胎拉队去吃夜宵，日本团友却买书静观领略西方文化根源。海德格尔《四个讨论班》素描一棵希腊盛产的橄榄树。

五十五、“海氏发现第二个希腊：普罗旺斯。……认识了法国诗人勒内、沙尔。此人且是‘二战’期间……的游击队领导。……大家……去阿维尼翁，到……葡萄产地，当然首先去圣维克多瓦的塞尚登山之路。……晚上大家到沙尔家里坐在一起。海氏说：在谈话中……古希腊又一次焕发青春。沙尔十分感谢海氏，因他开辟通向诗的本质的视野。……每次海氏回去时，主人都送……大抱的花卉：他花园里的熏衣草和鼠尾草……百里香……外加橄榄油和蜂蜜。”（第 538－539 页）诗人沙尔及其朋友恪尊海德格尔，他们共享法国东南 Provence 地区的文化积累。中古时代它凭武侠和诗歌卓著，近代出了画家塞尚（Cezanne，1839－1906）。海氏热爱塞尚登山之路，非爱屋及乌，而为爱人及路。他吃蜂蜜而不谈蜜蜂。

五十六、“60 年代……在……波斯家举行的讨论班，进入最富成果、最紧张的阶段。参加者有医生和心理治疗家。……波斯在苏黎世大学的医学院执教。……战时波斯是瑞士军队山地部队的军营医生。……为打发无聊，他研究《存在与时间》。

……逐渐看到它提出了根本上全新的、闻所未闻的、对人的生存和世界的深刻洞见。……可以有效地用于精神治疗。1947年他给海氏写了第一封信，海氏回信十分友好，并请他寄一小包巧克力来。1949年波斯第一次登上托特瑙山，信友变成知己。……按波斯记录，海氏看到他的哲学不限于停留在哲学家书房，且有可能使数量巨大的、首先是急需帮助的人们受益。在1959至1969年间一系列的讨论班，参加者都感觉似乎一位火星人和一伙地球人初次见面，企图互相沟通。海氏以极大的耐心、以新方式解释：人生此在意味着将自身向世界开放，……坚守当下而非逃避到未来和过去。海氏批判弗洛依德的心理分析，认为他用构造起来的关于病痛的史前理论妨害当下的关系。……患狂躁性抑郁症者不知这种自由开放、面面相对的状态存在。……精神病……是一种生存障碍，即不能……站到开放的世界关系中去。……狂躁性抑郁证者看来，世界似是供人聚敛、战胜和吞噬的对象。在海氏眼里，这是近代文明中习以为常的趋向权力的意志在病房的极端表现。”（第540－541页）像雅斯贝尔斯早年，海德格尔终于逼近心理治疗。他对自闭症的崭新剖析，似火星撞地球冲击弗洛依德的精神分析学。可惜他矫枉过正地轻视病人经历。1969年夏美国心理治疗专家Rollo May在夏威夷大学的演讲胜过海氏。中国近代提倡德智体群美五育，群育必需法兰克福学派中哈巴玛斯注重的“沟通理性”，擅长交友便不会忧郁自闭即拒绝向世界开放。

五十七、“时代的批判者海氏的遭遇和阿道尔诺相似。人们听海氏报告就像听到神的预言。和后来阿氏情况一样，追求海氏的不是自然科学研究院，而是美艺术研究院。基础性的批判不想成为政治性的批判，它面对宗教举止尴尬，不得不使自己美学化。1957年柏林的美艺术研究院在讨论吸收海氏为正式成员问题时，大多数人同意……福特的意见：必须把海氏著作当作诗来读。这种反应在海氏看来无恶意，因他正在逐渐使诗与思维合为一体。……阿道尔诺对纳粹怀疑的意向过于强烈。但这种怀疑没有发现危险性的问题，反而使阿氏做法显得可笑。比如阿氏十分注意《存在与时间》讨论死亡一章的分节云：死亡作为中心议题受到讨论，在党卫军的命令中和生存哲学中，文牍主义成为飞马帕加索斯。在极端情况下，还可作为世界末日的马来骑。”（《本真本己性的行话》），第545—548页许多科学家和教育家误解存在主义颓废乱来。自然科学院当然轻视海德格尔与阿道尔诺，美艺术研究院始重视他们的美学，尤其是海氏诗思合一的创意。“文牍主义”在英国文学表现为讽刺语“红带”（Red Tape），因为传递的公文须用红带扎妥。公文与飞马如何关连？一现实另一虚构，难道飞马最宜速递文牍？希腊神话中带双翼的飞马 Pegasus，当英雄 Persus 斩蛇发女妖 Medusa 的头时，从她的血里跃出，具备特异功能：马蹄一踢岩石，清泉立刻涌出对诗人赋与灵感。第6世纪开始飞马象征美名令誉，因它不胫而走。

五十八、“1969年8月海氏八十岁生日前夕，汉娜带着丈夫布吕歇尔又来访。大家情绪真诚、自然……计划明年四人再聚。1970年10月布氏去世，汉娜把她生命最后几年献给未完成的巨著《精神生活：思维/意识/判断》它……更接近海氏。……她每年都来探望海氏，在美国积极组织海氏作品的翻译和出版。……他对事情的生硬严厉渐渐软化，常到邻居处去看欧洲足球杯的电视转播……对贝肯鲍尔细腻的控球动作惊叹不已。……在麦氏教堂镇他不仅打过钟，还踢过左边锋（翼）呢！……他未提供世界图式或道德理论。海氏思维……不像莱布尼茨、康德或叔本华……提出结论。他的癖好是提问而非回答。”（第 569－571 页）插曲是汉娜抽烟太多，海夫人费整天去换空气。我曾与关子尹博士谈及贝肯鲍尔与路明尼加，今知海德格尔暮年垂青贝氏；又似穷得买不起电视机，家人拍卖《存在与时间》手稿给马尔巴赫的席勒文学档案馆，只为筹款在花园筑小屋给他。作者批评他晚年文字故弄玄虚，像阿拉伯装饰的花纹图案 Arabesken，又似美国小说家 Melville《Moby Dick》（无比敌）那船主身上的纹身图案难解。

跋

2000年退休后我在香港出版了四本书，其中《尼采·沙特·儒道》乙编《儒道与旅游》二《欧阳永叔研究七论》宣读于江西吉安举办的欧阳候诞生一千年纪念研讨会，本书另有拙作谈开会心得，譬如重逢王水照、谭家健、熊礼汇、洪本健、孙琴安等教授学者。我曾于中文大学教授“中国美学”课程约二十载。每次简介唐宋八大家和司空图、严羽等的文学批评，关连拙著《儒释道与中国文豪》（台北：学生书局1991年版）与《文哲心得与书评》（台北：水牛出版社1996年版），本书谈司空图一文乃近年感想，早年已参阅祖保泉、乔力等专家的佳作。《庄子》和禅宗对文学批评的影响深远，张培锋、湛如、普慧编《文学与宗教：孙昌武教授七十华诞纪念文集》（北京：宗教文化出版社2007年版）值得细看。欧阳修说诗穷而后工，宋词分豪放和婉约两派，王述尧《刘克庄与南宋后期文学研究》。（上海：东方出版中心2008年版）堪阅。唐宋八大家中六位活跃于北宋，他们的奥妙关系多见于杨华林辑《王安石轶事汇编》。（临川文化丛书，2001年版）关于文天祥的诗，叶嘉莹《迦陵杂文集》（北京大学出版社，2008年版）载《浩气长存——历代诗歌文天祥诗钞·阅后言》可补拙文不足。412

页一段颇为动人。

> 我自数年前染患白内障视力减退，即常在个人网站公开发表过声明，说以后将不再为任何人任何著作撰写序言了。……去岁曾因咳喘住院甚久，今秋9月又不慎跌伤锁骨，再次住院开刀……期间有《浩气长存……》一书之编者王鸿鹏先生来信并附文怀沙先生一函，嘱我为该书写序。当时我一只手臂吊有注射输液之吊瓶。……最近拆线出院返回住处仍在继续做复健之锻炼，偶检旧稿觅得有关文天祥之拙著诗一道文一节……1942年秋……在旧北京的辅仁大学国文系二年级读书，曾写《故者怀古十咏》，其中……《文丞相祠》……如下……“世变沧桑古今同，成仁取义仰孤忠。茫茫柴市风云护，两宋终收养士功”。……相传此祠地址……乃文天祥……遭囚禁的土牢。

高龄八十有四的女词家叶嘉莹教授，被病魔折腾得以“小言”代序，令我更加感谢张新民教授为拙著撰序。张兄虽比我年轻十载，却曾患严重眼疾，幸获贤内助悉心照顾，料将康复。

我曾发表《赵翼的哲理诗》，新书激励我再论赵翼。乾隆皇剥夺他原得的状元荣誉，恰似慈禧太后以刘春霖取代原定的状元朱汝珍。两百年后海峡两岸三位清廉巨人颇堪推介：季羡林胜在学部和著译；于右体晚年拒用蒋介石馈赠暖炉；陈立夫以口和笔积极宣扬中国文化，尤其是科技史，包括中医。香港浸会大学中医学院某毕业生开中药治愈母亲后患癌症，获牛津大学巨款资助深造。可惜陈立夫已逝多年。很多知识分子误解中医无益及存在主义颓废，我费劲钻研现象学与存在主义，本书载两文论海德格、阿兰特师徒。分析哲学家常贬存在主义为垃圾，有人甚至侮辱罗素高足维根斯坦的作品为垃圾。我愿借维氏自辩的反讽，称存在主义为“富启发性的垃圾”，它实为深刻的人生哲学。

复旦大学某中国哲学博士原任西医，热爱宏观的通论，取博士衔后不愿研究任何中国思想家的专著，拒绝撰著微观的专论，由于大学时代未尝培养对传记文学的真切兴趣，即欠缺国学基本功。此事令我加倍珍惜南京大学出版约两百本的中国思想家评传丛书，以及朱东润的作家评传，尽管耶鲁大学女教授孙康宜的博士论文，精研刘宗周门徒陈子龙早年与柳如是的关系，突破朱东润的陈子龙探讨。关于陈继儒，宜阅《省心录》（西安：三秦出版社 2006 年版）之《小窗幽记》。孟浩然《题终南翠微寺空上人房》指出：“儒道虽异门，云林颇同调。”我天性在儒道之间，强调儒道禅同在欣赏云林代表的大自然。我对中国文化的兴趣是全面的，尤其是哲学和文学，理想的融会文学、哲学、教育与旅游四项，所以著作博而不专，无法成为一位伟人或某个题材的专家。退休后像余英时写《朱熹的历史世界》不加详细注解。余教授不喜欢旅行考察历史遗址，我则争取任何机缘视察史迹，特别是在出席研讨会时期。拙作多附游记填补阅览的不足，遗憾在欠缺整册游记。在香港电视节目《杰出华人系列》中，余英时援引德国文豪托马斯曼的壮语：“我居住什么地方，那就是祖国。”余博士留美著作等身，酷肖孟郊诗句“春风得意马蹄疾”。当然乐意视美国为祖国。相反地，我申请移民花旗国成功而终放弃，宁愿奔驰于香城与鹏城之间，寄托精神于撰术。本文能够面世，归功于贵州大学张新民教授伉俪和巴蜀书社编审何锐先生，不必说黔妻黎怡岑了。

王　煜

2008 年 11 月于香港

图书在版编目(CIP)数据

东西方文哲札记/王煜著.—成都:巴蜀书社,2008.8
ISBN 978-7-80752-254-6

Ⅰ.东… Ⅱ.王… Ⅲ.哲学—文集 Ⅳ.B-53

中国版本图书馆CIP数据核字(2008)第159163号

东西方文哲札记 王 煜 著

选题策划 责任编辑	何 锐
封面设计	谢春雷
出 版	四川出版集团巴蜀书社 成都市槐树街2号 邮编 610031 总编室电话:(028)86259397
网 址	www.bsbook.com
发 行	巴蜀书社 发行科电话:(028)86259422 86259423
经 销	新华书店
印 刷	成都东江印务有限公司(028)82601551
版 次	2009年3月第1版
印 次	2009年3月第1次印刷
成品尺寸	208mm×146mm
印 张	8.625
字 数	200千
书 号	ISBN 978-7-80752-254-6
定 价	22.00元